# 中国低碳发展战略研究报告2018

## ——政策评价与选择

曹颖　陈怡　田川　刘强　等/著

中国环境出版集团·北京

图书在版编目（CIP）数据

中国低碳发展战略研究报告. 2018：政策评价与选择/曹颖等著. —北京：中国环境出版集团，2019.11
ISBN 978-7-5111-4183-5

Ⅰ. ①中… Ⅱ. ①曹… Ⅲ. ①中国经济—低碳经济—经济发展战略—研究报告—2018 Ⅳ. ①F124.5

中国版本图书馆 CIP 数据核字（2019）第 278304 号

出 版 人　武德凯
策划编辑　丁莞歆
责任编辑　张秋辰
责任校对　任　丽
封面设计　宋　瑞

---

出版发行　中国环境出版集团
（100062　北京市东城区广渠门内大街 16 号）
网　　址：http://www.cesp.com.cn
电子邮箱：bjgl@cesp.com.cn
联系电话：010-67112765（编辑管理部）
010-67175507（第六分社）
发行热线：010-67125803，010-67113405（传真）
印　　刷　北京建宏印刷有限公司
经　　销　各地新华书店
版　　次　2019 年 12 月第 1 版
印　　次　2019 年 12 月第 1 次印刷
开　　本　787×1092　1/16
印　　张　16
字　　数　270 千字
定　　价　76.00 元

---

# 前 言

气候变化是人类生存和发展面临的严峻挑战，联合国政府间气候变化专门委员会（IPCC）先后进行的 5 次对气候变化问题的大规模科学评估表明，全球气候变化是一个正在发生的客观事实，需要社会各方进行快速、深远和前所未有的变革才能有效应对。2015 年《巴黎协定》的签订开启了全球气候治理的新局面，各国就 21 世纪末将温升控制在 2℃以内达成政治共识，制定了中长期低排放发展战略，积极推动低碳发展、不断强化温室气体排放控制已成为全球的必然选择和大势所趋。低碳发展归根到底是发展模式的转型，其基本内涵是通过技术和机制创新实现增长方式的低碳转型，通过能源生产和消费革命实现能源系统的低碳转型，通过观念转变和政策激励实现消费模式的低碳转型，并最终实现人类经济社会的发展与碳排放脱钩。

我国政府始终高度重视应对气候变化，紧紧围绕自身的定位和需求，以多目标共赢为出发点，将推动低碳发展作为引领经济社会发展和推动生态文明建设的重要抓手。党的十八大以来，在国家整体实力提升的基础上，以习近平新时代中国特色社会主义思想为指导，我国对外勇担发展中大国责任，积极且建设性地参与国际气候谈判，推动《巴黎协定》达成并生效，加大“南南合作”力度，努力打造合作共赢、公正合理的全球气候治理体系；对内面对经济发展进入新常态等一系列深刻变化，主动控制温室气体排放，推进增长方式、能源系统和消费方式的低碳转型，全面完成《中华人民共和国国民经济和社会发展第十二个五年规划纲要》中关于应对气候变化的主要目标。

2018 年，我国单位国内生产总值二氧化碳排放量比 2005 年下降约 45.8%，已超额完成在哥本哈根气候大会上承诺的 40%～45%的目标，成为全球温室气体排放增速放缓的最大贡献力量。

当前，我国在应对气候变化和推动低碳发展方面的相关工作面临新的形势和要求。一方面，我国工业化逐渐步入中后期，诸如钢铁、水泥等高耗能产品的产量将陆续达峰，城镇化将逐步取代工业化成为未来能源消费和碳排放增长的主要动因，亟须强化研判分析。另一方面，我国推动低碳发展的政策和行动已逐步建立和规范，一些见效较快、成本较低的政策行动已基本实行，随着行业节能减碳的空间逐步收窄，需进一步加快探索节能减碳潜力较大、成本经济可行的减排政策和手段。作为应对气候变化领域的重要智库，国家应对气候变化战略研究和国际合作中心在梳理总结相关课题研究、强化地区调研、广泛开展专家咨询的基础上，就当前中国低碳发展的总体形势和思路进行了研判分析，对未来不同碳减排政策的潜力和成本—效益开展了探索性研究，并针对重点城市开展了城镇化和碳排放关联关系的量化分析，期望为决策者制订低碳发展中长期规划和相关政策提供支撑。

本报告共分为三篇十五章。第一篇为中国低碳发展的基本情况和趋势分析，由陈怡、李晓梅撰写；第二篇为中国温室气体减排政策的减排潜力评估及成本—效益分析，由田川、郑晓奇撰写；第三篇为中国城镇化低碳发展的关联分析及对策研究，由曹颖、赵旭晨撰写。全书统稿工作由刘强完成。

本报告在研究和编写过程中得到了能源基金会（美国）北京办事处（Energy Foundation China）、气候工作基金会（Climateworks Foundation）等机构的资助和支持，同时多位国内专家也对本报告内容的研究给予了指导和帮助，在此一并表示感谢。

由于作者水平有限，书中难免出现不当和错漏之处，敬请广大读者批评指正。

作　者

2019 年 2 月于北京

# 目　录

**第一篇　中国低碳发展的基本情况和趋势分析**

引　言 / 2

第一章　中国低碳发展的背景和形势 / 3

一、中国低碳发展的重要意义 / 3

二、中国低碳发展的核心内容 / 6

三、中国低碳发展面临的国际形势 / 8

四、中国低碳发展面临的国内形势 / 9

第二章　中国低碳发展的现状评估 / 14

一、中国能源和碳排放现状 / 14

二、中国与低碳相关的政策概况 / 18

三、中国分领域低碳发展现状和形势 / 31

四、中国“十三五”温室气体排放控制状况中期评估 / 48

第三章　中国低碳发展的形势分析 / 59

一、中国未来经济社会发展趋势的基本判断 / 59

二、中国碳排放达峰形势的基本判断 / 64

三、中国长期温室气体排放趋势的基本判断 / 74

## 第二篇　中国温室气体减排政策的减排潜力评估及成本效益分析


引　言 / 82

第四章　模型和方法学介绍 / 83

一、LPA 模型概况 / 83

二、政策评估方法 / 85

三、政策分类及清单 / 86

第五章　中国长期温室气体排放情景分析 / 91

一、情景设定及数据来源 / 91

二、各情景下的碳排放情况分析 / 92

三、各情景下的能源消费情况分析 / 95

第六章　政策减排潜力及成本分析 / 99

一、工业部门 / 99

二、建筑部门 / 103

三、交通部门 / 106

四、发电和供热行业 / 109

五、跨行业 / 114

第七章　政策对比分析和优化选择 / 116

一、政策减排潜力的对比分析 / 116

二、不同情景下的政策减排成本曲线分析 / 120

三、单项政策 / 125

第八章　减排成本效益分析 / 128

一、减排成本分析 / 128

二、污染物协同减排量分析 / 130

三、减排效益分析 / 134

四、总成本效益分析 / 136

第九章　主要结论与对策建议 / 139

一、主要结论 / 139

二、对策建议 / 140

## 第三篇　中国城镇化低碳发展的关联分析及对策研究——以石家庄市为例


引　言　/ 144

第十章　研究背景与方法学介绍　/ 146

一、低碳城镇化的相关研究和国内实践　/ 146

二、城镇化低碳发展的关键要素识别　/ 154

三、案例选择与技术路线　/ 156

第十一章　石家庄市城镇化变化特征分析　/ 158

一、城镇化率以较高速度提升　/ 158

二、城镇化水平由中心城区向外围区县递减　/ 159

三、经济增长质量的不断提高成为城镇化的重要驱动力/160

四、城市空间结构向“点核联动，轴带拓展”转变　/ 162

五、工业用地布局随经济转型逐步优化　/ 163

第十二章　石家庄市能源消费及碳排放现状　/ 166

一、总体情况　/ 166

二、工业部门　/ 169

三、建筑部门　/ 176

四、交通部门　/ 182

第十三章　石家庄市城镇化水平与碳排放关联分析　/ 190

一、影响石家庄市城镇化发展的政策因素　/ 190

二、石家庄市城镇化发展模式设定　/ 196

三、不同城镇化模式下分部门碳排放情景设定　/ 202

第十四章　石家庄市碳排放情景分析　/ 214

一、工业部门　/ 214

二、交通部门　/ 220

三、建筑部门　/ 223

四、能耗和碳排放总量　/ 227

第十五章　主要结论和对策建议 / 236
一、主要结论 / 236
二、石家庄市城镇化低碳发展的几点建议 / 237
三、推进我国城镇化低碳发展的对策建议 / 238
参考文献 / 240

# 第一篇

# 中国低碳发展的基本情况和趋势分析

# 引言

气候变化是21世纪人类面临的最严峻挑战，是深刻影响各国经济社会发展和生态环境的重大全球性问题，积极应对气候变化已经成为全球政治共识，低碳发展已经成为全球发展的潮流和方向。我国是全球最大的温室气体排放国，也是受气候变化影响最大的国家之一，积极应对气候变化和加快推动低碳发展事关我国未来的全局和长远发展，既是我国承担大国责任、塑造全球治理进程、推动构建人类命运共同体的需要，也是实现自身可持续发展的内在要求，更是推进生态文明建设的基本途径和统筹推进“五位一体”总体布局的重大任务。低碳发展，顾名思义，就是要改变人类工业化过程中形成的高碳惯性，在利用有限的温室气体（主要是二氧化碳）排放空间的前提下，实现人类经济社会的可持续发展。低碳发展不是传统工业化或高碳时代中的一个阶段或延续，而是继工业文明之后的重大飞跃，标志着人类要告别“不平衡、不协调、不可持续”的发展方式，迎来一个低碳发展、绿色发展的新时代；同时，低碳发展也是顺应人类文明发展、打造可持续发展方式、推进人类命运共同体建设的内在需要。

本篇共分三章，从多个方面对我国的低碳发展状况进行了评估分析，并对中长期低碳发展趋势进行了研判。第一章分析了我国低碳发展的大背景和面临的形势，包括我国低碳发展的重要意义和核心内容，以及目前所面临的国际、国内形势；第二章评估了我国低碳发展的总体状况，包括能源和碳排放现状、低碳相关政策情况、分领域低碳发展状况和形势，以及“十三五”以来我国在温室气体排放控制方面的行动和成效；第三章展望了我国低碳发展的中长期趋势，包括经济社会发展的长期趋势、碳排放达峰的总体形势和地方行动，以及温室气体排放的长期变化趋势和情景。

# 第一章　中国低碳发展的背景和形势

## 一、中国低碳发展的重要意义

### （一）低碳发展是顺应人类文明发展的客观要求

以蒸汽机发明为转折点，当人类进入大量使用化石能源的工业文明时代后，人与自然的关系不断紧张，地球资源过度消耗，生态环境急剧破坏。20世纪60—70年代，严重的环境危机使生态环境的重要性逐渐为各国政府、学者、民众所认识，并在世界范围内产生了对发展观的新思考和新探索，发达国家也开始将目光转向国际领域的生态治理。1972年召开的联合国第一次人类环境会议成为发达国家推行的生态环境保护和治理从区域性向全球性过渡的历史转折点，形成并通过了《联合国人类环境会议宣言》，使各国在全球生态环境保护方面形成了基本共识，极大地推动了国际框架下环境问题的治理进程，助力了《保护臭氧层维也纳公约》、《联合国防治荒漠化公约》、《生物多样性公约》和《联合国气候变化框架公约》等针对全球性问题的国际公约的陆续签订和生效。当前，全球性臭氧层损耗等问题得到了基本解决，但防治荒漠化、保护生物多样性和应对气候变化等全球性问题依然面临严峻挑战，特别是气候变化问题仍然对全球可持续发展造成严重威胁。为有效解决全球气候变化问题，世界各国正在努力向低碳发展模式转型。

低碳发展作为人类从工业文明向生态文明转变的重要途径，逐步成为世界各国追求经济社会发展与生态环境协调共生的有效手段。从本质来看，低碳发展就是要在发展过程中实现低碳化，把发展与碳排放控制的矛盾统一到科学、可持续发展的要求上来，它是一场涉及生产模式、生活方式、价值观念和国家权益的全球性革命。

对我国来说，低碳发展和建设生态文明一脉相承，是推进生态文明建设的基本途径，是践行科学发展观的重要手段。党的十八大报告把生态文明建设纳入中国特色社会主义“五位一体”总体布局，要求摆脱片面追求物质生产的发展理念，树立尊重自然、顺应自然、保护自然的生态文明理念。党的十九大报告将气候变化列为全球重要的非传统安全威胁和人类面临的共同挑战，提出要“坚持环境友好，合作应对气候变化，保护人类赖以生存的家园”，建设美丽中国，为全球生态安全做出贡献。只有通过推行低碳发展，才能在全社会形成广泛的节能意识、环保意识和生态意识，从根本上改变“不平衡、不协调、不可持续”的发展模式；只有通过主动应对气候变化和推进低碳发展，才能实现经济与社会的协调发展，形成新的发展模式和路径，打造人与自然和谐发展的现代化建设新格局。

## （二）低碳发展是引领发展模式转型的战略举措

低碳发展的本质是发展模式的转型。国内外的经验都表明，实现低碳发展必须完成增长方式的低碳转型、能源系统的低碳转型、消费模式的低碳转型（以下简称增长转型、能源转型、消费转型）。要实现这三种转型，需要技术创新、体制创新、机制创新，这也是推动新一轮经济发展的重要引擎。增长转型就是要改变产业发展方式，靠技术进步和创新驱动产业增长，促进传统产业的低碳转型，大力发展新型的绿色低碳经济，逐步实现经济增长和碳排放的脱钩。能源转型就是要实施能源生产和消费革命，构建以清洁、低碳为特征的能源供应体系，合理控制能源需求总量，大幅提升能源利用效率和管理水平，逐步实现能源增长和碳排放的脱钩。消费转型就是要转变人类的生活和消费方式，在满足合理的消费需求和提升生活品质的同时，通过广泛的宣传教育和积极的政策引导，形成绿色、低碳、节约的消费理念和生活消费方式，逐步实现消费增长和碳排放的脱钩。

以上三种转型本身都会形成新的经济增长点。当前欧盟、美国、日本及一些新兴国家纷纷实施了以低碳发展为主的绿色新政，以此提升其在新的产业革命、能源革命、技术革命中的话语权。例如，欧盟通过实施碳排放权交易系统（EU-ETS）推动了产业的深度转型和创新发展；美国以应对气候变化、降低碳排放为抓手，通过大力发展页岩气和可再生能源、促进发电技术转型、大幅提高汽车效率等措施，掀起了新一轮的能源革命并推动了绿色新政的实施；日本通过加强低碳技术的研发和创新寻找新的发展机遇和战略增长点。与发达国家相比，我国在消费需求迅速攀升的同时，却面临缺乏产业核心竞争优势、能源资源消耗过快、生态环境不断恶化等多重挑战，在新的发展形势下，只有将低碳发展作为转型升级的突破口，才能获得持续增长的新动力和国际竞争的新优势，才能推动经济增长由量到质的转变，逐步形成与我国国情相符的创新发展路径。

### （三）低碳发展是构建全球治理体系的重要内容

在当前世界多极化的发展格局下，气候变化已经成为涉及经济、政治、产业、技术等多种因素的综合性问题。《联合国气候变化框架公约》成为继《联合国宪章》《关税及贸易总协定》后世界发展进程中的又一重大规则。面对日益严峻的全球气候变化威胁，碳排放空间实际上已经成为一种稀缺性资源，并在一定程度上意味着一个国家的发展空间。当前，应对气候变化谈判的主要焦点是对未来总的温室气体排放空间特别是二氧化碳排放空间做出判断，并为排放空间的分配和使用做出制度安排。因此，低碳发展不仅是一个发展模式的转变，同时也是一个国际发展新秩序的制度安排。世界各国都试图引领时代发展潮流，占据道义制高点，并把低碳发展作为构建国际政治经济新秩序、参与全球治理的重要角力点。

当前我国已深度参与全球气候治理，成为全球生态文明建设的重要参与者、贡献者和引领者。习近平总书记在多个场合重申了中国将坚定走绿色低碳发展道路、百分之百承担自身义务、打造人类命运共同体的坚定决心，进一步树立了我国负责任大国形象，不仅在国内外产生了重大影响，也为我国参与和引领全球气候治理营造了有利的外部环境。我国政府正在积极并建设性地参与国际气候谈判，由被动参与转向主动沟通、精心设计，提出中国主张、贡献中国智慧，引导各方积极参与《巴黎协定》的谈判，成为推动《巴黎协定》达成、快速生效以及落实后续谈判的决定性力量。我国紧紧围绕人类命运共同体目标，以更加积极主动的态度在气候变化多边进程中主动作为，逐步站到全球气候治理舞台的中央，在维护自身发展权益的同时，历史性地提升了国际影响力和话语权。但与此同时，我国也是当前全球碳排放量最大的国家，碳排放总量大、增速快的特点在全球范围内日益凸显，成为全球气候变化谈判中各方关注的焦点。当前的世情、国情决定了我国控制二氧化碳排放所面临的形势十分严峻，更加需要提高碳生产力，强化碳排放目标约束，从强度控制转向总量控制，尽早实现二氧化碳排放峰值，利用有限的碳排放空间实现我国经济社会可持续发展的各项目标，这既有助于我国加快推进国内生态文明建设，也是我国承担大国责任、构建人类命运共同体的应有之义。

## 二、中国低碳发展的核心内容

改革开放以来，我国经济快速增长，经济实力和综合国力显著提升，但发展模式仍较为粗放，能源消费高、污染物和碳排放量大的特征明显。控制能源消费和碳排放总量过快增长、改变传统的消费思维惯性，已成为新形势下倒逼发展方式转型和构建生态文明社会的必然选择。低碳发展作为统筹解决资源、环境“瓶颈”制约的根本性措施，可以通过设定一定的碳排放总量空间倒逼经济社会发展转型，以技术和机制创新实现经济增长方式的低碳转型，以能源生产和消费革命实现能源系统的低碳转型，以观念转变和政策激励实现消费模式的低碳转型，并最终实现人类经济社会发展与碳排放脱钩。

### （一）增长方式的转型是我国低碳发展的主要途径

我国仍处于工业化进程的中后期，城镇化进程不仅落后于发达国家，甚至还落后于大多数高收入的发展中国家，在未来较长时间内发展仍将是我国的第一要务。但我们必须注意到，在传统粗放、高碳的经济增长模式下，我国的产业发展规模大但实力不强，产业层次偏低，不仅在发展过程中付出了沉重的资源环境代价，在国际产业链分工中也长期处于中低端环节，并正在逐步失去竞争优势。当前，发达国家抢先布局低碳产业并积极储备低碳技术，谋求通过在全球范围内主导制定碳标准、碳关税等“绿色壁垒”限制发展中国家的传统竞争优势。我国只有通过加快增长方式转变，采用与新的资源环境约束条件相匹配的技术和制度，才能清除不适应时代要求的技术和产业，为新兴技术和产业发展留出空间，从而促进经济发展质量和效益的持续提升，实现低碳转型。

## （二）能源系统的转型是我国低碳发展的关键任务

没有能源系统的转型，增长转型将会事倍功半。传统的高碳发展模式长期制约着我国能效水平的提升，使能源消费总量持续攀高，经济的能源强度、能源的碳强度显著高于欧美和国际平均水平。2016 年，我国国内生产总值（GDP）占世界生产总值的 12%（IEA，2017），却消耗了全球 45%的钢铁（世界钢铁协会，2017）、58%的水泥（美国地质勘探局，2018）、23%的能源（IEA，2017）和 50%的煤炭（IEA，2017），我国的能源生产和消费结构以煤为主，单位能源碳排放量是世界平均水平的 1.5 倍。庞大的能源消费量和高碳的能源消费结构是导致我国生态环境日益恶化的主要原因之一，使我国水、土、气等领域的生态环境承载力已经达到或接近上限，而不断增长的能源消费也使我国的能源对外依存度逐步提高并接近红线水平，严重威胁我国的能源安全。因此，只有顺应和融入全球的低碳发展潮流，在控制能源总量过快增长、提高能效的同时实现能源生产和供应的多元化，优先开发风、光、水等清洁能源，逐步实现能源的清洁化和低碳化，才可以在经济发展的过程中摆脱对化石能源的依赖，实现由工业文明向生态文明的过渡，最终达到经济社会发展与生态环境的协调共生。

## （三）消费模式的转型是我国低碳发展的基础条件

消费是所有商品和服务的归宿，是社会生产的最终环节，其影响贯穿能源和资源的生产、转换、流通、利用等各个环节，对经济增长方式和能源生产消费起着至关重要的作用。考虑到我国的资源条件、人口密度和总量，只有实现消费模式的低碳转型，才能在保障人民生活品质的前提下实现增长方式和能源系统的低碳转型。尽管我国人均生活和消费用能仍低于发达国家，但近年来随着经济水平的提升和城镇化的快速推进，再加上传统消费思维惯性所形成的“贪大求洋”、攀比浪费的消费倾向，由公众消费导致的碳排放呈快速增长的趋势，在很大程度上抵消了由技术进步和产业升级等因素带来的减排效应，很可能会对我国未来的基础设施建设和产业发展形成高碳锁定。只有通过积极的宣传引导和相关经济手段的运用，形成低碳、集约的可持续生活理念和消费模式，才能有效控制我国资源能源消费的不合理增长，提升对低碳能源、产品和服务的需求，形成激发我国低碳发展的内生动力。

## 三、中国低碳发展面临的国际形势

### （一）积极应对气候变化和推进低碳发展已成为国际潮流

推动绿色低碳发展已成为国际社会共识。美国、欧盟、日本等主要发达国家和地区，以及印度、巴西、南非等发展中国家都通过采取制定应对气候变化长期战略、设定长期控排目标、开展气候变化立法、颁布绿色低碳相关标准、推动产业结构和能源结构转型、建立碳排放权交易体系等一系列措施，增强了应对气候变化的能力，提高了低碳发展水平。全球掀起了低碳技术创新浪潮，低碳技术和产业发展水平将成为国际竞争力的重要组成部分，只有加速推动低碳转型，才能占领低碳技术和产业发展的制高点，在未来国际竞争中立于不败之地。

### （二）《巴黎协定》开启了强化应对气候变化、加快推进低碳转型的新阶段

2016 年 11 月 4 日，《巴黎协定》正式生效。在 2009 年哥本哈根气候变化大会达成 2℃温控目标的政治共识基础上，《巴黎协定》进一步提出了努力实现 1.5℃的目标，并确立了 2020 年后以“自下而上”为特征、以国家自主贡献为主体的新的全球气候治理模式，为 2020 年后世界各国共同应对气候变化的国际合作奠定了法律基础，向世界各国的决策者、投资者、企业界和公众传递了绿色低碳发展的清晰而坚定的信号，为向低排放和气候适应型社会转型奠定了基础，确定了全球绿色低碳转型的大方向。

### （三）世界各国仍需进一步提高温室气体减排力度

《巴黎协定》提出的全球温升控制目标要求在 21 世纪下半叶实现温室气体“源”的人为排放与“汇”的清除之间的平衡，但是按照联合国环境规划署（UNEP）关于减排差距的最新估算（UNEP，2018），以及各国当前提交的国家自主贡献，2030 年当年的温室气体排放量与 2℃温控目标要求之间存在 130 亿～150 亿 t $CO_2e$（二氧化碳当量）的减排差距，更遑论 1.5℃温控目标了。为推动各国进一步提高温室气体减排力度，推动全球经济向深度低碳发展转型，《巴黎协定》第 4 条第 19 款提出“所有缔约方应努力拟定并通报长期温室气体低排放发展战略”。同时，在巴黎气候大会 1/CP21 号决定的第 35 段提出，邀请所有缔约方在 2020 年之前通报 21 世纪中叶长期温室气体低排放发展战略。围绕以上要求，各国都积极开展了面向 21 世纪中叶的长期温室气体低排放发展战略研究，并对各自的深度减排路径展开了系统分析。美国提出到 2020 年温室气体排放量比 2005 年减少 17%、到 2050 年比 2005 年减少 80% 的量化目标；德国和法国分别提出到 2050 年温室气体排放量比 1990 年下降 80%～95%和 75%的量化目标；加拿大提出 2050 年温室气体排放量比 2005 年下降 80%的目标。总体来看，各国都在研究面向 21 世纪中叶的低碳发展路径，以便为实现全球长期温控目标、强化低碳转型提供更多的参考和依据。

## 四、中国低碳发展面临的国内形势

当前中国特色社会主义进入新时代，推动经济高质量发展转型和加强生态文明建设已成为党和国家的核心要务，包括低碳能源、人工智能等在内的新兴技术不断取得突破，与应对气候变化和推动国内低碳发展相关的工作将迎来重大机遇。与此同时我们必须意识到，我国碳排放总量大且将持续增长的状况仍未改变，绿色低碳发展的基础尚不稳固，推动低碳发展所需的三个转型绝非一蹴而就，在资源禀赋、路径锁定、意识观念、体制机制等领域仍面临着一系列挑战，因而必须对推进国内低碳发展工作的持续性、长期性、艰巨性有清醒的认识，并且加强目标的更新和行动的创新，巩固已有的工作成效，才能开辟出一条与我国国情和发展阶段、不断上升的综合国力和国际影响力相适应的低碳发展之路。

## （一）中国低碳发展面临的机遇

### 1. 建设现代化经济体系为低碳发展提供了良好契机

党的十九大报告中提出“我国经济已由高速增长阶段转向高质量发展阶段，正处在转变发展方式、优化经济结构、转换增长动力的攻关期”，强调经济结构由以中低端产业为主转为向中高端产业发力，增长动力由传统的投资、出口拉动转向创新驱动。低碳发展涉及生产方式和生活方式的重大变革，它不是对发展的约束，而是对发展方式和发展质量提出的更高要求，并且能为发展提供新动能。低碳发展的核心是破解资源环境约束、提升发展质量，推进国家经济结构、产业结构、能源结构的优化升级，推动形成新的发展模式和路径。只有全面推进低碳发展转型，才能逐步形成产业竞争力，并形成全球先进、能源和生态安全有效保障、民生福祉和环境质量全面改善的新局面，助力我国在 21 世纪中叶建设成为富强民主文明和谐美丽的社会主义现代化强国。

### 2. 推动能源革命为低碳发展提供了重要支撑

过去一段时间，我国一直将扩大能源生产、保障能源供应、满足经济社会高速发展对能源日益增长的需求作为能源体系建设的根本任务，以立足国内、节约优先、多元发展作为能源发展的基本原则，却在很大程度上忽视了以煤炭为主的高碳能源消费结构对资源、环境、生态的负面影响，这也成为制约我国经济社会可持续发展的主要桎梏之一。随着我国经济发展进入新常态，近年来我国能源发展也呈现了新的态势。在能源消费总量增速减缓的大背景下，“十二五”期间煤炭消费占比呈现快速下降的态势，由 2010 年前后的接近 70%降至 2017 年的 60.4%，而 2014 年以来煤炭消费绝对量更是出现连续三年下降的情况。与此同时，我国已经成为可再生能源领域的全球引领者。自 2005 年以来，我国在可再生能源领域的投资持续保持快速增长。2015 年，我国可再生能源投资占全球新增可再生能源投资的比例高达 36%，在可再生能源装机总量以及太阳能光伏、风能和太阳能热利用等方面均位居世界第一。

以习近平总书记提出的能源发展的“四个革命、一个合作”①为标志，着力推动能源生产利用方式的变革，建设清洁低碳、安全高效的现代能源体系，已成为我国能源发展改革的重大历史使命，更为我国的低碳转型奠定了坚实基础。

### 3. 新科技和产业革命为低碳发展注入了强大动力

全球新科技和产业革命正在兴起，以互联网产业化、工业智能化和一体化、高级人工智能、无人控制技术、量子信息技术、虚拟现实、生物技术等为代表的一批新技术和新产业正在不断涌现并蓬勃发展。新技术和新产业将彻底重构产业格局和生产方式，促成以更低的能源消费量和碳排放量、更高的资源生产率、更清洁高效的生产组织模式实现从自然要素投入为特征到绿色低碳要素投入为特征的跃迁。我国在科技研发和创新性方面的投入不断加大，科技实力已进入世界前列，党的十九大报告提出要在2020—2035年实现我国科技实力的大幅跃升，并跻身创新型国家前列。当前及未来一段时期正是我国把握新科技和产业革命机会的“窗口期”，若能以更积极主动的姿态抓住新机会，抢搭新科技和产业革命的“快车”，将有助于我国实现跨越式发展，推动经济增长与碳排放的尽早脱钩。

## （二）中国低碳发展面临的挑战

### 1. 对低碳发展的认识亟须提高

我国经济粗放发展的惯性思维导致了对低碳发展重要性的认识不足。从政府层面来看，当前绿色低碳发展理念的落地不容乐观，“唯 GDP 论”仍有广泛市场，不少地方仍错误地认为低碳发展有碍经济增长，对低碳转型有抵触情绪，也未将低碳发展与提升经济社会发展质量有机统一起来。从企业层面来看，考虑到低碳相关技术所需的研发成本和前期投入较大、回报周期较长，相关企业对低碳发展引领未来的重要性认识不足，人力、物力的投入严

---

① 习近平总书记于2014年6月在中央财经领导小组第六次会议上明确提出了“推动能源消费革命，抑制不合理能源消费；推动能源供给革命，建立多元供应体系；推动能源技术革命，带动产业升级；推动能源体制革命，打通能源发展快车道；全方位加强国际合作，实现开放条件下的能源安全”，即“四个革命、一个合作”的战略思想。

重不足，难以切实提升企业的长期竞争力。从消费者层面来看，低碳相关产品初始成本较高，且目前社会上仍然存在着盲目攀比、奢侈浪费的高消费倾向，没有把低碳消费和绿色生活作为优先选择。

2. 高碳锁定效应亟须破解

当前我国的基础设施和技术发展均存在较为显著的高碳锁定效应。在基础设施方面，由于缺乏合理的规划理念，包括城乡道路、公共交通基础设施建设等均不能充分满足低碳交通的发展需求，导致了包括自行车、公交车等低碳出行方式难以真正广泛地惠及人民大众。在技术方面，无论是出于主观还是客观原因，当前包括火力发电、汽油动力汽车等在内的很多高碳技术已被锁定为市场上的主导技术，尽管其他新兴技术在控制排放、提升效率等方面具有显著优势，但支撑低碳发展的基础设施建设周期较长以及传统高碳行业仍享受税率优惠、补贴等诸多因素，在无形中进一步加剧了对传统技术的锁定和低碳技术发展的困难。

3. 以煤为主的能源结构亟须改变

当前我国能源消费以煤为主，煤炭消费在我国能源消费中的占比略低于2/3，煤电在发电结构中的占比超过3/4，煤炭消费所产生的二氧化碳占我国能源消费产生的二氧化碳的比重接近 80%。以煤为主的能源结构一方面带来了包括空气污染在内的一系列环境问题，另一方面也使我国能源碳排放强度居高不下。我国能源碳排放强度不仅是美国的1.3倍、欧盟的1.4倍，也高于大多数发展中国家。尽管过去十几年我国的能源消费结构已经有了显著优化，但“一煤独大”的局面并未从根本上改观，未来如果不能加快能源系统低碳转型的步伐，将会对整个低碳发展进程造成巨大制约。

4. 法律制度体系有待加强

应对气候变化是一个系统工程，涉及经济、政治、文化、社会等各个方面，为积极应对气候变化，主动控制碳排放总量，需要扎实推进我国应对气候变化的重大法律法规建设。当前我国应对气候变化领域的法律空缺，使我国难以以法律的强制力保障我国碳排放峰值目标的实现和形成促进产业结构转型的倒逼机制，也使政府应对气候变化主管部门在对企业开展温室气体报告、核查和对超额排放进行处罚时缺少法律依据，难以形成对低碳发展的法律保障。同时，我国与低碳发展相关的制度体系还不够完善，也远未形成可以全面支撑低碳发展的政策体系，无法为低碳发展构筑良好的政策环境，影响了各利益相关者对低碳发展的合理预期，也制约了社会公众开展低碳技术创新、选择低碳生活和消费的积极性。

# 第二章　中国低碳发展的现状评估

低碳发展是一项庞大而复杂的系统工程，涉及能源发展、工业生产、居民生活消费等方方面面。中国政府高度重视应对气候变化工作，通过不断加强工作力度，使应对气候变化和低碳发展的目标不断明确、政策体系不断健全、相关部门行动措施更加有力。本章着重分析了我国能源和碳排放控制的历史趋势，全面分析了近年来我国低碳政策的构建情况，并对能源消费和碳排放控制主要行业部门的现状和特点进行了分析，以作为下一步研判我国低碳发展形势、明确控排路径和工作重点的基础。

## 一、中国能源和碳排放现状

### （一）能源消费总量总体持续增长

改革开放以来，我国能源消费量的增长经历了三个阶段的变化（图 2-1）。第一个阶段是改革开放初期（1980—2000 年），这一时期我国的经济发展刚刚起步，经济总量不大，能源消费总量较小且增长相对缓慢，由 1980 年的 6.0 亿 tce（标准煤）增长至 2000 年的 14.7 亿 tce，增长 1 倍以上，而同期国民生产总值（按不变价计算）较 1980 年增长了 6 倍，能源消费和经济发展一度出现了脱钩的良好局面。第二个阶段是经济腾飞期（2001—2012 年），2000 年后受到加入世贸组织后高耗能产业的快速扩张和人民生活水平提升后生活消费模式快速向发达国家靠近等方面的影响，我国的能源消费总量快速增长，12 年来增长了 25.6 亿 tce，年均增长约 2 亿 tce。“十二五”中后期，我国政府根据经济发展的阶段特征实施了产业结构调整、提高经济增长质量等措施以适应新常态路径。与此同时，压缩型、复合型环境问题的集中爆发使人民对于控制高碳能源消费的需求日益强烈。以上两个因素的共同叠加使我国的能源消费增长进入了第三个阶段（2013 年至今），能源消费增长由快转慢，能源消费总量由 2013 年的 41.7 亿 tce 增长至 2017 年的 44.9 亿 tce，占当前全球能源消费总量的 23%。

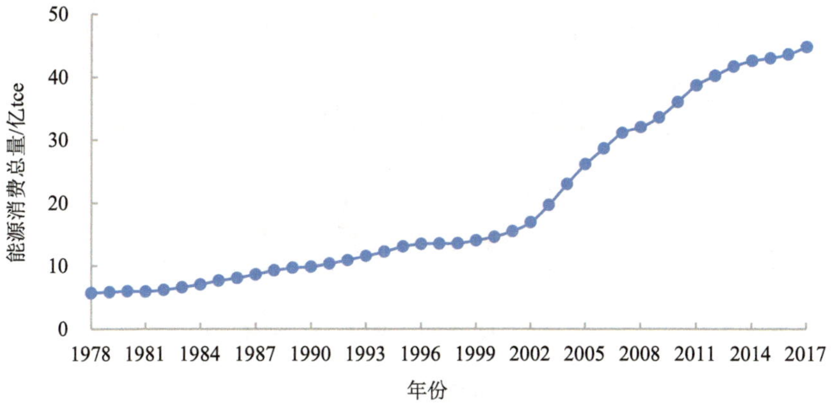


**图 2-1 中国能源消费总量变化趋势**

## （二）煤炭消费比重持续居高不下

从能源消费结构来看，煤炭消费占一次能源消费总量的比重偏高仍是我国能源消费结构的重要特点，但随着经济新常态下供给侧结构性改革和“三去一降一补”（去产能、去库存、去杠杆、降成本、补短板）等重点任务的推进，近年来能源结构优化步伐显著加快。1978—2017 年共 40 年间，我国能源消费总量累计为 781 亿 tce，其中煤炭消费总量累计为 543 亿 tce，煤炭消费累计所占比重为 69.5%，其中年度煤炭消费比重超过 70%的年份就有 30 年（图 2-2）。在此背景下，大力推进非化石能源发展已成为我国能源系统低碳和可持续发展的核心任务。近年来，非化石能源受益于政策支持而呈现出规模化发展、能源成本持续和快速下降的良好局面。当前，我国已基本实现新增能源需求基本由非化石能源满足，2017 年煤炭在一次能源中的占比为 60.4%，相比 1978 年的 70.7%下降了 10.3 个百分点。然而，根据《BP 世界能源统计年鉴（2018 年）》

数据，2017 年全球煤炭消费占全球一次能源消费的 27.6%，而中国的煤炭消费比重相比全球水平仍然高出 32 个百分点。

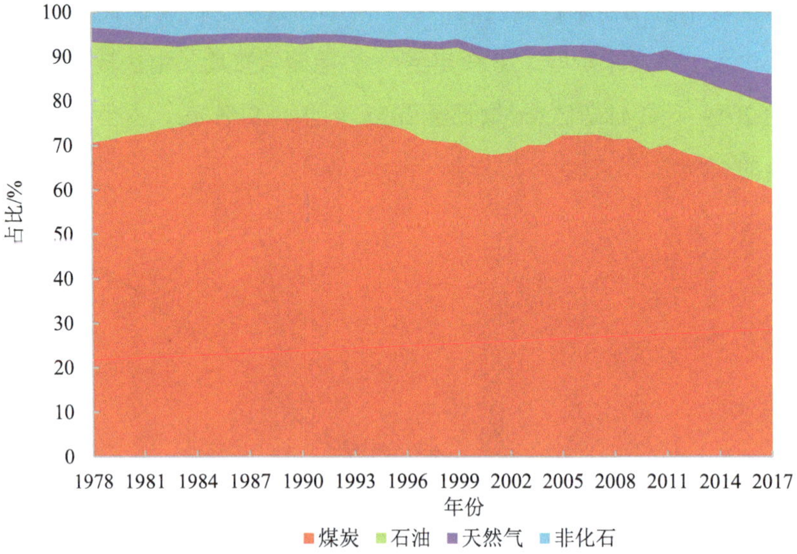


**图 2-2　中国能源消费总量构成**

## （三）清洁能源消费规模增长迅速

能源的清洁化和低碳化是全球能源发展的基本潮流，以天然气及非化石能源为代表的清洁能源在我国也得到了迅速发展。一方面，我国已制定并出台了推动天然气、非化石能源等低碳能源发展的基本制度和政策框架，近 10 年来形成了“西气东输、海气登陆、就近供应”的供气格局。天然气绝对消费量从 2004 年的 341 亿 $m^3$ 增长到 2017 年的 2 386 亿 $m^3$。2017 年我国的天然气消费比重达到 7.0%，相比 1978 年增加了 3.8 个百分点，成为世界第上三大天然气消费国。另一方面，在过去的十几年里非化石能源规模也迅速扩张，其在一次能源中的占比从 1978 年的 3.4%增长到 2017 年的 13.8%。截至 2017 年年底，全国可再生能源发电装机达到 6.5 亿 kW，同比增长 14%，可再生能源发电装机约占全部电力装机的 36.6%，同比上升 2.1%（图 2-3）。2017 年全国水电、风电、太阳能发电量共 1.6 万亿 kW·h，同比增长 989 亿 kW·h。

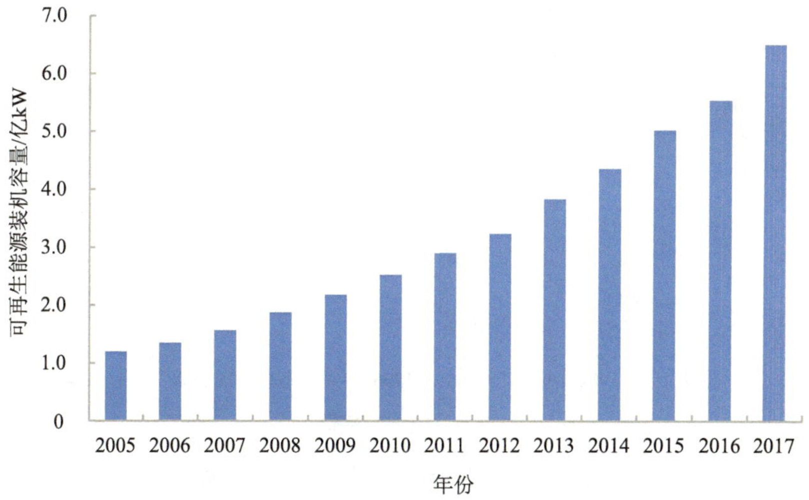


**图 2-3　中国可再生能源发电装机变化趋势**

## （四）能源活动碳排放量持续增长[①]

在以煤为主的能源结构和不断攀升的能源消费总量两方面因素的共同作用下，我国能源活动碳排放量总体持续增长，但也经历了三个阶段的变化（图 2-4）。第一阶段是平稳增长期（1978—2000 年），我国能源活动碳排放量从 13.7 亿 t 增加到 33.7 亿 t，年均增速为 4.2%。第二阶段是快速增长期（2001—2012 年），我国能源活动碳排放量从 35.4 亿 t 增至 90.1 亿 t，年均增速为 8.1%。第三阶段是高位平台期（2013—2017 年），我国能源活动碳排放量由 92.6 亿 t 增至 94.1 亿 t，年均增长 0.4%。从人均碳排放量来看，1978—2017 年我国人均碳排放量从 1.4 t 增加至 6.8 t，而目前世界人均碳排放量为 4.5 t，我国人均碳排放水平已超过世界平均水平。根据国际能源署 2017 年的统计数据，2015 年中国能源活动碳排放量为 90.4 亿 t，占全球碳排放量的 30%，是世界上碳排放量最高的国家。

① 理论上来说，能源活动二氧化碳排放随着燃料质量、燃烧技术以及控制技术等因素的变化每年应有所差异，考虑到年度数据获取的滞后性以及可比性，本报告对能源活动二氧化碳排放采取简单估算，即由分品种的能源表观消费量与由2012年国家温室气体清单核算得到的排放因子相乘的方式得出。

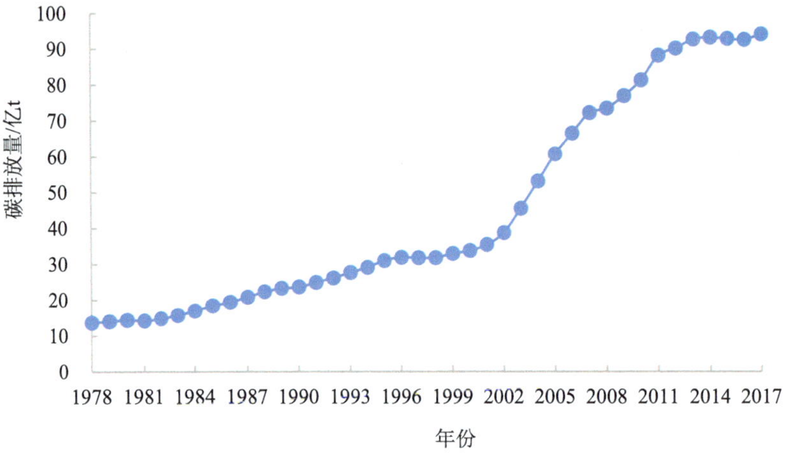


**图 2-4　中国能源活动碳排放量变化趋势**

（数据来源：课题组估算数据）

## 二、中国与低碳相关的政策概况

近年来，我国在推进低碳发展方面做出了不懈的努力，把低碳发展作为应对气候变化和经济社会转型的重大战略，以及加快转变经济发展方式、调整经济结构和推进产业转型的重大机遇。我国与低碳发展相关的政策和目标是依托现有的应对气候变化政策体系、环境和能源管理体系来进行构建的，并逐步形成了包括法律法规、行政命令、经济激励机制、市场机制、试点工作等在内的较为完整的体系，以期全方位、深层次地推动低碳发展，并为其奠定坚实的基础（表 2-1）。

**表 2-1　中国低碳方面政策梳理**

| | 法律法规 | 行政命令 | 经济激励机制 | 市场机制 | 试点工作 |
|---|---|---|---|---|---|
| 政策工具 | ● 法律（约 30 部）；<br>● 法规（约 90 部） | ● 强制性标准；<br>● 强迫性任务；<br>● 行业准入制度 | ● 价格工具；<br>● 财政支持性资金（投资补助、贷款贴息、以奖代补） | ● 碳排放权交易试点；<br>● 自愿减排交易活动 | 低碳试点省区和城市、园区、社区、城镇及其他示范项目 |

| | 法律法规 | 行政命令 | 经济激励机制 | 市场机制 | 试点工作 |
|---|---|---|---|---|---|
| 主要内容 | ●《节约能源法》；<br>●《可再生能源法》 | ● 淘汰落后产能；<br>● 绿色采购；<br>● 低碳标识与认证；<br>● 千家企业节能行动 | ● 高耗能行业差别电价；<br>● 低碳专项资金；<br>● 节能减排财政政策综合示范资金；<br>● 清洁发展机制 | ● 温室气体自愿减排交易管理办法；<br>● 在7个省市开展碳排放权交易试点，推动建立全国碳排放交易市场 | ● 在6个省区和36个城市开展低碳省区和低碳城市试点工作；<br>● 51家国家低碳工业园区；<br>● 8个国家低碳城(镇)试点；<br>● 计划建设1 000个左右低碳社区试点；<br>● 在交通、CCUS等领域开展试点示范 |

## （一）完善法律法规，开展顶层设计

法律作为调整权力关系和社会关系的行为规范，不仅为低碳发展提供了保障，而且为其确定了顶层设计。目前，我国涉及低碳发展的法律有30部左右，行政法规有90部左右。与我国低碳经济发展密切相关的国内法律主要有《中华人民共和国森林法》(1998年)、《中华人民共和国气象法》(1999年)、《中华人民共和国草原法》(2002年)、《中华人民共和国农业法》(2002年)、《中华人民共和国清洁生产促进法》(2002年)、《中华人民共和国节约能源法》(2007年)、《中华人民共和国可再生能源法》(2009年)、《中华人民共和国循环经济促进法》(2008年)等。2006年，第三次修订的《中华人民共和国大气污染防治法》虽然主要针对大气污染，但也从侧面推动了碳减排工作的深入开展。2013年，国务院印发《大气污染防治行动计划》(国发〔2013〕37号)，提出了“优化产业结构、加快技术升级、调整能源结构”“建立预警应急体系”等应对气候变化的措施。2014年，新修订的《中华人民共和国环境保护法》涉及海洋、生物、土地等环境资源的保护，以及对污染物和其他公害的防治。

低碳发展的法律法规主要依托气候变化相关顶层设计进行构建，其框架体系主要包括四个方面。一是在正在研究制定的《中华人民共和国应对气候变化法》下加快相关法律法规的建设。2011年成立了由全国人大环资委、全国人大法工委、国务院法制办和 17 家部委组成的应对气候变化法律起草工作领导小组，由国家发展改革委牵头开展立法研究、立法调研和法律草案起草工作，旨在加快推动《中华人民共和国应对气候变化法》和《全国碳排放权交易管理条例》的立法程序。山西省、青海省、石家庄市和南昌市等不少省市开展了地方应对气候变化和低碳发展的专门立法工作，对应对气候变化立法和碳排放交易进行了探索。二是在《国家应对气候变化规划（2014—2020 年）》（发改气候〔2014〕2347 号）的指导下加快构建绿色低碳发展模式。2014 年出台的《国家应对气候变化规划（2014—2020 年）》是我国应对气候变化的中长期纲领性政策，提出了 2020 年在控制温室气体排放、低碳试点示范、适应气候变化能力、能力建设及国际交流五大方面的目标。三是在生态文明建设的框架下实现低碳发展转型。2015 年，中共中央、国务院发布的《关于加快推进生态文明建设的意见》（中发〔2015〕12 号）明确提出坚持把低碳发展作为基本途径，加快推进生态文明建设，大力推进绿色发展、循环发展、低碳发展，使蓝天常在、青山常在、绿水常在。四是依托负责减缓气候变化工作的相关政府部门开展低碳转型实际行动。能源、工业、建筑、交通等部门或制定了本部门应对气候变化的专门性规划，或从其部门的节能减排规划中对应对气候变化工作加以规定，从而有力地推动了应对气候变化工作的开展。图 2-5 列出了工业、交通、建筑、能源部门的应对气候变化方案。

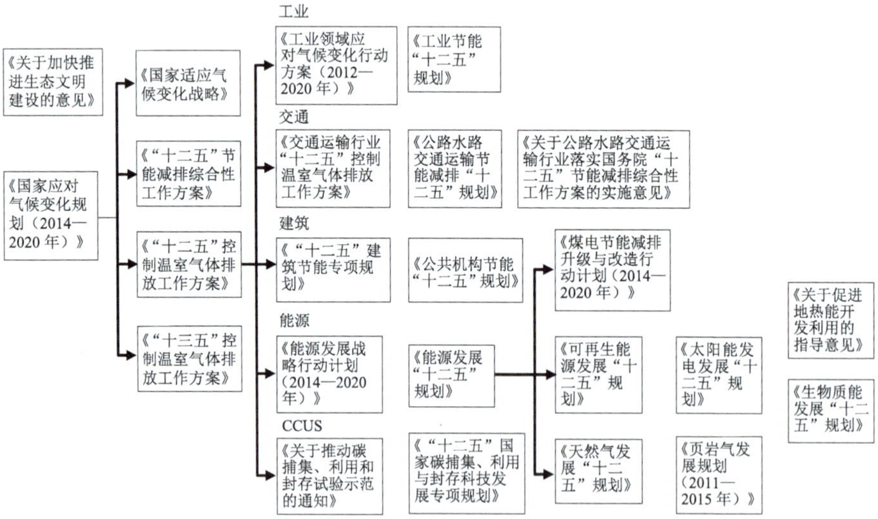


**图 2-5　应对气候变化分领域规划**

此外，我国也在进一步完善低碳发展的顶层设计，明确和落实低碳发展领域的相关目标，将积极应对气候变化和低碳发展作为国家经济社会的重大战略。2007 年，我国制定了《中国应对气候变化国家方案》（国发〔2007〕17 号），明确了到 2010 年我国应对气候变化的具体目标、基本原则、重点领域及政策措施，成为第一个制订并实施应对气候变化国家方案的发展中国家。同年，我国印发了《中国应对气候变化科技专项行动》（国科发社字〔2007〕407 号），统筹协调和指导我国 2007—2020 年的应对气候变化科技工作。“十一五”时期，我国首次在国民经济和社会发展规划纲要（《“十一五”规划纲要》）中明确提出“能源强度”目标。“十二五”时期，我国首次将“碳强度”目标纳入国民经济和社会发展规划纲要（《“十二五”规划纲要》），提出单位国内生产总值能源消耗比“十一五”末期降低 16%、单位国内生产总值二氧化碳排放量降低 17%。2011 年，我国印发《“十二五”控制温室气体排放工作方案》（国发〔2011〕41 号），提出了与《“十二五”规划纲要》相一致的碳强度、能源强度、非化石能源比重、森林覆盖率和森林蓄积量等相关目标，以及到 2015 年服务业增加值和战略性新兴产业增加值占国内生产总值的比例分别提高到 47%和 8%左右的要求；此外，还提出了控制温室气体排放的多项重点任务，包括加快调整产业结构、大力推进节能降耗、积极发展低碳能源、努力增加碳汇、控制非能源活动温室气体排放、加强高排放产品节约与替代、开展低碳发展试验试点、加快建立温室气体排放统计核算体系、探索建立碳排放交易市场等。各部门、各地方相继印发本领域和区域的“十二五”控制温室气体排放行动计划或方案。2014 年，我国发布《国家应对气候变化规划（2014—2020 年）》，提出到 2020 年实现单位国内生产总值二氧化碳排放量比 2005 年下降 40%～45%、非化石能源占一次能源消费的比重达到 15%左右、森林面积和蓄积量分别比 2005 年增加 4 000 万 $hm^2$ 和 13 亿 $m^3$ 的目标，低碳试点示范取得显著进展，适应气候变化的能力大幅提升，能力建设取得重要成果，国际交流合作广泛开展。2015 年，我国政府向《联合国气候变化框架公约》秘书处提交了《强化应对气候变化行动——中国国家自主贡献》，对我国 2020 年以后的强化减缓和适应行动做出了安排，提出二氧化碳排放量在 2030 年前后达到峰值并争取尽早达峰、单位国内生产总值二氧化碳排放量比

2005 年下降 60%～65%、非化石能源占一次能源消费的比重达到 20%左右、森林蓄积量比 2005 年增加 45 亿 $m^3$ 左右等与应对气候变化相关的目标，并提出了实现目标的政策和措施。2016 年，我国印发《"十三五" 控制温室气体排放工作方案》(国发〔2016〕61 号)，提出到 2020 年碳强度比 2015 年下降 18%、碳排放总量得到有效控制、非二氧化碳温室气体控排力度进一步加大、支持优化开发区域碳排放率先达到峰值、力争部分重化工业 2030 年前后实现率先达峰、碳汇能力显著增强等目标。该方案以 2030 年前后达到碳排放峰值为目标导向，对"十三五"时期控制温室气体排放的目标和任务进行了全面设计，确定了控制温室气体排放的八大重点领域，并对各领域的重点工作和政策措施做了细化安排。

## （二）运用行政命令，管理低碳发展

运用行政命令管理低碳发展指的是政府运用对政府机构本身、企业及社会和个人所做的有关节能减排、降低碳排放的强制性命令来管理低碳发展。从政策工具来看，主要有强化节能目标责任考核、完善强制性标准、建立行业准入制度、推广节能技术及产品等手段，大部分政策工具集中在淘汰落后产能、绿色政府采购等领域及交通和建筑部门。

### 1. 强化节能目标责任考核制度

我国单位国内生产总值能耗下降的节能目标被分解落实到了各省、自治区、直辖市，并且建立了目标责任制，对未能完成目标任务的地方政府官员进行问责，将考核结果作为对地方领导班子和领导干部综合考核评价的参考内容纳入政府绩效管理。"十一五" 期间，国家发展改革委、国家能源局、国家统计局、国家质检总局、国务院国资委在钢铁、有色、煤炭、电力、石油石化、化工、建材、纺织、造纸 9 个重点耗能行业规模以上独立核算企业中，选择了 2004 年企业综合能源消费量达到 18 万 tce 以上的共 1 008 家重点耗能企业，组织开展了"千家企业节能行动"。从2007 年起，我国政府每年对省级政府和千家企业节能目标完成情况、节能措施落实情况进行评价考核，并向社会公告考核结果。2011 年，国家发展改革委印发了《关于印发万家企业节能低碳行动实施方案的通知》(发改环资〔2011〕2873 号)，要求各地区按照方案规定的万家企业范围，审核提出本地区纳入万家企业节能低碳行动的企业（单位）名单，根据本地区万家企业节能量目标分解确定每家企业的“十二五”节能目标，并在方案中明确提出“十二五”期间万家企业要实现节约能源 2.5 亿 tce 的目标。从 2012 年开始，国家发展改革委会同工业和信息化部等对 16 000 家年综合能源消费量在 1 万 tce 以上的企业以及有关部门指定的年综合能源消费量 5 000 tce 以上的重点用能单位进行重点监控和评价考核，并向社会公布考核结果。“十三五”时期，开展了重点用能单位“百千万”行动，按照属地管理和分级管理相结合的原则，国家、省、地市分别对“百家”“千家”“万家”重点用能单位进行目标责任评价考核。

### 2. 完善强制性标准

“十二五”期间，我国启动了“百项能效标准推进工程”，完善了节能标识管理制度，扩大了能效标识适用范围。截至 2016 年年底，我国已发布实施能效强制性标准 64 项、能耗限额强制性标准 104 项、节能推荐性国家标准 150 余项，以及家用电冰箱、洗衣机、储水式热水器、平板电视等共计 13 批次 35 类能效标识实施产品。2014 年，国家标准委批准成立全国碳排放管理标准化技术委员会，主要负责中国碳排放管理领域国家标准的制定和修订工作，建立中国温室气体管理标准体系框架。2015 年，国家标准委批准发布了发电、钢铁、民航、化工、水泥等重点行业的 11 项温室气体排放国家标准，为引导企业低碳转型提供了技术支撑。交通运输部、国家铁路局、原国家林业局等部门也相继发布了与低碳发展相关的行业标准。同年，国家质检总局、国家发展改革委联合发布了《节能低碳产品认证管理办法》（质检总局　国家发改委令第 168 号），建立了统一的低碳产品认证制度，将通用硅酸盐水泥等 7 种产品分 2 批纳入《低碳产品认证目录》。国家发展改革委分 3 批发布了 23 个重点行业及 1 个工业其他行业企业温室气体排放核算方法与报告指南，并在全国 31 个省（自治区、直辖市）及新疆生产建设兵团发改系统及技术支撑单位开展了能力建设培训。国家认监委正加快整合环保、节能、节水、循环、低碳、再生、有机等产品的评价制度，推动建立统一的针对覆盖产品全生命周期的环境友好、资源节约、兼顾消费友好等综合指标的“中国绿色产品”认证（合格评定）体系。

### 3. 加强行业准入制度的建设

国家发展改革委组织开展了低碳技术的征集、筛选和评定工作，2014 年和 2015 年分别发布了 2 批《国家重点节能低碳技术推广目录》，加快了低碳技术的推广和使用。科学技术部编制发布了《节能减排与低碳技术成果转化推广清单（第一批）》（科技部公告　2014 年第 1 号），加快了低碳技术成果转化，助力重点排放行业技术升级。“十二五”期间，交通运输部分 2 批组织开展全国重点推广公路水路交通运输节能产品（技术）推选工作。住房和城乡建设部组织开展了应对气候变化创新项目研究与示范，2013 年以来组织实施了“建筑行业低碳技术创新及产业化示范工程项目”等。2016 年，商务部开展了《流通领域节能环保技术产品推广目录》的征集和制定工作，以促进绿色销售。

### 4. 加快推广节能技术及产品

国家发展改革委为加快节能技术进步和推广，引导用能单位采用先进适用的节能新技术、新装备、新工艺，从 2008 年起每年发布《国家重点节能技术推广目录》。为统筹协调节能技术与低碳技术的有效推广，2014 年国家发展改革委印发了《节能低碳技术推广管理暂行办法》（发改环资〔2014〕19 号），并陆续颁布了《国家重点节能低碳技术推广目录》节能部分的“2014 年本”至“2017 年本”。自 2009 年起，工业和信息化部陆续评选并发布了 7 批《节能机电设备（产品）推荐目录》、7 批《“能效之星”产品目录》和 2 批《通信行业节能技术指导目录》。

### 5. 拉动节能产品消费

我国政府制定了高效节能产品推广财政补助、节能与新能源汽车示范推广财政补助、“节能产品惠民工程”高效节能房间空调和高效电机推广等政策，大力推广节能产品和高效用能设备。“十二五”时期，加大了高效节能产品推广力度，采取财政补贴方式，在民用领域重点推广了高效照明、节能家用电器、节能与新能源汽车等产品，在商用领域重点推广了单元式空调器等产品，在工业领域重点推广了高效电动机等产品，共发布 6 批《“节能产品惠民工程”高效电机推广目录》和 8 批《“节能产品惠民工程”节能汽车推广目录》。国家发展改革委、财政部、国家税务总局等部门还通过调整汽车消费税、购置新能源汽车补贴等政策，扩大了节能和新能源汽车在公共服务领域和居民家庭的示范推广。2016 年，国家发展改革委等 12 个部门联合印发《“十三五”全民节能行动计划》（发改环资〔2016〕2705 号），提出实施节能产品推广行动等节能行动。

## （三）加强经济激励，提供财政支撑

我国在低碳发展领域不断加强经济激励，为低碳发展提供了财政支撑，主要通过提供财政支持性资金、价格、税收和信贷政策等手段，支持低碳发展的各项工作。

### 1. 财政支持性资金

我国与低碳相关的经济激励机制中的财政支持性资金种类繁多。从资金的来源来看，既有中央支持资金又有地方支持资金，包括与可再生能源发展相关的专项资金、合同能源管理奖励资金、建筑节能补助、交通节能减排专项资金；从资金支持的时间来看，有项目实施之前的支持资金，也有项目实施之后的支持资金等，诸如低碳试点前的清洁生产、循环经济、节能减排等支持资金，开展低碳试点省市配套的低碳发展专项资金；从资金资助的方式来看，有针对项目类的投资补助，有基于结果的“以奖代补”资金奖励，有政府关于低碳管理的公共投资，也有中国清洁发展机制（CDM）资金的支持，还有代偿性的资金支持。中国清洁发展机制基金是由国务院批准建立，政策性与开发性兼顾的公益性、长期性、开放式和不以营利为目的的国家基金。基金主要来源于海内外热心碳减排公益事业的企业、社会组织和个人捐赠，专项筹集活动及合作项目募集的资金，国家政策允许的基金增值等收入以及其他合法收入。2012 年，国家发展改革委、财政部先后印发了《中国清洁发展机制基金赠款项目管理办法》（发改气候〔2012〕3407 号）和《中国清洁发展机制基金有偿使用管理办法》（发改气候〔2012〕3406 号），明确规定了中国清洁发展机制基金主要用于支持与应对气候变化相关的政策研究、能力建设、宣传教育等活动。

### 2. 价格政策

我国适时调整了包括天然气、成品油在内的多类能源价格，不断完善价格形成机制。2010 年 6 月，上调天然气出厂基准价格，取消价格“双轨制”，扩大浮动幅度，引导天然气资源合理配置。此外，实行了节能发电调度政策，2009 年 11 月提高了全国销售电价，进一步优化了电价结构，更好地体现了公平负担成本的原则；还加大了差别电价的实施力度，自 2010 年 6 月起，全国电解铝、铁合金等 8 个行业的限制类企业电价加价标准由 0.05 元/（kW·h）提高到 0.10 元/（kW·h），淘汰类企业执行的电价加价标准由 0.20 元/（kW·h）提高到 0.30 元/（kW·h）。2013 年，进一步更新了电解铝的阶梯电价政策，根据电解铝企业上一年度用电实际水平每千瓦·时加价 0.02 元或 0.08 元。2014 年，对淘汰类水泥企业每千瓦·时加价 0.4 元。为引导居民节约用电、合理用电，2011 年将城乡居民每月用电量按照满足基本用电需求、正常合理用电需求和较高生活质量用电需求划分为三档，电价实现分档递增，其中第一档电量原则上按照覆盖本区域内 80%居民用户的月均用电量确定，第二档、第三档提价标准分别为每度电不低于 5 分钱和每度电 0.3 元左右。为建立健全居民生活用气阶梯价格制度，2014 年提出到 2015 年年底所有已通天然气的城市均应建立居民生活用气阶梯价格制度，按照满足不同用气需求将居民用气量分为三档，其中第一档用气量按覆盖区域内 80%居民家庭用户的月均用气量确定，第二档、第三档气价分别为第一档气价的 1.2 倍和 1.5 倍。此外，我国还出台了支持企业节能技术改造、高效照明产品推广、建筑供热计量及节能改造等的资金管理办法，以及鼓励购买节能环保小排量汽车的价格优惠政策。

### 3. 税收政策

我国调整了部分矿产品资源税，实施了成品油价格和税费改革。2011 年，财政部、国家税务总局修订通过了《中华人民共和国资源税暂行条例实施细则》（财政部令第 66 号）。2014 年，财政部、国家税务总局印发了《关于调整原油、天然气资源税有关政策的通知》（财税〔2014〕73 号）和《关于实施煤炭资源税改革的通知》（财税〔2014〕72 号），提出自 2014 年 12 月 1 日起将原油、天然气矿产资源补偿费费率降为零，相应地将油气资源税税率由 5%提高到 6%；在全国范围实施煤炭资源税从价计征改革，煤炭资源税税率幅度定为 2%～10%，并全面清理相关收费基金。2016 年，我国全面推进资源税改革，扩大了资源税征收范围，有效发挥了税收杠杆的调节作用。

#### 4. 信贷政策

我国政府鼓励各类金融机构加大对节能降耗项目的信贷支持力度，创新信贷管理模式。2007 年以来，原中国银监会陆续出台了《节能减排授信工作指导意见》（银监发〔2017〕83 号）、《绿色信贷指引》（银监发〔2012〕4 号）、《绿色信贷统计制度》（银监办发〔2013〕185 号）、《能效信贷指引》（银监发〔2015〕2 号）等政策文件。目前，我国已基本建立了以《绿色信贷指引》为核心的绿色信贷制度框架，并对银行业金融机构开展节能环保授信和绿色信贷的政策界限、管理方式、考核政策等做出了明确规定，以确保信贷资金投向低碳、节能、循环、生态领域。截至 2015 年年底，银行业金融机构绿色信贷余额为 8.08 万亿元，其中 2 家主要银行业金融机构的绿色信贷余额达 7.01 万亿元，占各项贷款余额的 9.68%，所支持项目可节约 2.21 亿 tce。

### （四）鼓励市场机制，激活市场活力

#### 1. 开展碳排放权交易试点

《“十二五”规划纲要》首次提出将“逐步建立碳排放交易市场”，这是探索市场机制应对气候变化的重要举措，是践行生态文明发展理念的重要探索。《“十二五”控制温室气体排放工作方案》中具体提出了要“开展碳排放权交易试点”，同时提出“制定我国碳排放权交易市场建设总体方案”。2011 年 10 月，国家发展改革委发布了《关于开展碳排放权交易试点工作的通知》（发改办气候〔2011〕2601 号），批准北京、天津、上海、重庆、湖北、广东及深圳 7 个省市开展碳排放权交易试点。各试点省市在 2013—2014 年先后正式启动了碳排放权交易，完成了碳排放权交易的基本制度研究。自 2011 年启动碳排放权交易试点工作以来，7 个省市的试点工作有序推进，初步形成了符合地区实际的制度安排，建成了制度要素齐全、初具规模、各具特色的试点碳排放权交易市场，并开展了市场监管、组织履约与执法工作。截至 2017 年年底，各试点累计配额成交量超过 2 亿 t $CO_2e$，成交额约 47 亿元，交易量与交易活跃程度稳步提升。

#### 2. 启动全国碳排放权交易市场

2014 年，国家发展改革委开始组织建设全国碳排放权交易市场（以下简

称碳市场)，开展全国碳市场配额总量和分配方法、全国碳交易登记注册系统等制度设计研究。同年，国家发展改革委出台了《碳排放权交易管理暂行办法》(国家发改委令 第17号)，明确了全国碳市场的建设思路。为强化基础能力，我国研究出台了24个重点行业温室气体排放核算方法与报告指南，构建了企业温室气体排放数据直接报告体系，并备案第三方核查机构和交易机构。2016年，国家发展改革委办公厅发布了《关于切实做好全国碳排放权交易市场启动重点工作的通知》(发改办气候〔2016〕57号)，设定了纳入全国碳市场的覆盖范围，即电力、石化、化工、钢铁、有色、建材、造纸、民航行业中2013—2015年任意一年综合能源消费总量达到1万tce以上(含)的企业法人单位或独立核算企业单位。2017年12月，我国正式启动了全国碳排放权交易体系，国家发展改革委印发了《全国碳排放权交易市场建设方案(发电行业)》(发改气候规〔2017〕2191号)。与此同时，我国加快推进碳市场相关立法工作，出台了《全国碳排放权交易管理条例》；组织各地对6 700余家重点排放单位的历史碳排放数据进行核算、报送与核查，制定了部分行业配额分配技术指南，开展配额试分配，为下一步开展总量设定和配额分配积累经验。

#### 3. 推动自愿减排交易市场建设

2012年，国家发展改革委颁布《温室气体自愿减排交易管理暂行办法》(发改气候〔2012〕1668号)和《温室气体自愿减排项目审定与核证指南》(发改办气候〔2012〕2862号)，开展了温室气体自愿减排方法学体系、核查机构、注册登记系统和交易平台建设。截至2017年3月，我国已开发约200个温室气体自愿减排方法学，12家机构获得温室气体自愿减排项目审定和减排量核证机构资格，累计公示温室气体自愿减排审定项目2 871个、备案项目1 047个，减排量备案项目约400个，备案减排量约7 200万t $CO_2e$。

### (五)开展试点示范，提供实践基础

#### 1. 开展低碳省区和低碳城市试点

2010年7月，国家发展改革委下发通知，确定在广东、辽宁、湖北、陕西、云南5个省和天津、重庆、深圳、厦门、杭州、南昌、贵阳、保定8个

市开展第一批国家低碳省区和低碳城市试点工作；2012 年 11 月 29 日，国家发展改革委再次下发通知，确定在北京、上海、石家庄等 29 个省市开展第二批国家低碳省区和低碳城市试点工作；2017 年 2 月，国家发展改革委又下发通知，确定在内蒙古自治区乌海市等 45 市（区、县）开展第三批低碳试点。各地区积极探索适合本地区的低碳发展模式，构建以高效率、低消耗、低排放为特征的低碳产业和城市体系，积极推动能源结构转型，大力发展低碳交通、建设绿色建筑，探索加强低碳制度体系和基础能力建设的方式方法，倡导绿色生活和消费模式。低碳试点省市是我国“自下而上”地探索低碳发展模式的尝试，将为我国不同基础、不同特点的地区实现低碳发展提供发展模式与实现途径的经验。一是截至 2017 年年底，共有 73 个试点省市提出了峰值年份目标，28 个省市通过印发政府文件公开发布了峰值年份目标（不完全统计），其中提出不晚于 2020 年达峰和在 2021—2025 年达峰的省市分别有 9 个和 11 个；二是构建了低碳发展的产业体系，共有 29 个试点省市设立了低碳发展或节能减排专项资金；三是强化了低碳发展的支撑体系，所有试点省市均开展了温室气体清单编制工作，有 10 个试点省和直辖市建立了重点企业温室气体排放统计核算工作体系，有 17 个城市建设了碳排放数据管理平台；四是形成了全社会共同参与的格局，有 14 个试点省市开展了低碳产品的标识与认证，推动了低碳产品的生产与消费。

2. 开展国家低碳工业园区试点

2013 年，工业和信息化部与国家发展改革委联合印发了《关于组织开展国家低碳工业园区试点工作的通知》（工信部联节〔2013〕408 号），启动了低碳工业园区试点工作。2014 年，该两部委又审核公布了国家低碳工业园区试点名单，开展了相应的评价指标体系和配套政策研究。2015 年，该两部委批复同意 51 家国家低碳工业园区试点实施方案。各试点通过实施多种低碳化行动措施，推进园区产业低碳化、企业低碳化、产品低碳化、基础设施及服务低碳化，探索了适合中国国情的工业园区低碳管理模式，引导和带动了工业低碳转型发展。

3. 开展低碳社区试点

2014 年，国家发展改革委印发了《关于开展低碳社区试点工作的通知》

（发改气候〔2014〕489 号），在全国启动了低碳社区试点工作。2015年，发布《低碳社区试点建设指南》（发改办气候〔2015〕362 号）并组织开展低碳社区碳排放核算方法学研究，指导各地开展低碳社区建设工作，开展全国低碳社区示范遴选，计划在全国建设 1 000 个左右的低碳社区试点并择优建设一批国家级低碳示范社区，打造一批符合不同区域特点、不同发展水平、特色鲜明的低碳社区，为有效控制城乡居民生活领域的温室气体排放提供引领和借鉴。

### 4. 开展国家低碳城（镇）试点

2015 年，国家发展改革委印发了《关于加快推进国家低碳城（镇）试点工作的通知》（发改气候〔2015〕1770 号），选定广东深圳国际低碳城、广东珠海横琴新区、山东青岛中德生态园、江苏镇江官塘低碳新城、江苏无锡中瑞低碳生态城、云南昆明呈贡低碳新区、湖北武汉花山生态新城、福建三明生态新城作为首批国家低碳城（镇）试点。组织 8 个低碳城（镇）试点单位研究编制试点实施方案并完成批复，引导各试点围绕产业发展和城区建设融合、空间布局合理、资源集约综合利用、基础设施低碳环保、生产低碳高效、生活低碳宜居等多个方面，探索符合地区特色的城（镇）低碳发展模式。组织开展了试点规划方案专家咨询工作，从规划层面为试点城（镇）低碳发展提供了指导。

### 5. 推进碳捕集、利用与封存（CCUS）试验示范

2013 年，国家发展改革委印发了《关于推动碳捕集、利用和封存试验示范的通知》（发改气候〔2013〕849 号）；科学技术部发布了《“十二五”国家碳捕集、利用与封存科技发展专项规划》（国科发社〔2013〕142 号），并编制技术发展路线图；环境保护部发布了《关于加强碳捕集、利用和封存试验示范项目环境保护工作的通知》（环办〔2013〕101 号），指导碳捕集、利用与封存项目的环境风险管理。2016 年，环境保护部发布了《二氧化碳捕集、利用与封存环境风险评估技术指南（试行）》（环办科技〔2016〕64 号）。原国土资源部开展了应对全球气候变化地质调查研究工作，对二氧化碳储存潜力评估与工程示范等进行了研究。科学技术部组织实施了中欧燃煤发电近零排放、中澳二氧化碳地质封存等碳捕集、利用与封存合作项目。

### 6. 开展低碳交通运输体系建设试点

交通运输部在 26 个城市开展了低碳交通运输体系建设试点工作，积累城市绿色低碳交通运输体系实践经验；组织开展了 4 个绿色交通省份、27 个绿色交通城市、11 个绿色港口、20 条绿色公路等绿色交通试点工作；推出了 6 批共 130 个部级节能减排示范项目，并将示范项目经验材料在行业进行广泛宣传推广；深入开展“车、船、路、港”千家企业低碳交通运输专项行动。

## 三、中国分领域低碳发展现状和形势

### （一）工业部门

### 1. 我国工业部门各行业长期快速发展，已进入工业化中后期阶段

我国工业部门长期引领国家经济的快速增长。自改革开放以来，工业部门年均增速约为 11%，比同期 GDP 增速高出 1.4 个百分点（图 2-6）。第二产业增加值占 GDP 的比重长期处于 40%以上，工业作为第二产业的主要组成部分，是驱动我国经济发展的支柱产业和关键引擎。随着我国产业结构

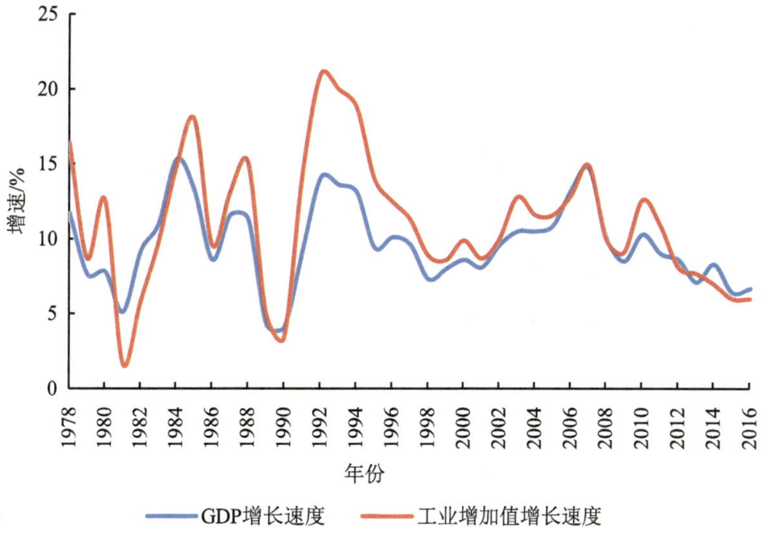


图 2-6 中国 GDP 和工业增加值年增速变化

的升级和经济转型的不断深入，经济增长由主要依靠第二产业带动向依靠第一、第二、第三产业协同带动转变，同时服务业进入高速发展阶段，第三产业增加值占 GDP 的比重在 2013 年首次超越第二产业（图 2-7）。目前，我国已基本完成工业化进程，总体上处于中期向后期过渡的阶段，工业增长呈现稳步放缓趋势。

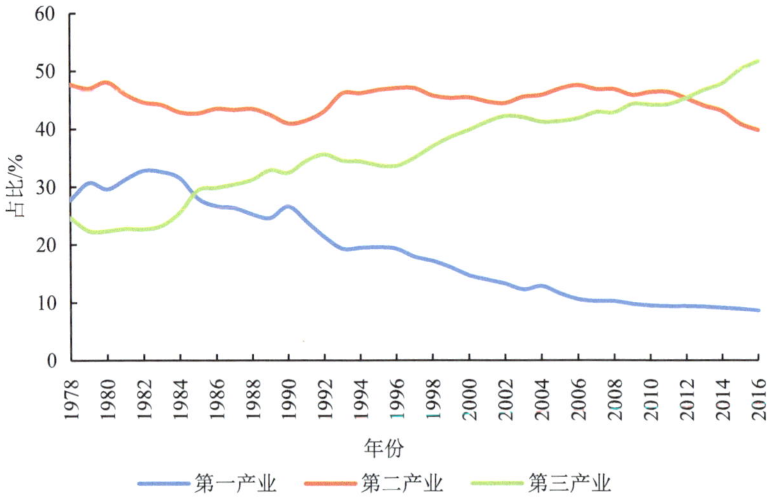


**图 2-7 中国三次产业结构变化趋势**

## 2. 工业总体仍呈现重化工业比重高、增加值率低、能源结构以煤为主等特点，高碳特征较为明显

随着我国城镇化和工业化的加速推进，劳动密集型和重化工业得到快速发展，特别是重工业实现了飞速发展。自 20 世纪 90 年代中期以来，以汽车、石化、重型装备等为代表的重化工业在国家与地方政府的支持下呈现倾斜式发展。2000—2011 年，重工业比重由 60.2%上升到 71.9%，2006 年以来我国轻重工业比例维持在 3∶7，显著高于世界发达国家现有水平，且已超过发达国家的峰值水平（表2-2）。此外，我国以劳动密集型的传统产业为主、多数工业部门处于国际分工低端的特征尚未得到根本转变，高技术含量、高附加值产品所占比重偏低，导致工业增加值率整体偏低，当前工业增加值率仅为 23%左右，显著低于发达国家（40%）和世界（35%）的平均水平。从工业用能结构来看，我国工业能源消费中煤炭占比高达 56%，分别比全球平均水平、美

国、欧盟和经济合作与发展组织（OECD）国家高出 28 个百分点、48 个百分点、46 个百分点和 44 个百分点；天然气占工业能源消费比重仅为 5%，分别比全球平均水平、美国、欧盟和 OECD 国家低 16 个百分点、36 个百分点、26 个百分点和 27 个百分点（表 2-3）。

**表 2-2　典型国家重工业比重峰值出现年份及水平**

| 国　家 | 美国 | 英国 | 日本 | 韩国 | 德国 |
|---|---|---|---|---|---|
| 重工业比重峰值年份 | 1979 | 1974 | 1991 | 2002 | 1986 |
| 重工业比重峰值量/% | 61.9 | 58.9 | 63.4 | 67.7 | 68.4 |

资料来源：戴彦德等，《中国二氧化碳减排技术潜力和成本研究》，2013。

**表 2-3　我国和世界主要国家（地区）工业终端能源消费结构对比**　单位：%

| 能源类别 \ 国家（地区） | 全球 | 中国 | 美国 | 欧盟 | 日本 | OECD |
|---|---|---|---|---|---|---|
| 煤炭 | 28 | 56 | 8 | 10 | 31 | 12 |
| 石油 | 12 | 11 | 8 | 12 | 26 | 13 |
| 天然气 | 21 | 5 | 41 | 31 | 10 | 32 |
| 电力 | 27 | 24 | 29 | 33 | 29 | 32 |
| 热力 | 5 | 5 | 2 | 6 | 0 | 3 |
| 生物质能 | 7 | 0 | 11 | 9 | 3 | 8 |
| 其他可再生能源 | 0 | 0 | 0 | 0 | 0 | 0 |

资料来源：中国数据为本报告根据《中国能源统计年鉴 2017》测算，数据年份为 2015 年；国际数据来自 International Energy Agency，World Energy Outlook 2014：Energy and Climate Change，数据年份为 2012 年。

### 3. 我国工业进入减速换挡、提质增效的新阶段，但能效水平与国际先进水平相比仍有差距

随着经济发展进入新常态，工业发展也进入了新的阶段。经过动力转换、结构调整、节能减排等多方面努力后，我国钢铁、水泥等重点高耗能部门的产品产量已基本达峰，这些部门的能源消费水平也将逐步呈现下降趋势。在过去的十几年间，高耗能部门的能源利用效率普遍大幅改进，重点高耗能单位产品的综合能耗大幅度下降。2000—2015 年，吨钢综合能耗下降了 37%，水泥熟料综合能耗下降了 28%，乙烯综合能耗下降了 24%，合成氨综合能耗

下降了 10%，铝锭综合交流电耗下降了 12%。目前部分产品（钢铁、电解铝等）的能源效率已经达到当前国际先进水平，但仍有一部分产品（如化工部门中的乙烯和合成氨）的能源效率与国际先进水平相比有较大差距，仍有进一步提升的潜力。此外，尽管我国诸多重要工业部门的单位产品能耗已接近甚至超过世界先进水平，但我国单位工业增加值能耗仍然与发达国家和地区的差距显著，分别是全球平均水平的 2.6 倍、美国的 4.8 倍、欧盟的 6.8 倍、日本的 7.0 倍（图 2-8、表 2-4）。

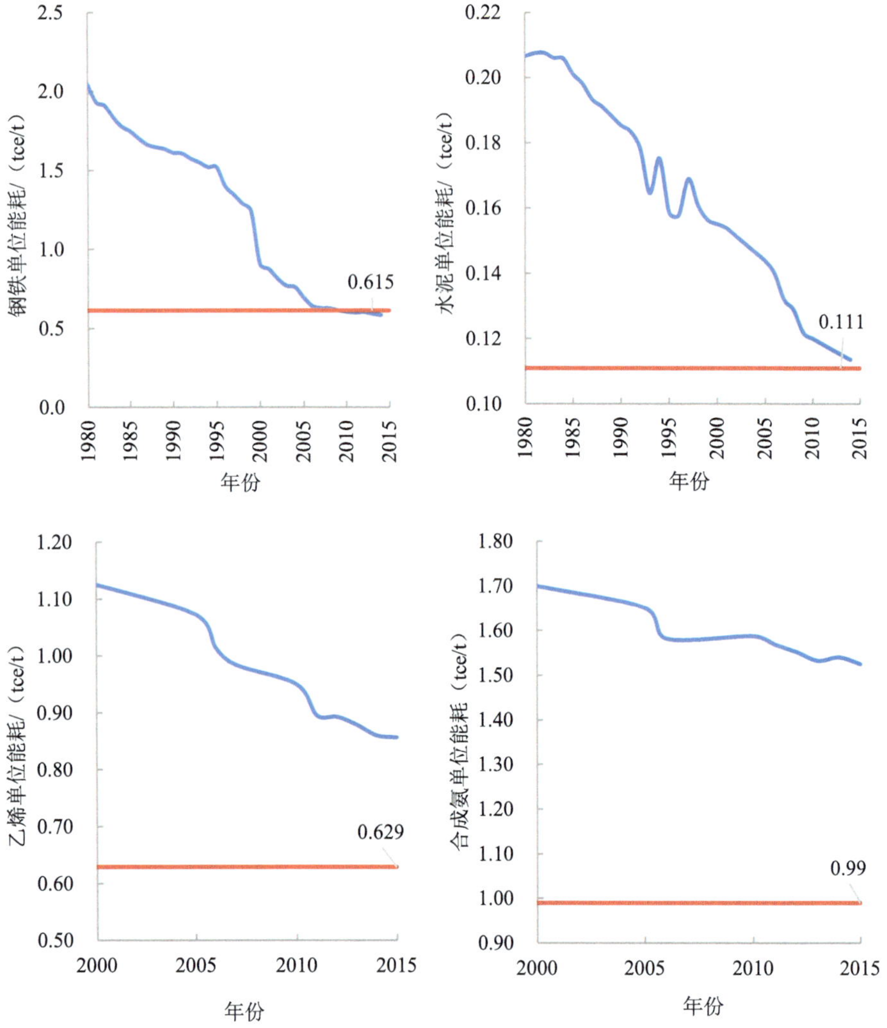


**图 2-8　重点耗能产品能效变化**

说明：红线为国际先进水平，蓝线为我国重点耗能产业能效。

表 2-4　单位工业增加值能耗国际对比

| 指标 | 单位 | 全球 | 中国 | 美国 | 欧盟 | 日本 | OECD |
|---|---|---|---|---|---|---|---|
| 单位工业增加值能耗* | kgce/美元 | 0.25 | 0.52 | 0.14 | 0.12 | 0.09 | 0.14 |

*以 2005 年美元不变价计算。

资料来源：International Energy Agency，World Energy Outlook 2014：Energy and Climate Change，2014；International Energy Agency，$CO_2$ Emissions from Fuel Combustion，2014；World Bank，World Bank Index，2015。

## （二）建筑部门

### 1. 建筑部门能源消费呈现总量高、单位能耗水平低、潜在增长空间大等特点

随着城镇化的推进，我国城镇建筑面积总量将随之快速增长，居民生活水平也将不断提升，建筑部门将逐步成为我国未来能源消费和碳排放的主要增长源之一。2000—2015 年，我国建筑总面积从 277 亿 $m^2$ 增长至 590 亿 $m^2$，增长约 130%，年均增长约 5.2%。全国建筑能源消费总量呈现持续增长的趋势，从 2000 年的约 3.2 亿 tce（清华大学建筑节能研究中心，2010）增长至 2015 年的约 8.5 亿 tce（清华大学建筑节能研究中心，2016），增长约 1.66 倍，年均增长 6.7%。我国建筑能耗占全国能源消费总量的比重在 17%～21%区间内波动，低于全球平均水平（全球建筑能源消费量约占终端能源消费量的1/3）。建筑部门的单位面积能耗和人均建筑能耗的国际对比（清华大学建筑节能研究中心，2014）也显示出，尽管近年来我国人均建筑面积开始向部分发达国家靠近，但能源服务水平整体较低，意味着我国建筑部门存在巨大的能耗和碳排放增长空间（图 2-9、图 2-10）。除此之外，目前我国农村地区的人均收入和生活用能都落后于城镇地区，且消费初级生物质能（秸秆、薪柴）等现象仍十分普遍，这部分能耗将随着农村地区生活水平的提高而逐渐被商品能源取代。如何合理控制和满足城镇化过程中由于农村人口转变为城镇人口、农村用能水平向城镇靠近和我国城镇用能水平进一步合理提升带来的日益增长的能源消费需求，将是我国有效控制碳排放的关键任务之一。

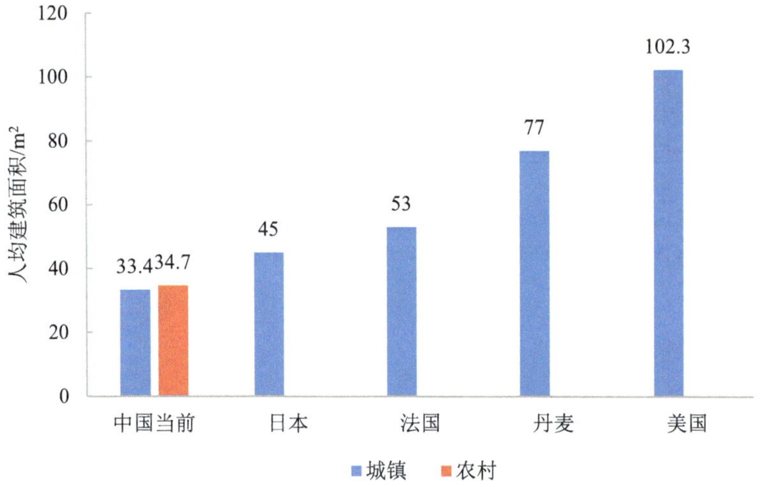


图 2-9　人均建筑面积的国际对比

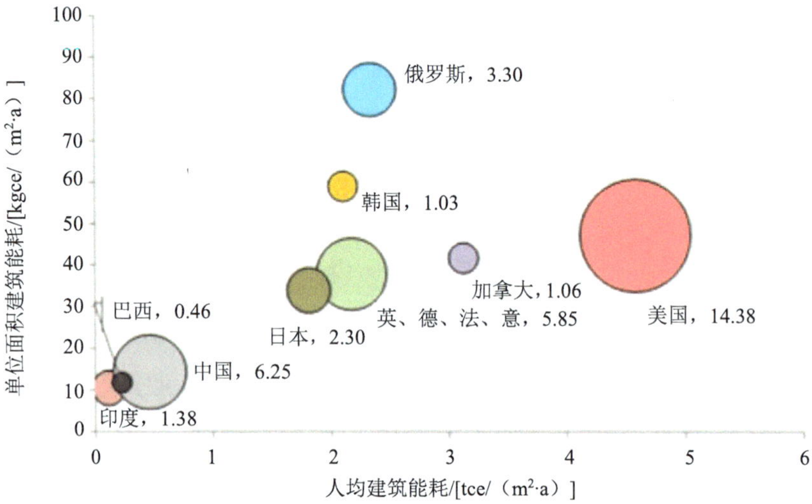


图 2-10　人均建筑能耗和单位面积建筑能耗的国际对比

资料来源：清华大学建筑节能研究中心，《中国建筑节能年度发展研究报告》，2014。

## 2. 建筑部门能效提升显著，但仍有很大的节能空间

考虑到建筑部门节能减排的重要意义，“十一五”以来我国大力推进建筑节能工作，逐步形成并完善了以污染法规、标准规范、财税政策、能力建设、产业支撑为核心的建筑节能支撑体系，新建建筑、既有居住建筑、公共建筑、

可再生能源、绿色建筑等建筑节能重点专项工作成效显著，有效缓解了建筑能耗的增长速度。我国“十五”期间的建筑能耗年均增长约12%，“十一五”和“十二五”期间建筑能耗增长速度均在6%左右，相比“十五”期间下降了50%。

实现公共建筑节能设计和运行是国家和各省（区、市）“十一五”“十二五”期间建筑节能和绿色建筑工作的重点领域。通过推进公共建筑节能监管体系建设，对重点用能实行监测、统计与审计，有效推动了公共建设单位面积能耗在“十一五”和“十二五”期间的逐步下降，而《建筑节能与绿色建筑发展“十三五”规划》还设定了在“十三五”期间进一步下降 15%的预期性目标。在城镇居住建筑方面，通过大力提升建筑物保温性能、升级改造供热锅炉和管网、实施家用电器能效标识制度等一系列措施，城镇居住建筑能耗强度自 2007 年以来呈现逐年下降的趋势。在农村居住建筑领域，由于农村建筑工作启动和开展相对滞后，再加上城镇化推进过程中由于生活水平提升带来的农村居住条件的改善和传统生物质消费比例的下降，使农村居住建筑的单位面积能耗和单位面积电耗都呈现出较快的上升趋势，未来农村居住建筑能效仍有很大的优化空间。图 2-11 显示了我国分类型建筑能效水平的变化情况。

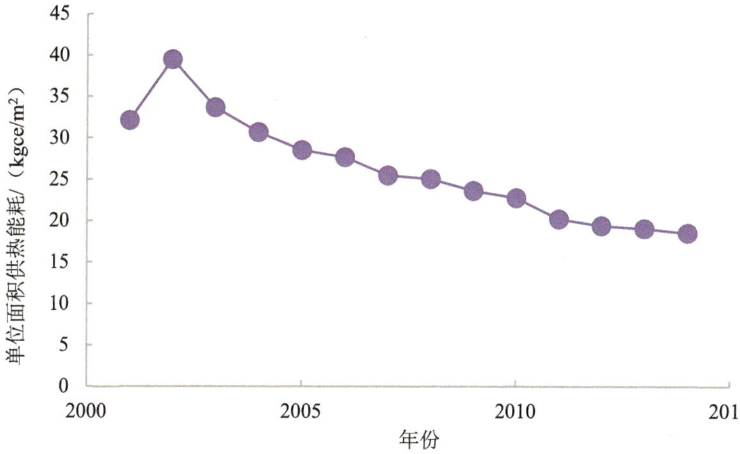


（a）北方城镇大型供热网络集中网络供热能耗强度变化

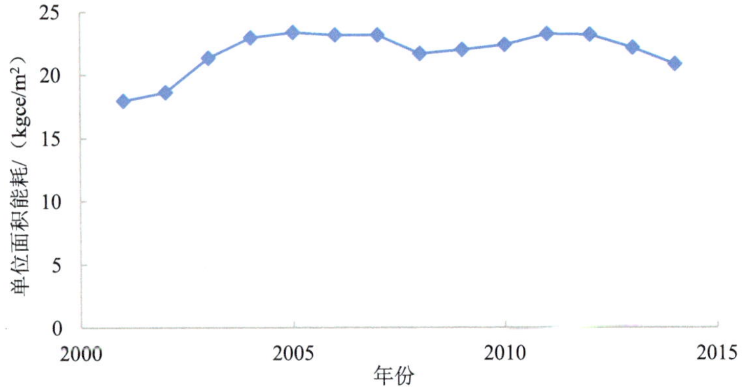


（b）公共建筑单位面积能耗变化

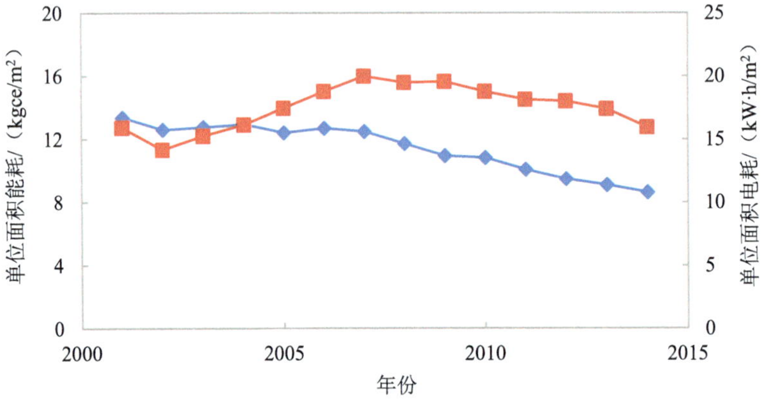


（c）城镇居住建筑能耗强度变化

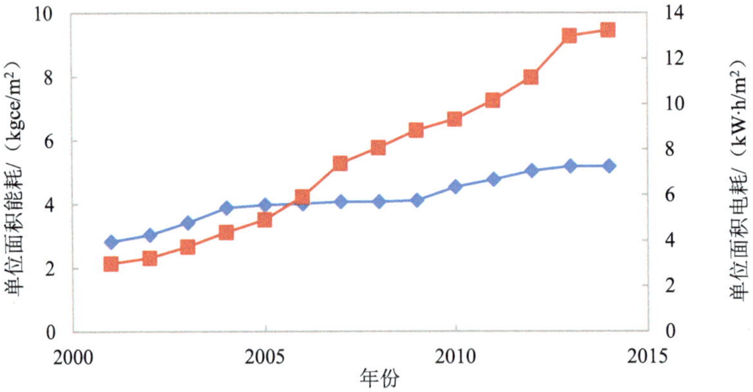


（d）农村居住建筑能耗强度变化

**图 2-11　中国分类型建筑能效水平变化**

### 3. 建筑部门能源结构仍相对高碳，用能现代化水平需进一步提升

我国建筑部门终端商品的能源消费构成以煤炭和电力为主（图 2-12）。2015 年，建筑部门能源消费占比依次为煤炭（39%）、电力（31%）、油品（12%）、天然气（10%）和热力（8%）。从能源清洁和低碳的角度来看，煤炭和油品两类高碳化石能源在终端能源消费中的占比仍超过50%，是我国城乡居民生活用能的主体，这意味着单位能耗的污染物和碳排放量仍然偏高。从能源现代化的角度来看，联合国“人人享有可持续能源”的倡议加速淘汰了包括煤炭和传统生物质等在内的固态燃料，但据世界银行估算，我国仍有约 6 亿人还在使用落后的薪柴和未计入统计口径的劣质煤炭作为供暖和炊事燃料，这一人口数量仅次于印度的 7 亿人，排在世界第二位（世界银行，2014）。据估算，我国用于农村冬季供暖的散煤量约为 2 亿 t（实物量）（中国煤控项目散煤治理课题组，2017）。这种落后的生活用能量大面广、直燃直排，污染物排放强度较高，一方面对人体的直接危害较大，另一方面也是我国冬季大气污染的主要来源之一。随着城镇化的继续推进和人民生活水平的日益提高，建筑部门生活用能的清洁化、低碳化和现代化必将加速推进。

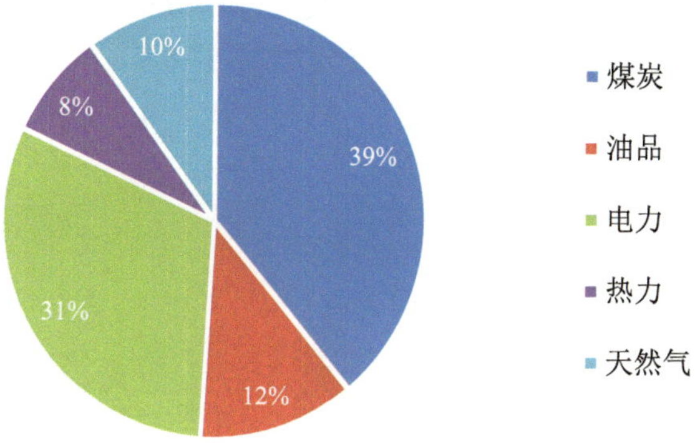


图 2-12 中国建筑部门终端能源消费构成（2015 年）

## （三）交通部门

### 1. 交通运输基础设施发展迅速，交通运输需求量快速增加

随着我国产业结构、消费结构的加速升级，我国交通基础设施在近些年

取得突飞猛进的发展。2015 年，我国公路里程达 457 万 km，其中高速公路为 12.4 万 km，位居世界第一；内河航道里程为 12.7 万 km，沿海和内河港口生产泊位约为 3.2 万个；铁路营运里程为 12.1 万 km，其中电气化里程为 7.5 万 km；管道输油气里程为 10.9 万 km；民用汽车拥有量为 1.6 亿辆。然而，我国交通基础设施仍存在一些突出问题，如各种运输方式自成体系，交通设施布局、功能上衔接不畅，高效便捷的交通运输服务尚未全面普及等，交通基础设施功能和质量仍有待进一步提升。

长期以来，我国货运交通运输保持较快增长，但近两年增速有所放缓。从总量上看，2015 年全国货运周转量约为 17.8 万亿 t·km，其中铁路、公路、水运、民航和管道运输的货运周转量分别为 2.4 万亿 t·km、5.8 万亿 t·km、9.2 万亿 t·km、208 亿 t·km 和 4 665 亿 t·km。与 1978 年相比，2015 年铁路、公路、水运、民航和管道运输的货运周转量分别增长了 3 倍、164 倍、23 倍、214 倍和 10 倍。进入“十二五”以后，受经济发展进入新常态的影响，货运周转量增速明显放缓。从结构上看，全社会对交通服务的质量要求越来越高，便捷的运输方式获得了快速发展。2015 年，铁路、公路、水运、民航和管道运输的比重分别为 13.3%、32.5%、51.5%、0.1%和 2.6%，而 1978 年铁路、公路、水运、民航和管道运输的比重分别为 53.8%、3.5%、38.3%、0.1%和 4.3%（图 2-13）。

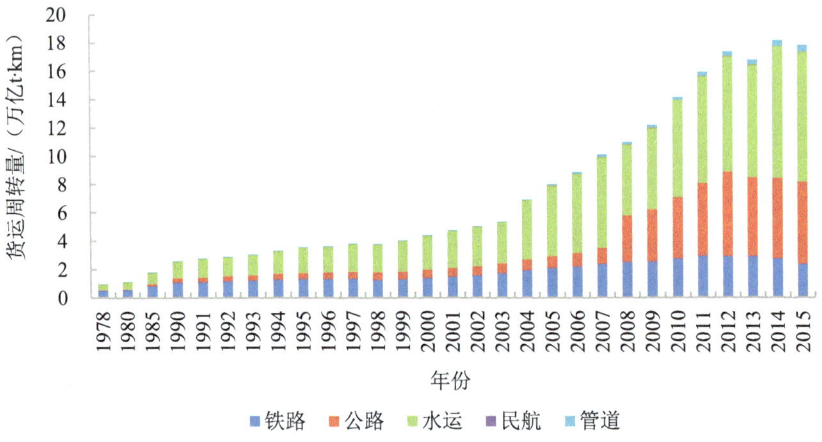


图 2-13　中国货运周转量及结构变化

与货运类似，我国客运交通运输也保持了较快增长，2012 年以来增速放缓。从总量上看，2015 年全国客运周转量为 3 万亿人·km，其中铁路、公路、水运、民航的客运周转量分别为 1.2 万人·km、1.07 万人·km、730 亿人·km、7 308 亿人·km；与 1978 年相比，2015 年铁路、公路、民航的客运周转量分别增长了 10 倍、20 倍、260 倍，而水运客运周转量略有下降（图 2-14）。从结构上看，全社会对出行舒适度的要求越来越高，高能耗但便捷的运输方式受到人们的青睐，公路、民航出行占比不断上升，铁路和水路出行占比持续下降。2015 年，铁路、公路、水运、民航的客运周转量比重分别为 39.7%、35.8%、0.2%、24.3%，而 1978 年铁路、公路、水运、民航的比重分别为 62.7%、29.9%、5.8%和 1.6%。

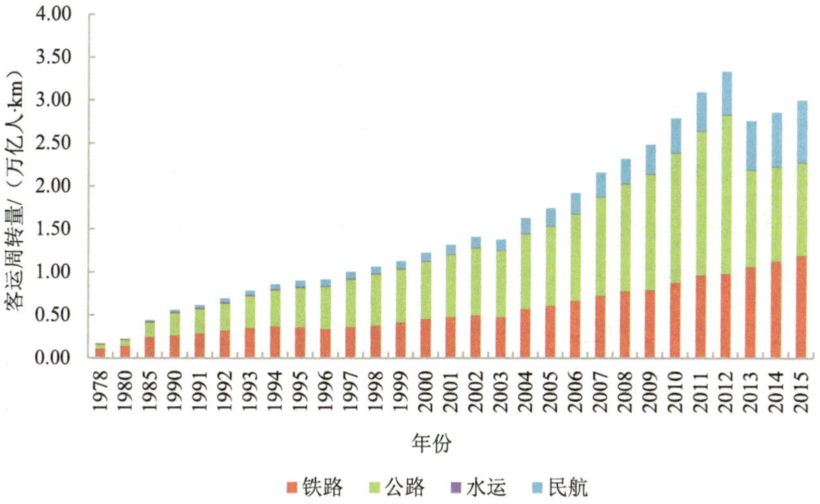


**图 2-14 中国客运周转量及结构变化**

作为消费升级的重要标志，近年来私人汽车在我国快速普及。1995—2015 年，社会私人汽车拥有量从 250 万辆增至 1.4 亿辆，增加了 57 倍（图 2-15）。其中，1995—2005 年增速较慢，年均增加 160 万辆；2005—2015 年增速较快，年均增加 1 200 万辆。随着人均 GDP 的不断增加和人民生活水平的不断提高，人们越来越重视交通出行的舒适性，未来一段时间内社会私人汽车拥有量仍将保持快速增加的态势。

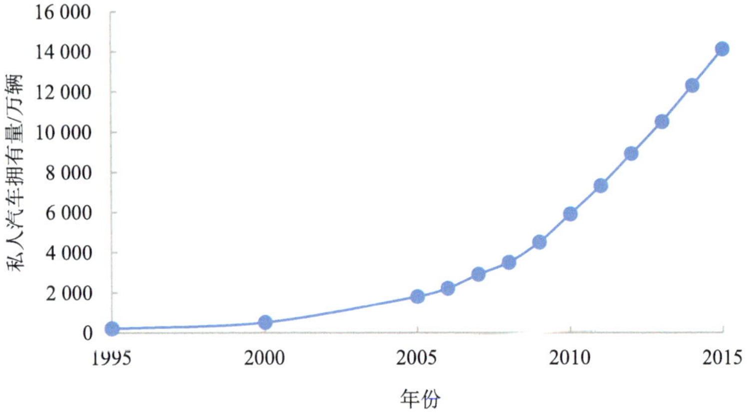


**图 2-15　中国私人汽车拥有量变化趋势**

## 2. 交通用能快速刚性增长，油品仍是第一大交通用能品种

伴随着交通运输基础设施的快速发展和运输服务量的不断提高，交通部门能源消费也呈现快速增长的趋势。2015 年，我国交通部门的能源消费量达到 4.5 亿 tce[①]，占全社会终端能源消费量的 14.4%（图 2-16）。从能源消费结构来看，交通部门主要消费柴油、汽油、燃料油等成品油，以及天然气和电力，其中以成品油为主。2015 年，交通部门油品、天然气和电力消费量的比重分别为 91.1%、6.5%和 2.4%。

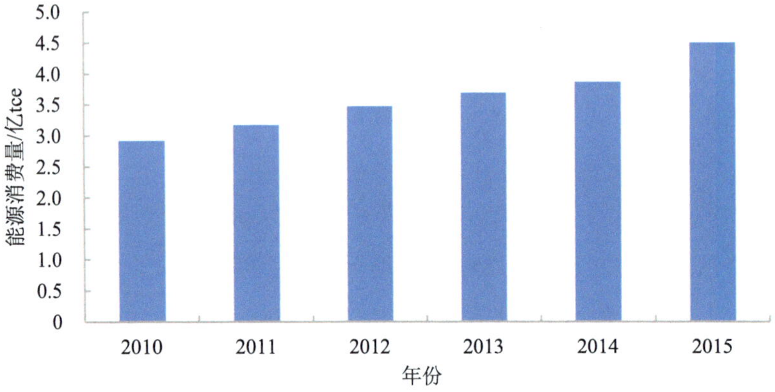


**图 2-16　中国交通部门能源消费量变化趋势**

① 交通部门能源消费和占比情况是按照国际通用的交通运输统计口径来核算的，具体核算方法参考了清华大学齐晔教授主编的《中国低碳发展报告2010》中对能源平衡表终端部门的能源消费拆分原则。

从运输模式来看，货运是交通用能的主体。2015 年，货运、城际客运和城内客运的能耗分别为3.2亿 tce、1.01 亿 tce和0.35亿 tce，其占比分别为70%、22%和8%（图 2-17）。在货运能耗中，占比较高的是公路运输和水路运输。公路运输近年来迅猛发展，其能源消费亦快速增加，成为货运中能耗占比最高的运输方式，其比重超过 53%；虽然水路运输同样是货运中主要的运输方式，但其单耗低，能耗占比远小于公路运输，2015 年仅为 11%左右。

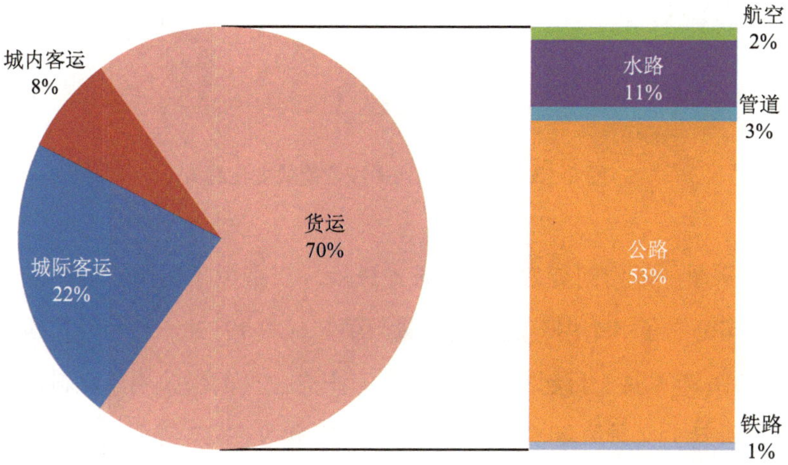


**图 2-17　中国分模式交通运输能耗结构（2015 年）**

### 3. 综合交通运输效率有所改进，但仍有很大提升空间

我国在“十一五”时期提出了强制性的节能减排目标并将该目标分解到各部门，交通部门也从同一时期开始强化节能减排的实施力度，但由于公路和航空等高耗能运输方式的比重不断提高，影响了交通部门的总体能源强度。1995—2014 年，交通部门能源强度增加了 21%，但其变化趋势分为两个阶段：1995—2003 年，能源强度快速增加，2003 年比 1995 年增加了 69%；2003—2014 年，能源强度稳步下降，2014 年比 2003 年下降了 28.3%（图 2-18）。未来随着交通部门的技术节能和管理节能两方面工作的不断推进，其能源强度下降的趋势有望加快。

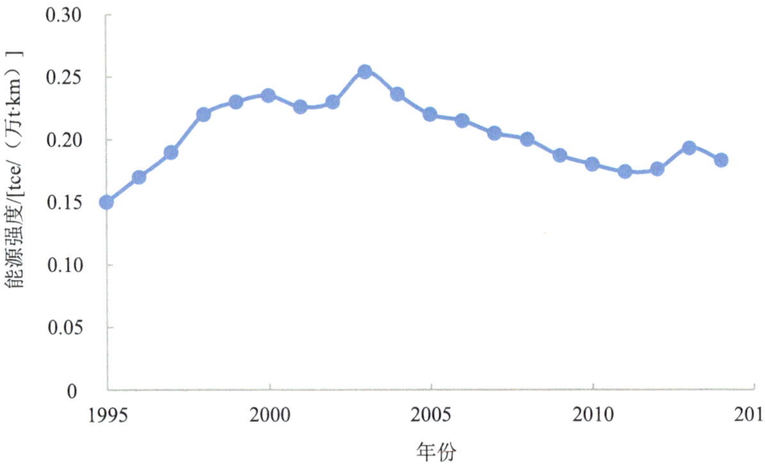


**图 2-18　中国交通运输综合能效变化趋势**

部分交通子部门的能效提升有长足进步。在乘用车燃油经济性方面，我国 2014 年公布了《乘用车燃料消耗量限值》（GB 19578—2014）第四阶段标准，于 2016 年 1 月 1 日起实施，要求所有车企生产的新乘用车燃料消耗量限值（平均油耗）必须降至 5.0 L/100 km。2017 年 9 月 27 日，我国发布了《乘用车企业平均燃料消耗量与新能源汽车积分并行管理办法》，极大地鼓励了新能源汽车的规模化发展。如果上述政策能够顺利实施，我国乘用车燃油经济性将快速提高，与发达国家水平的差距将不断缩小。

## （四）电力行业

### 1. 我国电力发展规模和技术水平总体处于世界先进水平

我国电力建设长期处于快速发展阶段，目前已有多项指标居世界首位，截至 2015 年年底，全社会用电量达到 5.69 万亿 kW·h，全国发电装机达 15.3 亿 kW，我国人均装机约 1.11 kW，人均用电量约 4 142 kW·h，均超过世界平均水平，电力在终端能源消费中的占比达 25.8%，已全面解决了无电人口用电问题。我国电力部门积极推进结构优化、节能改造升级，持续淘汰燃煤机组落后产能，全国火电机组平均供电煤耗降至 315 gce/（kW·h），达到世界先进水平。我国火电机组结构持续优化，超临界、超超临界机组比例明显提高，单机 60 万 kW 及以上机组比重提升至 41%。燃煤发电技术不断创新，达到世界领先水平，风电、太阳能等新能源发电技术与国际先进水平的差距显著缩小，核电技术步入世界先进行列，电网技术装备和安全运行水平处于世界前列。

### 2. 电力需求进入低增长阶段，煤电产能过剩仍未得到有效解决

2000年以来，我国用电量增速总体呈现下降趋势，由“十五”期间的13.24%降至“十二五”期间的6.27%。特别是近年来，受经济进入新常态和结构调整等因素的影响，我国用电量增速趋缓，电力供需总体宽松，煤电部门面临产能过剩、利用小时数逐年下降、规划建设规模较电力需求偏大等突出问题。2016年，全国煤电过剩产能为1.14亿kW，占全国煤电装机量的12.5%。我国火电机组利用小时数不断下降，2016年仅为4 165小时，连续两年低于4 500小时的红线。为了解决煤电产能过剩的问题，2016年4月，国家发展改革委和国家能源局发布了《关于促进我国煤电有序发展的通知》(发改能源〔2016〕565号)、《关于进一步做好煤电行业淘汰落后产能工作的通知》(发改能源〔2016〕855号)、《关于建立煤电规划建设风险预警机制暨发布2019年煤电规划建设风险预警的通知》(国能电力〔2016〕42号）等一系列政策文件，淘汰煤电落后产能，并明确通过采取“取消一批、缓核一批、缓建一批”等措施将2020年煤电装机规模控制在11亿kW以内。但在上述政策发布之后的两个月内，仍然有共计1 550万kW开工建设，有1 500万kW煤电项目环评获得受理，煤电产能过剩仍未得到有效遏制。

### 3. 可再生能源装机持续增加，但弃风弃光等问题仍普遍存在

随着电力部门清洁化、低碳化的持续推进，我国可再生能源发电自“十一五”以来实现了跨越式发展。2010年以来，我国可再生能源装机一直以150%左右的年增速快速发展，显著高于全球平均水平(图2-19、图2-20)。截至2015年年底，全国装机容量中水电为3.2亿kW，占总容量的21.2%；煤电为9.31亿kW，占总容量的61.65%；核电为2 608万kW，占总容量的1.73%；风电为1.3亿kW，占总容量的8.6%；太阳能发电为4 318万kW，占总容量的2.86%。尽管可再生能源装机持续增加，但是电量增加却相对落后，2015年，中国风电累计装机145.1 GW，新增30.5 GW，但是发电量只有1 863亿kW·h，弃风电量达到339亿kWh，损失的电量相当于当年新增风电设备的全年发电量，

由此造成的直接损失超过 180 亿元。光伏行业遭遇的弃光问题同样严峻。截至 2015 年年底，我国光伏发电累计装机容量 4 318 万 kW，成为全球光伏发电装机容量最大的国家，全国全年平均利用小时数为 1 133 小时，西北部分地区出现了较为严重的弃光现象，甘肃全年平均利用小时数为 1 061 小时，弃光率达 31%；新疆维吾尔自治区全年平均利用小时数为 1 042 小时，弃光率达 26%。2015 年，国家电网调度范围内累计弃光电量为 46.5 亿 kW·h，弃光率达到 12.62%。

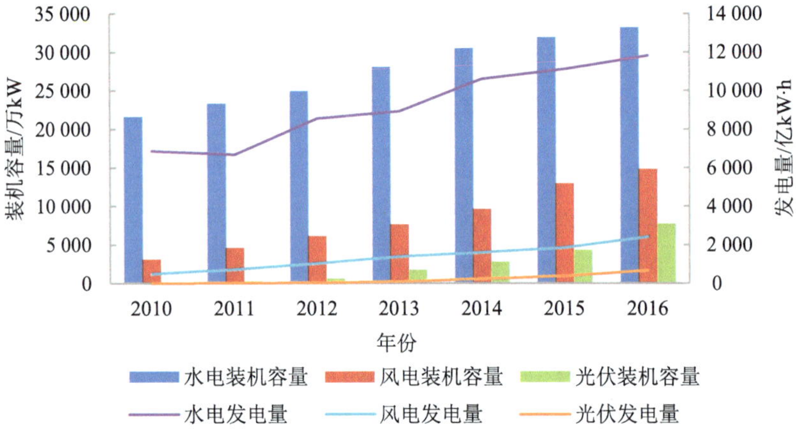


**图 2-19　中国可再生能源装机及发电量变化**

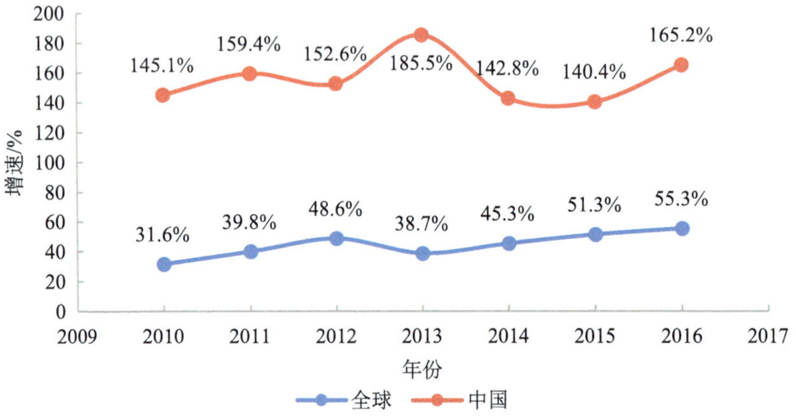


**图 2-20　中国及全球可再生能源装机增速对比**

资料来源：UNEP，UNEP Global Trends in Renewable Energy Investment，2017；NEA，Chinese Renewable Energy data book，2017。

## （五）小结

总体来说，虽然各主要部门和行业在推动低碳发展方面已经取得了积极成效，但未来仍需继续在低碳转型方面加大努力。电力行业的低碳转型至关重要，因为它对各终端行业的碳排放影响巨大，而且随着终端行业电气化率的上升，这种影响将更为显著。对电力行业来说，其低碳发展的关键是要大力发展非化石能源电力，推动非化石能源发电量的比重不断上升，并从技术、基础设施、政策机制等多方面加强保障。对工业、建筑和交通等终端部门来说，未来都需要从控制服务量、提高能效、优化能源结构等几个方面协同推进低碳发展，主要措施手段总结见表 2-5。

**表 2-5　工业、建筑和交通部门低碳发展的主要方向**

| 部门 | 方向 | 主要衡量指标 | 主要措施手段 |
|---|---|---|---|
| 工业 | 服务量控制 | 主要高耗能产品年产量 | 大幅削减对高耗能原材料的不合理需求 |
| | 能效提升 | 单位产品能耗 | 淘汰落后产能，严控新增产能；<br>推广高耗能行业适用的节能低碳技术 |
| | 能源结构优化 | 煤炭、电力、可再生能源在能源结构中的占比 | 提高电炉钢的比例，提高电气化率；<br>水泥部门燃料替代，加大低碳燃料使用比例；<br>提高气头合成氨比例以优化能源结构 |
| 建筑 | 服务量控制 | 人均公建、居住面积 | 转变城乡建设模式，抑制大拆大建，合理控制建筑规模 |
| | 能效提升 | 单位面积商品能耗 | 建筑物能效、电器能效进一步提升；<br>强化建筑能耗管理水平、加强城乡居民低碳生活方式的引导 |
| | | 北方城镇供暖能耗强度下降 | 建筑物能效进一步提升；<br>锅炉和管网效率提升 |
| | 能源结构优化 | 煤炭、电力、可再生能源在能源结构中的占比 | 电气化率的提升水平、工业废热的利用、农村传统生物质能源的替代 |
| 交通 | 服务量控制 | 客货运周转量、千人汽车拥有量 | 选择走大、中、小城市协调发展的城镇化模式；<br>建设紧凑型城市 |
| | 能效提升 | 营运运输单位周转量能耗强度、私人汽车燃油经济性 | 建立并推行交通工具低碳排放标准；<br>普及新能源交通工具和低碳交通技术；<br>示范推广生物燃料航空技术 |
| | 能源结构优化 | 电力消费占比、天然气消费占比 | 大规模推广先进的电动汽车；<br>铁路电气化；<br>鼓励天然气燃料在货运、客运和内河船舶以及部分近海船舶中推广应用 |

# 四、中国“十三五”温室气体排放控制状况中期评估

2016 年 10 月，国务院印发的《“十三五”控制温室气体排放工作方案》（以下简称《方案》），对加快推进绿色低碳发展、确保完成《“十三五”规划纲要》确定的低碳发展目标任务、推动 2030 年前后碳排放达峰并争取尽早达峰作出了具体部署和明确安排。本节主要对《方案》的主要目标和重点任务的实施进展情况进行评估，并在深入分析存在的主要问题和面临的重大挑战的基础上，从立足实现目标、落实任务、探索创新等方面提出对策建议。

## （一）主要目标完成情况

“十三五”以来，在党中央、国务院的坚强领导和各地区及有关部门的共同努力下，《方案》提出的主要目标实现情况总体良好，其中碳强度下降目标超额完成了计划设定的年度目标。

### 1. 碳强度持续明显下降

《方案》明确提出“到 2020 年，单位国内生产总值二氧化碳排放比 2015 年下降 18%”，比“十二五”时期的目标提高了 1 个百分点。初步核算结果表明：2016 年和 2017 年，我国碳排放强度年下降率分别为 6.6%和 5.1%，超额完成了年度设定的下降 4%的目标；2017 年比 2015 年累计降低 11.4%左右，已经完成总体目标进度的 63.1%；2018 年上半年，我国碳强度同比下降 4.3%，虽然继续保持一定的下降趋势，但下降速度明显收窄。

### 2. 碳排放总量增速有所放缓

《方案》中首次明确提出“碳排放总量得到有效控制”。初步核算结果表明：2016 年，我国能源活动二氧化碳排放总量比 2015 年下降 0.4%；2017 年与 2016 年相比排放量由降转升，同比增长 1.8%；“十三五”前两年我国碳排放量年均增速为 0.6%，相比“十二五”期间约 2.6%的年均增速，“十三五”前半期碳排放增长得到了一定控制；2018 年上半年，我国碳排放量同比增长 2.2%，增速有所上升。

### 3. 非二氧化碳温室气体排放控制逐步强化

《方案》中提出，“氢氟碳化物、甲烷、氧化亚氮、全氟化碳、六氟化硫等非二氧化碳温室气体控排力度进一步加大。”“十三五”前半期，我国在煤炭开采、油气开采、工业生产过程、农业活动以及废弃物处置等领域继续开展相关行动，加强了对非二氧化碳温室气体排放的控制。2017 年，全国抽采煤层气（煤矿瓦斯）178 亿 $m^3$，比 2015 年的 136 亿 $m^3$ 增长了 30.9%。2016 年，享受中央预算内投资和财政补贴的 13 家企业的三氟甲烷（HFC-23）销毁量约 1.33 万 t。

## （二）主要领域重点任务进展

《方案》从低碳引领能源革命、打造低碳产业体系、推动城镇化低碳发展、加快区域低碳发展等主要领域提出了控制温室气体排放的重点任务，从“十三五”前半期的实施情况来看也取得了明显进展。

### 1. 低碳引领能源革命

（1）稳步降低能源消费强度。“十三五”以来实施了能源消费总量和强度“双控”，不断提高了能源发展的质量和效率。2016 年和 2017 年，全国能源消费总量分别为 43.6 亿 tce 和 44.9 亿 tce，同比分别增长 0.6 亿 tce 和 1.3 亿 tce，基本符合《方案》中“控制在 50 亿 tce 以内”的进度要求；单位国内生产总值能源消耗年下降率分别为 5%和 3.7%，下降幅度有所收窄，两年累计下降 8.51%，已完成《方案》提出的“单位国内生产总值能源消费比 2015 年下降 15%”这一目标进度的 56.8%。2016 年和 2017 年，全国单位火电发电二氧化碳排放量分别约为 847 g/(kW·h)和 844 g/(kW·h)，同比分别下降 0.35%和 0.35%。

（2）持续推进重点领域节能。“十三五”以来，先后印发了《工业绿色发展规划（2016—2020 年）》（工信部规〔2016〕225 号）、《建筑节能与绿色建筑发展“十三五”规划》（建科〔2017〕53 号）、《交通运输节能环保“十三五”发展规划》（交规划发〔2016〕94 号）等政策文件；深入开展了工业节能监察专项行动，推进实施了《工业节能与绿色标准化行动计划（2017—2019 年）》（工信部节〔2017〕110 号），不断健全节能标准体系，推行合同能源管理；继续强化既有居民建筑和公共建筑节能改造，城镇新建建筑全面执行节能强制性标准，积极推广超低能耗建筑；积极推进交通运输节能减排，推广交通运输重点节能低碳技术和产品；继续开展余热暖民、燃煤工业锅炉节能环保综合提升、电机系统能效提升及绿色照明等一系列重点节能工程。2016 年和 2017 年，我国单位工业增加值能耗分别下降 5%和 4%，累计下降 8.8%。2016 年，全国完成既有居住建筑节能改造面积 8 789 万 $m^2$，实施公共建筑节能改造面积 2 760 万 $m^2$。

（3）不断提升非化石能源比重。“十三五”前半期，我国积极发展可再生能源，稳妥推进核电发展，先后印发了水电、风电、太阳能、生物质发展“十三五”规划，非化石能源发展继续保持强劲势头。2016 年和 2017 年，我国非化石能源占能源消费总量的比重分别为 13.3%和 13.8%，较 2015 年分别提高了 1.2 个百分点和 1.7 个百分点，与《方案》提出的到 2020 年达到 15%的目标相比进度过半。2017 年，我国非化石能源发电装机总量为 6.7 亿 kW，在总发电装机中的占比达到 37.8%，比 2015 年提升了 3.7 个百分点，水电、核电、风电、太阳能全口径发电装机容量分别为 3.41 亿 kW、0.35 亿 kW、1.64 亿 kW、1.3 亿 kW，分别较 2015 年增长了 7%、32%、25%、210%，与《方案》提出的“十三五”发展目标相比，水电、太阳能发电装机目标已经提前完成，风电装机目标总体进度良好，核电装机目标尚有较大差距。

（4）合理控制化石能源消费。“十三五”以来，通过加快传统能源产业转型升级、进一步推进煤炭绿色高效开发利用、提升终端能源消费清洁化水平等措施，我国持续强化对煤炭消费的控制，稳步提升天然气消费水平。2016 年和 2017 年，我国煤炭消费总量分别为 38.5 亿 t 和 38.6 亿 t，与 2015 年 39.7 亿 t 的消费量相比分别下降 1.2 亿 t 和 1.1 亿 t，总体呈稳定态势，符合《方案》中“控制煤炭消费总量，2020 年控制在 42 亿 t 左右”的目标要求；煤炭在能源消费总量中的占比持续下降，两年占比分别为 62%和 60.4%，比 2015 年分别下降 1.7 个百分点和 3.3 个百分点；京津冀等雾霾严重地区和城市的煤炭消费量呈持续下降趋势，符合《方案》提出的目标要求。2016 年和 2017 年，我国天然气消费量分别达到约 2 058 亿 $m^3$ 和 2 387 亿 $m^3$，在能源消费总量中的占比分别为 6.2%和 7.0%，比 2015 年分别提高 0.3 个百分点和 1.1 个百分点，但距离《方案》中提出的“到 2020 年天然气占能源消费总量的比重提高到 10%左右”仍有不小差距。

### 2. 打造低碳产业体系

（1）不断优化产业结构。“十三五”以来，全国上下聚焦提质增效，加强供给侧结构性改革，推动产业转型升级和绿色低碳产业持续发展。2016 年，我国以钢铁、煤炭行业为重点实施去产能，全年退出钢铁产能超过 6 500 万 t、煤炭产能超过 2.9 亿 t，超额完成年度目标任务。2017 年，进一步退出钢铁产能 5 500 万 t 以上、煤炭产能 2.1 亿 t 以上。此外，我国还继续推动战略性新兴产业的发展，在多个前沿战略性领域布局了一批系统性工程。服务业也保持良好增长的态势，2017 年服务业增加值占国内生产总值的比重提升至 51.6%，比 2015 年提升了 1.4 个百分点，与《方案》提出的到 2020 年达到 56%的目标相比总体进度略有放缓。

（2）推动工业部门温室气体排放控制。“十三五”以来，我国一是全面推行绿色制造，积极推行清洁生产技术工艺，大力推进工业资源综合利用，重点行业能效、水效、资源利用效率持续提升；二是继续推进煤矿瓦斯抽采规模化矿区建设，统筹布局煤层气管道，实施煤矿瓦斯抽采和利用示范工程，加强对油气系统挥发性有机物和甲烷逃逸的监测和控制，工业过程温室气体排放控制水平进一步提升；三是继续开展氢氟碳化物处置核查工作，并对三氟甲烷销毁处置企业进行补贴。2017 年，全国规模以上工业企业能源回收利用率为 2.7%。初步测算，2016 年和 2017 年，我国单位工业增加值二氧化碳排放量与上年同期相比分别下降约 5.9%和 4.8%。

（3）加强农业活动温室气体排放控制。“十三五”前半期，我国积极开展控制农业活动温室气体排放工作，继续实施“到 2020 年化肥使用量零增长行动”和“到 2020 年农药使用量零增长行动”，大力推广测土配方施肥和化肥农药减量增效技术，推动农村沼气转型升级，提高秸秆综合利用水平，积极控制畜禽温室气体排放。2016 年，全国化肥使用量首次接近零增长；2017 年，全国测土配方施肥面积约 11 400 万 $hm^2$，化肥使用量提前三年实现零增长。

（4）稳步增加生态系统碳汇。“十三五”以来，我国继续加强植树造林、森林抚育，实施了湿地恢复、退耕还林、“南红北柳”生态修复等多项重点生态工程，逐步推进“蓝碳”试点工作，加强海洋碳汇。2016 年和 2017 年，全国分别完成造林 678.8 万 $hm^2$ 和 736.2 万 $hm^2$、森林抚育 836.7 万 $hm^2$ 和 830.2 万 $hm^2$，森林资源持续增加；全国草原综合植被盖度分别达到 54.6%和 55.3%，与《方案》提出的“到 2020 年草原综合植被盖度达到 56%”的目标相比进度良好。2017 年，全国湿地面积达 5 360 万 $hm^2$，占国土面积的 5.6%。

### 3. 推动城镇化低碳发展

（1）推动建筑部门绿色低碳发展。“十三五”以来，我国继续加大绿色建筑推广力度，积极推广可再生能源建筑的应用，加强绿色建筑保障体系的建设，启动了第一批 12 个北方地区冬季清洁取暖试点。2016 年，全国城镇新增绿色建筑面积 5 亿 $m^2$，占城镇新建居住建筑的比例超过 29%，全国城镇累计建设绿色建筑面积达到 12.5 亿 $m^2$，累计有 7 235 个建筑项目获得绿色建筑评价标识，基本符合《方案》提出的“到 2020 年城镇绿色建筑占新建建筑的比重达到 50%”的目标进度要求。

（2）加强低碳交通运输体系建设。“十三五”前半期，我国制定了绿色交通发展制度体系框架，实施了绿色公路和绿色港航建设典型示范工程，深入实施了公交优先战略，以此大力促进绿色出行、完善绿色低碳交通基础设施、落实打好污染防治攻坚战的工作。截至 2016 年年底，全国地级以上城市实际公共汽（电）车营运车辆达 47.7 万辆；截至 2017 年年底，全国有 32 个城市开通了轨道交通，运营线路总长度达 4 484 km。《方案》提出了“到 2020 年，纯电动汽车和插电式混合动力汽车生产能力达到 200 万辆、累计产销量超过 500 万辆”等目标，但从 2016 年和 2017 年纯电动汽车和插电式混合动力汽车年销量分别为 50 万辆和 77.7 万辆来看，距目标要求尚有一定差距。

（3）加强废弃物资源循环低碳利用。“十三五”以来，我国先后印发了《“十三五”全国城镇污水处理及再生利用设施建设规划》（发改环资〔2016〕2849 号）、《“十三五”全国城镇生活垃圾无害化处理设施建设规划》（发改环资〔2016〕2851 号）等政策文件，加强了对城市污水和垃圾处理过程中甲烷排放的控制。同时，逐步完善了城市废弃物标准，实施了生活垃圾处理收费制度，推广利用先进的垃圾焚烧技术，制定了促进填埋气体回收利用的激励政策。截至 2017 年年底，全国设市城市污水处理能力达 1.57 亿 $m^3/d$，累计处理污水量达 462.6 亿 $m^3$，全国生活垃圾清运量达 2.15 亿 t，无害化处理量为 2.1 亿 t，城市生活垃圾无害化处理率达 97.14%。

（4）普及低碳生活理念和方式。2016 年和 2017 年，我国分别以“绿色发展、低碳创新”和“工业低碳发展”为主题开展了全国低碳日的活动，推动绿色低碳发展，在全社会营造节能降碳的氛围。伴随着应对气候变化教育、培训及宣传工作以及形式多样的低碳推广活动的持续开展，公众的低碳意识正在逐步提高，更为积极自觉地选择低碳出行、低碳饮食、低碳居住、购买节能低碳产品等低碳生活方式。

### 4. 加快区域低碳发展

（1）实施分类指导的碳强度控制。“十三五”期间，我国在综合考虑各省（区、市）发展阶段、资源禀赋、战略定位、生态环保等因素的基础上，分类确定了各省（区、市）的碳排放控制目标，并每年对各省（区、市）目标的完成落实情况进行考核。2016 年，全国 27 个省（区、市）完成了各自的碳强度年度下降目标，4 个省（区、市）未完成年度或累计下降进度目标。2017 年的初步核算表明，全国尚有 8 个省（区、市）未完成年度或累计下降进度目标，比 2016 年有所扩大。

（2）推动区域碳排放达峰。截至 2018 年 6 月，全国 31 个省（区、市）均发布了省级“十三五”控制温室气体排放的相关实施方案或规划，北京、天津、山西、山东、海南、重庆、云南、甘肃、新疆 9 个省（区、市）提出了明确的整体碳排放达峰时间，其中，北京市提出 2020 年达峰并尽早达峰，天津市提出 2025 年前后达峰，云南省提出 2025 年前后达峰，山东省提出 2027 年前后达峰，上海市在《上海市城市总体规划（2017—2035 年）》中提出其碳排放量在 2025 年前达峰。还有少数省（区、市）虽未对省域整体提出达峰时间，但针对重点地区、试点城市或重点行业提出了峰值目标，如江苏省提出支持苏州、镇江等优化开发区域在 2020 年前实现率先达峰，广东省提出广州、深圳等发达城市争取在 2020 年达峰，江西省提出力争部分重化工业 2020 年前后实现率先达峰，四川省提出部分重化工业 2020 年前后与全国同行业同步实现达峰，甘肃省提出争取部分重点行业在 2020 年前后实现率先达峰。

（3）继续推进低碳试点示范。低碳试点示范持续深化，低碳发展专项试点相关工作进一步推进。2017 年，我国启动了第三批 45 个低碳省市试点，全国低碳省市试点达到 87 个，已批复 51 个国家低碳工业园区试点实施方案和 8 个低碳城（镇）试点，省级低碳社区试点超过 400 个，陕西、广东、浙江等省份启动了省级近零碳排放区示范工程相关工作。气候投融资试点逐步深入，碳捕集、利用与封存试验示范稳步推进。据初步统计，截至 2017 年年底，我国已建成或运营的万吨级以上碳捕集、利用与封存示范项目约 13 个。

（4）支持贫困地区低碳发展。我国共有 14 个地区在各自“十三五”控制温室气体排放方案或规划中提出了贫困地区低碳发展的相关工作。其中，吉林、安徽、湖北、广西、贵州、云南、新疆等省（区）提出制定支持贫困地区低碳发展的差别化扶持政策或评价指标体系，形成适合不同地区的差异化低碳发展模式；吉林、安徽、福建、广东、云南、甘肃、新疆等省（区）推动发达地区与贫困地区开展低碳产业和技术协作，建立扶贫与低碳发展联动工作机制；吉林、安徽、湖北、广东、广西、贵州、云南、西藏、陕西、甘肃、新疆等省（区），鼓励贫困地区碳减排项目进入碳排放权交易市场，探索用市场机制推动贫困地区低碳发展。各地根据自身的情况提出了各具特色的低碳扶贫措施，如安徽、福建、海南、甘肃四省大力实施光伏扶贫，陕西、四川、贵州三省大力推广乡村低碳旅游模式等。

## （三）存在的问题及面临的形势

初步分析发现，尽管《方案》提出的控制温室气体排放主要目标和重点任务已得到落实并取得了一定成效，但也存在一些亟待解决的主要问题，既面临一些有利的形势，又存在不小的挑战。

### 1. 发现的主要问题

（1）高碳产业和能源反弹造成碳排放强度下降幅度明显收窄。当前，我国经济正由高速增长转向高质量发展阶段，尽管产业绿色低碳转型的总体态势已经形成，但绿色低碳发展的基础尚不稳固，特别是随着制造业市场形势转好，很多地方又出现扩张高耗能、高碳排放产业的苗头，对发展低碳产业形成了明显挤压。在高耗能工业回升的带动下，2017 年我国火电发电量大幅增长，煤炭消费 4 年来首次转为正增长，再加上 2017 年特别是上半年来水情况较差，水电发电量增速低于往年，造成非化石能源占一次能源消费的比重低于全年目标 0.6 个百分点，由此也使碳排放强度下降率由 2016 年的 6.6%下降到 5.1%，降幅收窄 1.5 个百分点。经初步分析，2018 年上半年我国能源消费总量同比增长约 3.4%，其中煤炭消费同比增长 1.6%，碳排放强度同比下降约 4.3%，下降幅度继续收窄。

（2）部分部门和行业控排目标任务跟踪评估机制尚未建立。针对交通部门，《方案》明确提出“到 2020 年，营运货车、营运客车、营运船舶单位运输周转量二氧化碳排放比 2015 年分别下降 8%、2.6%、7%，城市客运单位客运量二氧化碳排放比 2015 年下降 12.5%”。针对能源部门，《方案》提出“大型发电集团单位供电二氧化碳排放控制在 550 g/（kW·h）以内”等重点领域主要目标与任务。但就目前来看，相关部门和行业尚未按要求建立跟踪评估机制，也缺乏对上述相关指标开展的统计、跟踪和分析。此外，《方案》还提出“到 2020 年，森林覆盖率达到 23.04%，森林蓄积量达到 165 亿 $m^3$”“到 2020 年实现农田氧化亚氮排放达到峰值”等目标，这与相关部门和行业设定的年度目标与任务并不匹配，也因此难以精准分析这些目标与任务的完成进度。

（3）部分地区控制温室气体排放工作力度有待进一步加强。根据 2018 年生态环境部组织开展的“2017 年度省级人民政府控制温室气体排放目标责任评价考核”相关工作的初步核算结果，2017 年相比 2016 年，未完成年度或累计下降进度目标的省份数量有所增加，尽管这与经济发展和非化石能源供应等诸多因素有关，但也显示出有些地方对落实碳强度下降目标的重视程度不够、工作上的提前部署不足。此外，通过调研还发现，大多数地区尚未对控制温室气体排放总量和推动碳排放达峰提出明确要求和规划路线图，虽然全国绝大多数省份围绕碳排放达峰开展了相关研究，但仅有 9 个省份正式提出峰值年目标，且一些东部经济发达地区研究提出的峰值目标还相对保守，许多地区仍缺乏对碳排放达峰实现路径和关键措施的细化分析。

### 2. 面临的形势和挑战

（1）习近平生态文明思想为绿色低碳发展指明了方向。党的十九大对我国推进生态文明建设做出了新的动员和部署，明确提出要在绿色低碳等领域培育新增长点、形成新动能，建立健全绿色低碳循环发展的经济体系，构建清洁低碳、安全高效的能源体系，倡导简约适度、绿色低碳的生活方式，这一“四碳共治”的格局进一步强化了低碳的引领作用。2018 年 5 月召开的全国生态环境保护大会首次系统阐释了习近平生态文明思想，描绘了建设美丽中国的基本路径，明确指出全面推动绿色低碳发展是构建高质量现代化经济体系的必然要求，也是解决污染问题的根本之策，为下一步发展低碳经济、控制温室气体排放注入了强大动力。

（2）全方位、多层次的低碳发展治理格局初步形成。“十三五”以来，我国从产业、能源、建筑、交通、居民消费等多个领域积极推动绿色低碳发展和转型，并在低碳省区、低碳城市、低碳园区、低碳社区、碳排放权交易、近零碳排放区等方面开展试点和示范工程，进行了积极的探索，也取得了不少有益经验，不仅强化了绿色低碳发展的支撑体系，也有效提升了绿色低碳的发展水平，初步形成了政府主导、企业主体、市场驱动、全民参与的控制温室气体排放新格局。“十三五”后半期，随着我国在保护生态环境、改善大气质量、推动能源革命等方面工作力度的不断加强，尤其是温室气体排放管控与大气污染物治理、适应气候变化与生态保护和修复、气候变化国际谈判与相关生态环境国际条约谈判等工作的协同，必将形成协同推进低碳发展和大气污染防治的新局面。

（3）法制建设以及转隶后的地方能力建设面临巨大挑战。应对气候变化是一个系统工程，涉及经济、政治、文化、社会等各个方面，积极应对气候变化，主动控制碳排放总量，需要我们扎实推进我国应对气候变化重大法律法规建设，加快《应对气候变化法》的立法进程，加快出台《碳排放权交易管理条例》，加快制定支持优化开发区域碳排放率先达峰的配套政策，加快形成有效引导低碳转型的市场激励机制，建立健全绿色低碳循环发展的经济体系。此外，积极应对气候变化也需要充分发挥地方政府的主动性和能动性，随着新一轮的国务院机构改革，应对气候变化职能划入新组建的生态环境部，亟须做好相关人员调整、业务工作衔接和支撑队伍建设等基础工作，才能确保全面落实“十三五”后半期控制温室气体排放的各项目标和任务要求。

## （四）对策建议

有效控制温室气体排放是一项长期而艰巨的任务，需要我们在巩固已有成效的基础上，持续强化政策和行动力度，在确保完成“十三五”主要目标和任务的同时，为实现我国自主贡献目标奠定坚实基础。为此，建议重点做好以下几个方面的工作：

### 1. 强化目标引领

加快研究制定 21 世纪中叶温室气体低排放发展战略，全面落实 2030 年中国应对气候变化自主贡献行动目标，督促指导各地区和重点行业研究制订达峰路线图和达峰行动方案，推动发达地区碳排放在 2020 年前后率先达峰，推动钢铁、建材等重化工行业在 2020 年前后尽早达峰，并进一步加强对各地区碳强度目标完成情况的分析预警，加强对有关部门目标任务完成情况的跟踪评估，强化对地方碳强度目标的评价考核和责任追究。

### 2. 完善制度体系

抓紧研究建立全国碳排放总量控制制度，做好全国碳排放总量控制目标设计，研究提出碳排放总量控制目标的行业、地区分解机制，努力推动有条件的地区和行业率先提出碳排放总量控制目标，尽快出台电力、钢铁、建材、化工等行业控制温室气体排放的相关标准。进一步完善应对气候变化统计指标体系和温室气体排放统计、报告制度，探索建立碳排放强度与碳排放总量“双控”的目标责任评价考核制度。

### 3. 加强政策协调

抓住机构改革的契机，加强应对气候变化与经济社会发展、能源革命、生态环境保护等重大战略的协同和政策的协调，做到整体施策、多措并举、形成合力。建立碳排放管理、常规污染物控制、能源转型的多目标管控和综合评估机制，大力推进散煤治理和煤炭消费减量替代，突出对京津冀及周边地区和汾渭平原等重点区域用气需求的保障，针对电力、钢铁等行业以及部分进度目标未完成地区开展一些更有针对性的专项政策与行动。

### 4. 推动创新示范

尽快研究制订深化低碳试点示范的工作方案，出台针对近零碳排放区示范工程建设的指导性意见，以碳排放峰值和碳排放总量控制为重点，强化问题导向，创新区域低碳发展试点示范，探索低碳发展的新模式和新路径。建立针对低碳试点示范、低碳创新模式和技术应用的专项资金激励机制，扎实推进全国和地方碳市场的建设，提升市场机制对低碳转型的激励和促进作用。

# 第三章　中国低碳发展的形势分析

低碳发展涉及经济、社会、能源、环境等多个方面，是一个综合系统工程。与发达国家完成工业化和城镇化后达到碳排放自然峰值不同，我国必须通过各部门、行业和领域的协同努力，主动采取多种积极措施，并通过体制机制的有效安排，才能在实现碳排放达峰的基础上，实现长期低碳发展和转型。为了全面反映我国低碳发展所面临的长期形势，本章首先总结了国内外主要机构对我国未来经济社会发展趋势的基本判断，研判了我国推动碳排放达峰的总体形势，最后梳理总结了我国到 21 世纪中叶的长期温室气体排放情景和变化趋势。

## 一、中国未来经济社会发展趋势的基本判断

党的十八大报告提出了“两个一百年”奋斗目标，经济建设是其核心内容，也是增强我国综合国力、提升人民生活质量、加大国际话语权的物质基础。党的十九大报告提出要推动经济高质量发展和生态文明建设，明确到 21 世纪中叶建成社会主义现代化强国的“两步走”战略安排。习近平总书记在全国生态环境保护大会上明确要求实施积极应对气候变化的国家战略，为我国长期的发展转型和应对气候变化提供了方向和指导。为确保我国在 2050 年建成富强民主文明和谐美丽的社会主义现代化国家之时，经济发展水平和关键经济指标、城镇化、信息化、文化创新、政治文明基本达到发达国家平均水平（表 3-1），在此期间保持一定的发展增速不仅是必要的，也是可能的。

表 3-1　2010 年主要发达国家社会经济发展情况

| 国家 | 人均 GDP/美元（2010 年不变价） | 城镇化率/% | 三产占比/% | 人均用能/tce | 人均用电量/（kW·h） | 千人汽车拥有量/辆 | 人均住房面积/$m^2$ |
|---|---|---|---|---|---|---|---|
| 美国 | 46 616 | 82.3 | 78.4 | 10.1 | 13 327 | 812 | 67 |
| 德国 | 40 164 | 73.8 | 69.1 | 5.7 | 7 083 | 572 | 39.4 |
| 法国 | 40 706 | 79 | 78.6 | 5.4 | 7 374 | 575 | 35.2 |
| 英国 | 38 293 | 82 | 78.5 | 4.1 | 5 407 | 525 | 35.4 |
| 日本 | 43 118 | 66.8 | 71.3 | 5.6 | 7 847 | 591 | 19.6 |

资料来源：World Bank 数据库，http：//data.worldbank.org.cn/indicator。

基于上述基本考虑，本节结合相关机构的预测分析结果，对我国未来经济社会发展趋势进行判断和分析。

### （一）关于经济增长变化趋势的基本判断

总体而言，各研究机构对我国的经济增长一直保持较为乐观的态度（图 3-1），2020—2030 年、2030—2040 年、2040—2050 年的大致增速区间分别在 4%～6%、3.5%～5.5%、2.5%～4%的水平。尽管进入经济新常态后我国经济增速较之前的预测水平显著放缓，但经济基本面和社会大局仍基本稳定，随着供给侧结构性改革、“三去一降一补”重点任务的推进，经济、产业发展将经历一段时间的深刻调整期，提质增效的效果将逐步显现，尽管近期经济增速有所放缓，但经济社会长期可持续发展的能力将显著增强，中长期经济增速仍将保持在中高水平并在 2050 年前后回落至发达国家的普遍增长率（2.5%～3%）。

基于上述判断，我们认为，我国 2015—2020 年、2020—2025 年、2025—2030 年、2030—2035 年、2035—2040 年、2040—2045 年、2045—2050 年的 GDP 年均增速应分别为 6.5%、5.6%、4.9%、4.2%、3.5%、3.0%、2.6%。按 2010 年不变价计算，到 2020 年、2035 年和 2050 年我国 GDP 将分别达到 82.7 万亿元、169.4 万亿元和 265.2 万亿元（2010 年不变价，下同）。尽管 GDP 增长率逐步放缓，但其年度增量仍不断上升，2020 年、2035 年和 2050 年的

GDP 年增量将分别达到 4.4 万亿元、5.4 万亿元和 6.3 万亿元。2020 年、2035 年和 2050 年人均 GDP 将分别达到 57 692 元、117 191 元和 191 457 元，相当于 8 711 美元、14 330 美元和 28 909 美元①。考虑到汇率变化和实际购买力等因素，2050 年我国人均 GDP 将与中等发达国家人均收入水平接近。

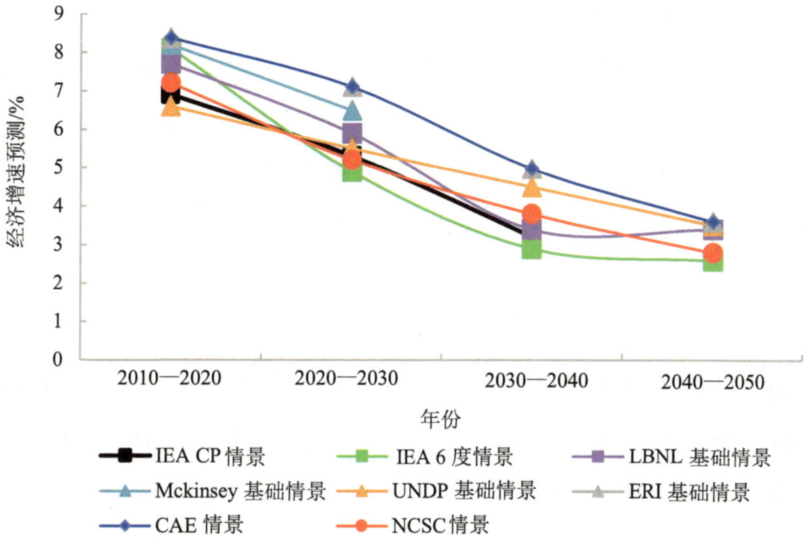


**图 3-1　各研究机构预测中国经济增长的区间范围**

资料来源：IEA，2014 World energy outlook，2014；IEA，2010 能源技术展望（ETP），2010；LBNL，China's energy and carbon emission outlook to 2050，2012；Mckinsey，中国的绿色革命：实现能源与环境可持续发展的技术选择，2009；UNDP，迈向低碳经济和社会的可持续未来，2010；国家发展改革委能源所（ERI），2050 中国能源和碳排放报告，2010；中国工程院（CAE），中国能源中长期发展战略研究——环境卷，2011；国家信息中心（SIC），专家咨询数据。

注：图例的简称对应的研究机构名称见表 3-3。

## （二）关于产业结构变化趋势的基本判断

产业结构的优化升级是我国适应经济发展新常态的重要任务，也是我国实现增长方式绿色低碳转型的必由之路。目前，我国已进入工业化中期的后半阶段，第二产业占 GDP 的比重已在 2012 年低于第三产业并逐年下降，由

① 按2010年美元与人民币汇率计算。

第二产业向第三产业转移的结构调整是大势所趋。结合“中国制造 2025”、供给侧结构性改革等国家战略部署的不断深入推进，我国正在由制造大国向制造强国转型，先进制造业和战略性新兴产业加快发展，现代服务业优质高效发展。2020 年以前，经济发展方式由传统的粗放型向集约型转变，主要高耗能部门产品产量将达到峰值，二产比重将缩减至 44%左右，三产比重将超过 49%。2035 年，我国将基本完成工业化的快速发展，基本完成大规模基础设施建设，在 GDP 增速放缓的同时经济发展趋于内涵式增长，二产比重降至 36%左右，三产比重达到 58%左右。2035 年后，我国将逐渐成为创新型和消费性社会，科技创新和扩大内需成为中国经济增长新的驱动力；到 2050 年，二产比重将降至 30%左右，三产比重将达到 67%左右。

### （三）关于城镇化发展趋势的基本判断

城镇化是现代化的必由之路，也是提升人民生活水平、扩大内需和保持经济社会持续发展的重要推动力。2015 年，我国常住人口城镇化率为 56.1%，根据世界城镇化发展的普遍规律，我国当前仍处于城镇化率 30%～70%的快速发展区间，而世界银行、OECD 以及国内相关研究机构预测，我国将在 2030 年前后迎来城镇化增速的拐点，并在 2050 年达到发达国家城镇化的水平（图 3-2）。考虑到人民生活水平提升将带来对建筑、交通部门基础设施和服务需求的快速提升，城镇化将是“扩大内需的最大潜力所在”，也将会相应成为未来能源消费和碳排放增长的主要动因，因此有必要将城镇化作为我国未来能源消费和碳排放研究的重要因素予以考虑。本报告预计我国 2020 年、2035 年和 2050 年的城镇化率将分别达到 60%、70.5%和 75%左右，分别比 2010 年提高 10.7 个百分点、21.2 个百分点和 25.7 个百分点，2050 年我国城镇化水平与大多数发达国家水平接近。

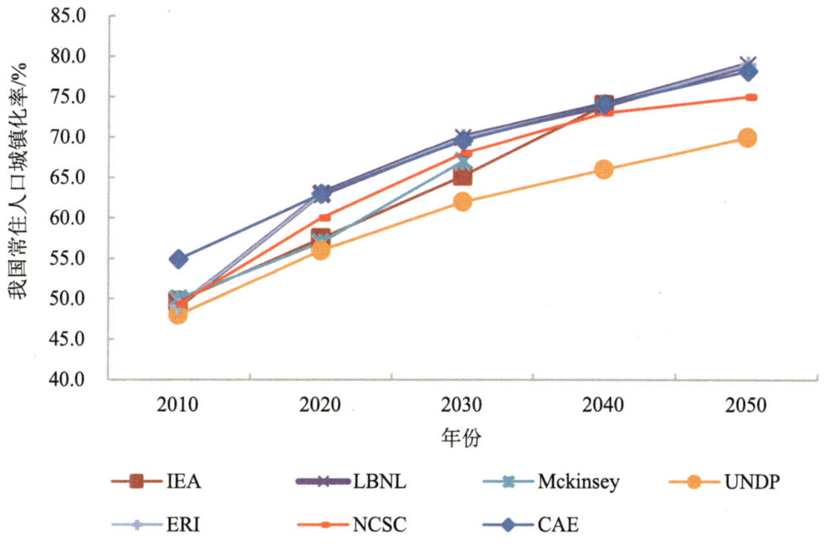


**图 3-2　各研究机构预测中国未来城镇化率变化趋势**

资料来源：IEA，Energy technology perspectives 2010，2010；LBNL，China's energy and carbon emission outlook to 2050，2012；Mckinsey，中国的绿色革命：实现能源与环境可持续发展的技术选择，2009；UNDP，迈向低碳经济和社会的可持续未来，2010；国家发展改革委能源所（ERI），2050 中国能源和碳排放报告，2010；Yuan J，Xu Y，Hu Z，et al.. Peak energy consumption and $CO_2$ emissions in China. Energy Policy，2014（68）：508-523（NCEPU）。

注：图例的简称对应的研究机构名称见表 3-3。

## （四）关于人口变化趋势的基本判断

近年来，我国人口自然增长率逐步放缓，在 1998 年已经下降到 1%以下，2008 年以来一直在 0.5%的水平徘徊，不仅显著低于世界人口平均增长率（1.2%），甚至低于高等收入国家的平均人口增长率（0.6%），已经属于人口低增长率国家。尽管 2015 年“二孩政策”全面放开带来了人口控制政策的放宽，但从国际经验来看，人口政策放宽更可能引发一个短暂的“补偿生育婴儿潮”，而生育率上涨在长时期内并不具有可持续性。因此，在联合国等相关机构预测分析的基础上，根据近年来我国人口的变化趋势，我们对未来人口变化进行了适当微调。2015 年“二胎政策”全面放开虽有利于我国人口的平稳发展，适度增加劳动力资源的有效供给并延缓人口老龄化的进程，但仍不会对中长期的人口形势产生结构性影响。本报告预测，我国人口将在 2030 年前后达到峰值，人口峰值约为 14.5 亿人，此后人口数量将逐渐下降，2035 年、2040 年和 2050 年人口数量将分别回落至 14.45 亿人、14.35 亿人和 13.85 亿人（图 3-3）。

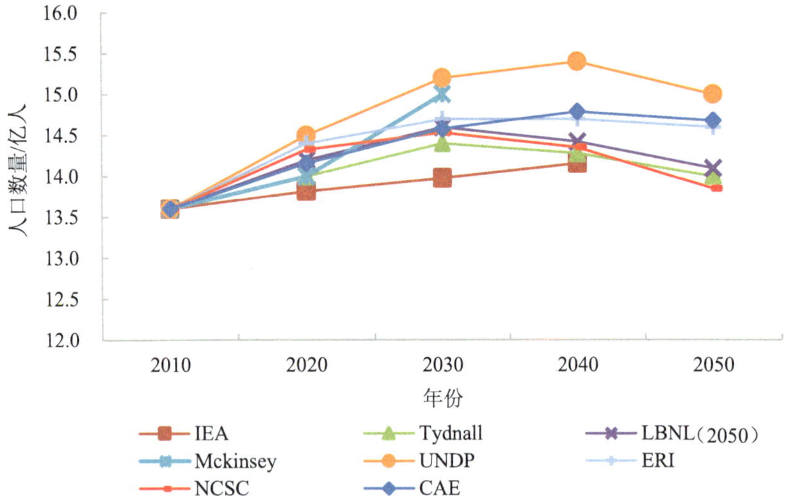


**图 3-3　各研究机构预测中国未来人口数量**

资料来源：IEA，2010 Energy technology perspectives，2010；TYNDALL，中国能源转型：通向低碳发展之路，2010；LBNL，China's energy and carbon emission outlook to 2050，2012；Mckinsey，中国的绿色革命：实现能源与环境可持续发展的技术选择，2009；UNDP，迈向低碳经济和社会的可持续未来，2010；国家发展改革委能源所（ERI），2050 中国能源和碳排放报告，2010；Yuan J，Xu Y，Hu Z，et al.. Peak energy consumption and $CO_2$ emissions in China. Energy Policy，2014（68）：508-523（NCEPU）。

注：图例的简称对应的研究机构名称见表 3-3。

## 二、中国碳排放达峰形势的基本判断

### （一）全国碳排放达峰总体形势分析

基于上述对我国经济社会发展形势的基本判断，并结合我国在碳排放控制方面的已有工作成效，总体来看，我国具备了碳排放提前达峰的有利条件，有望尽早实现经济社会发展和碳排放的脱钩，并有助于推动我国在中长期实现低碳发展转型。

### 1. 碳排放达峰已成为今后一段时期我国应对气候变化的核心工作

2015 年 6 月，中国向《联合国气候变化框架公约》提交了《强化应对气候变化行动——中国国家自主贡献》的文件，确定了到 2030 年的自主贡献目标，包括 2030 年前后二氧化碳排放达到峰值并争取尽早达峰、单位国内生产总值二氧化碳排放量比 2005 年下降 60%～65%等。《“十三五”规划纲要》明确提出，到 2020 年有效控制电力、钢铁、建材、化工等重点行业的碳排放，推进工业、能源、建筑、交通等重点部门低碳发展；支持优化开发区域率先实现碳排放达到峰值；深化各类低碳试点，实施近零碳排放区示范工程等措施。《“十三五”控制温室气体排放工作方案》进一步要求：到 2020 年，单位国内生产总值二氧化碳排放量比 2015 年下降 18%，碳排放总量得到有效控制；支持优化开发区域率先达到峰值，力争部分重化工行业 2020 年前后实现率先达峰，能源体系、产业体系和消费领域低碳转型取得积极成效。从这一系列政策文件可以看出，我国政府已将强化碳排放总量控制和推动碳排放达峰作为今后一段时期应对气候变化工作的核心，并针对重点区域和行业提出了早于全国率先达峰的目标，对推动各地加快低碳转型具有重要的指导意义。

### 2. 碳强度下降率超过 GDP 增长率是碳排放达峰的基础

一方面，当前我国已进入经济增长趋势性放缓和质量效率型转变的经济发展新常态。由于传统推动经济调整增长的内部和外部条件已经发生重大变化，传统的投资驱动型增长模式已经难以为继，潜在经济增速已由过去的 10%左右逐步下降到 7%左右，2020 年、2035 年可能进一步分别下降到 6%左右和 4.5%左右。另一方面，从历史趋势来看，“十一五”和“十二五”期间我国碳强度的实际年均下降率均保持在 4.7%左右，而进入“十三五”以来，受到经济运行在合理区间、去产能工作持续深入推进、高技术产业和服务业加快发展以及非化石能源发展加快等多方面因素的共同影响，2016 年我国单位 GDP 能源活动二氧化碳排放量同比下降 6.6%，高出“十一五”和“十二五”年均水平 1.9 个百分点，而于对于未来 10～15 年碳强度年均下降率的合理预期水平是 4%～6%。GDP 增长率和碳强度下降率两者的对比表明，我国很快将迎来碳排放达峰的重要窗口期。

### 3. 煤炭消费尽早达到峰值为碳排放达峰创造了条件

一方面，在城镇化持续推进的背景下，交通部门服务量和服务水平仍将在较长时间内保持快速上升的趋势。在传统燃油汽车仍占据主要交通市场的条件下，我国石油消费仍将在较长时间内保持上升趋势，而天然气作为重要的工业燃料和原料以及重点发展的居民生活消费用能品种，其发展方兴未艾。在石油和天然气仍然保持较快增速的同时，只有煤炭消费达峰才能为我国碳排放达峰创造条件。另一方面，从煤炭历史消费数据及主要驱动力来看，我国煤炭消费总体呈平稳和逐步下降的趋势。煤炭消费总量在过去三年持续下行、煤炭占一次能源消费的比重已提前四年达到《能源发展战略行动计划（2014—2020 年）》（国办发〔2014〕31 号）提出的 62%的占比目标，而考虑到大多数消费品及其产能的扩张已经进入饱和阶段，钢铁、水泥等高耗能产业产品已经或接近达峰，在去产能、去库存的背景下，电力生产相对于电力需求存在富余的情况仍将持续一段时间，尽管煤炭消费仍会受到水电站出力变化，极端天气下居民供暖、制冷等用能需求增长等的影响而出现波动，但总体而言，推动煤炭消费结构性持续增长的驱动力还十分缺乏。若能抓住这一机遇，强化煤炭生产和消费环节的控制，将对碳排放尽早达峰构成重要的利好因素。

### 4. 能源消费增量基本由非化石能源满足是碳排放达峰的重要手段

2005 年以来，中国在可再生能源领域的投资保持持续增长，并在 2015 年创下 1 029 亿美元的新高，占 2015 年全球新增可再生能源投资的 36%（UNDP，2016），超过美国和欧盟的总和。可再生能源领域投资的快速攀升不仅驱动其规模化发展过程中成本的不断下降，还带动了新能源开发利用和装备制造领域能力的大幅跃升。当前，我国成为全球可再生能源装机总量以及太阳能光伏、风能和太阳能热利用等分品种领域的第一大国。2016 年，我国可再生能源年利用量约为 5.5 亿 tce，非化石能源占一次能源消费总量的比重达到 13.3%，较 2010 年提高 3.9 个百分点，可再生能源在推动能源结构调整方面的作用不断增强，并在 2016 年基本实现了新增能源需求由非化石能源（主要是可再生能源）满足的目标。尽管我国非化石能源特别是可再生能源仍在电力运行机制等方面面临不小的挑战，但在能源生产和消费革命的大背景下，随着能源系统比价关系的理顺和体制改革的深化，非化石能源特别是可再生能源的竞争力将进一步提升，这也为实现非化石能源对我国能源消费增量甚至是存量的替代奠定了基础，进而为我国碳排放尽早达峰注入强大动力。

## （二）地方碳排放达峰目标落实情况

### 1. 各地积极推动碳排放达峰

从2015年我国政府正式提出“2030年前后二氧化碳排放达到峰值并争取尽早达峰”以来，国家层面相继出台了一系列政策性文件，对我国碳排放峰值目标及实现路径提出了更明确的要求。绝大部分地区能够根据国家峰值目标和总体要求，结合各自对峰值目标和发展阶段的认识逐渐推进，并着手开展相关研究，提出了各自的达峰目标和具体实施方案。

### 2. 省级层面峰值目标及落实进度存在差异

截至2018年6月，全国31个省（区、市）均发布了省级“十三五”控制温室气体排放的相关方案或规划，其中，25个省（区、市）发布了“十三五”控制温室气体排放工作方案，6个省（区、市）以相关规划、方案或意见的形式对“十三五”控制温室气体排放工作进行了安排。调研发现，31个省（区、市）的方案（规划）中，针对峰值目标的规定不尽相同。其中，北京、天津、山西、山东、海南、重庆、云南、甘肃、新疆9省（区、市）提出了明确的整体碳排放达峰时间，其余省（区、市）虽未针对省域整体提出达峰时间，但根据各自省情，针对重点地区、试点城市或重点行业提出了峰值目标，没有提出具体峰值目标的部分省份也根据各自省情开展了碳排放达峰的相关研究（表3-2）。

**表3-2 各省（区、市）“十三五”控温方案有关达峰的表述**

| | 省(区、市) | 峰值目标相关规定 |
|---|---|---|
| 提出整体达峰年 | 北京 | 2020年达峰并尽早达峰 |
| | 天津 | 2025年前后达峰 |
| | 云南 | 2025年前后达峰 |
| | 山东 | 2027年前后达峰 |
| | 重庆 | 2030年前达峰 |

| | 省（区、市） | 峰值目标相关规定 |
|---|---|---|
| 提出整体达峰年 | 山西 | 2030年前后达峰 |
| | 海南 | 2030年前达峰 |
| | 甘肃 | 2030年前后达峰 |
| | 新疆 | 2030年达峰 |
| 提出重点区域（城市）达峰年 | 江苏 | 苏州市、镇江市，2020年达峰 |
| | 广东 | 广州市、深圳市，2020年达峰 |
| | 陕西 | 延安市、安康市，分别在2029年、2028年达峰 |
| | 山西 | 晋城市，2025年达峰 |
| | 新疆 | 乌鲁木齐市、昌吉市、伊宁市、和田市，2025年达峰 |
| | 甘肃 | 兰州市，2025年达峰 |
| | 山东 | 青岛市、烟台市，2020年达峰；济南市、潍坊市，2025年达峰 |
| 提出行业达峰目标 | 江西 | 力争部分重化工业2020年前后实现率先达峰 |
| | 四川 | 部分重化工业2020年前后与全国同行业同步实现碳排放达峰 |
| | 天津 | 钢铁、电力等行业率先达峰 |
| | 海南 | 水泥、石油、化工、电力等重点行业按照国家要求尽早实现达峰目标 |
| | 甘肃 | 争取部分重点行业在2020年前后实现率先达峰 |
| 提出支持重点区域（城市）达峰 | 宁夏 | 支持都市功能核心区和都市功能拓展区率先达峰，支持银川市、吴忠市碳排放提前达到峰值 |
| | 江西 | 鼓励南昌市、景德镇市、赣州市、抚州市、吉安市、共青城市率先实现达峰目标，鼓励其他设区市及具备条件的县（市、区）提出峰值目标 |
| | 福建 | 支持福州市、厦门市、泉州市的中心城区等优化开发区域率先实现峰值目标，鼓励南平市、莆田市等其他区域提出峰值目标 |
| | 重庆 | 支持都市功能核心区和都市功能拓展区率先达到峰值 |
| | 江苏 | 鼓励淮安、南京、常州、无锡等城市提出峰值目标 |
| | 山东 | 支持优化开发区域碳排放率先达到峰值，青岛市、烟台市力争2020年以前实现峰值年目标，济南市、潍坊市力争2025年以前实现峰值年目标，其他市要建立碳峰值倒逼机制 |
| | 云南 | 支持优化开发区域开展碳排放达峰先行先试 |
| 提出低碳试点城市率先达峰 | 湖北 | 支持武汉市、长阳县等国家低碳试点城市明确达峰路线图，实现碳排放率先达峰 |
| | 重庆 | 支持都市功能核心区和都市功能拓展区率先达到峰值 |
| | 安徽 | 支持国家低碳城市试点碳排放率先达到峰值 |
| | 河南 | 国家低碳城市试点碳排放率先达到峰值 |
| | 四川 | 支持国家级和省级低碳试点城市根据自身的优势和特点主动实施在2025年以前碳排放率先达峰行动 |
| | 贵州 | 力争国家低碳试点城市碳排放率先达到峰值 |

| | 省（区、市） | 峰值目标相关规定 |
|---|---|---|
| 提出“中国达峰先锋城市联盟”城市率先达峰 | 贵州 | 支持“中国达峰先锋城市联盟”的贵阳市率先实现碳排放达到峰值 |
| | 甘肃 | 支持兰州市在2025年以前实现碳排放率先达峰，全省低碳试点城市碳排放率先达到峰值 |
| | 海南 | 鼓励与“中国达峰先锋城市联盟”开展合作，支持海口市、三亚市率先达峰 |
| | 江苏 | 鼓励镇江市等“中国达峰先锋城市联盟”城市和其他具备条件的地市力争提完成达峰目标 |
| 提出开展达峰研究 | 青海 | 开展碳排放峰值研究 |
| | 云南 | 开展碳排放峰值研究 |
| | 广西 | 开展碳排放峰值、碳排放总量控制和目标分解方法及实现途径研究 |
| | 福建 | 开展全省碳排放峰值研究 |
| | 山西 | 开展全省碳排放峰值目标和达峰路径研究 |
| | 吉林 | 加强碳排放峰值预测研究 |
| | 黑龙江 | 推进碳排放峰值和碳排放总量控制研究 |
| | 甘肃 | 开展碳排放峰值预测研究 |

### 3. 大部分低碳试点城市提出了明确达峰目标

调研发现，除了部分省（区、市）在其“十三五”控制温室气体排放工作方案或规划中对省域整体及省内试点城市提出了达峰要求，大部分低碳试点城市也在各自试点方案中提出了具体的达峰目标。自2013年以来，我国已开展三批共计87个低碳省市试点，据初步统计，截至2017年10月，共有73个低碳试点省市以不同方式提出了碳排放峰值目标，包括第一批、第二批试点省市中共计28个和第三批全部45个试点省（市）。

### 4. 各地区提出的达峰路径总体相似但亮点不多

初步分析结果显示，目前已经设立达峰目标的省（区、市）均采取了一系列积极有效的措施来推动达峰目标的实现，主要包括加快产业低碳转型、促进服务业发展、强化节能管理、加强重点领域节能减排、优化能源消费结构、开展各领域低碳试点和行动、增加森林碳汇等，并普遍重视与低碳相关的重点工作，如积极分解落实碳强度下降目标，全面积极参与全国碳市场建设，大力提升温室气体排放数据统计核算、清单编制和基础研究等方面的能力，加强国际和地区间交流与合作等。部分省（区、市）也在积极探索推动碳排放达峰的新思路和新举措，如推动建立以峰值目标倒逼碳减排的新机制，以大数据支撑碳排放管理，主动开展近零碳排放区示范工程建设，探索跨区域碳排放权交易试点，探索低碳扶贫新模式等，为其他省市提供了很好的借鉴。

## （三）发达地区碳排放达峰目标及路径分析

通过对北京、上海、广东和浙江 4 个发达省（市）碳排放达峰目标和实施路径的调查分析初步发现，这 4 个省（市）2017 年的经济总量占全国的 24.2%，但碳排放量只占全国的 14.4%左右，其经济发展重点和路径不尽相同，在控制温室气体排放、探索达峰路径方面也各具特色。

### 1. 4 个省（市）中只有北京市和上海市提出了明确的达峰目标

在国家发布《“十三五”规划纲要》之后，上述 4 个省（市）均制定了中长期碳排放控制目标，并“自上而下”地分解到各个区域和行业部门，引导各区域对重点领域和高耗能行业进行结构调整和优化升级，以推动达峰进程。北京市和上海市都在政府文件中正式对各自碳排放达峰年份和总量提出了具体目标，其中，北京市在《“十三五”时期节能降耗及应对气候变化规划》中提出“二氧化碳排放总量在 2020 年达到峰值并尽早达峰”的目标，达峰碳排放量约为 1.6 亿 t $CO_2$；上海市在《城市总体规划（2017—2035 年）》中提出“全市碳排放总量与人均碳排放于 2025 年之前达到峰值”“到 2020 年二氧化碳排放总量控制在 2.5 亿 t 以内”“到 2040 年碳排放总量较峰值减少 15%左右”的目标，达峰目标时间早于国家的达峰时间。广东省在其《“十三五”控制温室气体排放工作实施方案》中提出，到 2030 年以前碳排放率先达峰，虽没有明确具体年份，但对广州、深圳等所辖发达城市提出了争取在 2020 年前后达峰的要求。浙江省目前尚未在政府文件中明确提出达峰目标，仅在相关研究中提出到 2030 年碳排放总量得到有效控制、比国家提前达到碳排放峰值，并同时提出所辖的杭州、宁波、温州等发达城市提前达峰。

### 2. 4 个省（市）碳排放达峰主要依赖重点领域的关键举措

（1）在优化产业结构方面：浙江省主要通过做精做细第一产业、做强做大第二产业来实现产业结构的调整优化，其中，第一产业重点推动绿色低碳集约型农业的发展，第二产业大力发展附加值较高的产业；北京市则严格控制企业的存量和增量，重点发展第三产业；上海市提出按照“高端化、智能化、绿色化、服务化”的要求，大力发展先进制造业和现代服务业，同时严格控制重化工业发展规模及能耗，并加大落后产能调整力度；广东省主要通过淘汰高耗能产业中的落后产能和严格控制新增产能来控制第二产业中高耗能行业的比重。

（2）在调整能源结构方面：浙江省积极开展建设清洁能源示范省的工作，以发展非化石能源为重点推动能源结构低碳化，特别提出要加快核电站建设和提高非化石能源比例；北京市持续推进四大燃气热电中心的清洁化、低碳化，加强当地可再生能源的应用开发，并进一步加快建设外调绿色电力通道；上海市大力削减煤炭消费总量，提高天然气等低碳能源比重；广东省有序淘汰落后产能和过剩产能，重点控制工业部门排放，推动出口结构低碳化。

（3）在推动建筑部门低碳发展方面：浙江省由于正处于建筑行业增长期，采取的主要措施是大力推广绿色建材和节能设备；北京市主要是严格控制建筑规模，并强化对既有建筑的节能改造和加大“煤改气”“煤改电”实施的力度；上海市积极推广装配式建筑与市政基础设施的技术应用；广东省主要提高基础设施和建筑质量，推进既有建筑节能改造，强化新建建筑节能，推广绿色建筑。

（4）在推动交通部门低碳发展方面：浙江省强调积极推进绿色交通省试点，加快建设客运专线和城际轨道交通，大力发展绿色水路运输等；北京市的主要措施包括提高清洁能源车比例、控制机动车保有量、发展交通智能化技术等；上海市的主要措施包括提高绿色交通出行比例、推进航空运输和水路运输的低碳化；广东省的主要措施包括推进现代综合交通运输体系建设，加快发展铁路、水运等低碳运输方式，完善公交优先的城市交通运输体系，鼓励使用节能、清洁能源和新能源运输工具等。

### 3. 4个省（市）积极开展试点示范和路径创新

这些省市充分结合本地特点，因地制宜采取多种试点行动和创新举措推动分区域、分阶段达峰。北京市根据首都城市战略定位，对市域内不同功能区实施差异化的节能减碳措施，降低能源需求强度，减少存量排放，同时积极开展低碳乡镇、低碳社区等多类型、多层次的绿色低碳试点和示范建设，结合生态建设以及可再生能源开发，实施了一批近零碳排放区示范工程。浙江省以碳排放峰值和总量控制为重点，鼓励省内发达城市率先达峰，支持杭州市、宁波市和温州市在“十三五”末期率先达到峰值并总结推广试点经验，鼓励嘉兴市、金华市、衢州市等第三批国家低碳试点城市制定峰值目标和达峰路线图，同时积极推动近零碳排放园区建设。广东省主动开展多项创新性低碳试点示范，率先提出建立“珠三角地区实施近零碳排放区示范工程”，并开展近零碳排放示范工程项目遴选，积极推进碳交易试点、实施碳普惠制、推广低碳产品认证等创新举措。上海市分阶段、分批次推动低碳试点和创新实践，积极推动第二批低碳试点创建，深入推进上海市碳市场建设。

## （四）地方推动落实碳排放达峰存在的主要问题

调研分析发现，尽管距离我国明确提出峰值目标已经过去三年，但至今仍有相当一部分地区碳排放达峰目标缺失，还有相当一部分地区并未从国家战略角度充分认识碳排放峰值对于形成倒逼机制的作用，将峰值目标简单理解为限制本地区发展空间的指标，在峰值目标决策上“不主动”，也有部分地区在初步研究的基础上提出了峰值目标，但存在基础数据不足、对经济发展新常态研判不充分、缺乏社会共识等问题，峰值时间也与国家要求相差甚远。

### 1. 各地区达峰目标设置仍相对保守

目前很多省份提出了达峰目标，但一些东部经济发达地区在峰值目标提出方面相对保守，有些地方目前仍未提出明确的峰值目标，还有些地方虽较早开展研究并提出碳排放达峰时间，但峰值目标年为2030年以后，仍较为保守，未来需要做进一步的修正和调整。对很多省份来说，省级、市级乃至区县级的峰值目标仍存在不匹配的问题，有些省级达峰目标超前于市、县级，导致市、县提出的达峰目标和配套措施无法支撑省级目标的完成。

### 2. 高碳锁定效应仍将是达峰目标实现的重要障碍

部分地区的产业结构长期偏重于高碳行业，有些地区的传统产业占比高达 70%左右，尽管其在“转方式、调结构”方面做了很多努力，但短期内还难以扭转经济发展主要靠重化工业拉动的现实情况。有些地方虽已提出达峰目标，但同时又上马一些新的高能耗项目和工程，如果不能采取合理措施加以控制，将难以保证峰值目标的实现。许多地区的能源结构长期以煤炭、石油等高碳能源为主，能源生产、运输等都围绕煤炭而建，由于快速城镇化和工业化产生了巨大的刚性能源需求，或受限于可再生能源禀赋不足且开发潜力有限，能源供应系统无法短期内摆脱高碳的格局，导致推动碳排放达峰工作较为艰巨。

### 3. 基础能力仍难以为达峰目标的实现提供充分支撑

各地区与温室气体排放相关的统计数据体系仍不够完善，相关基础数据还较为缺乏，难以为碳排放达峰分析提供足够的数据支撑。目前，大部分省（区、市）都完成了省级温室气体清单的编制，但很多地区还没有更详细的市、县级温室气体排放清单，对行业温室气体排放的核算也较为薄弱，因此难以为碳排放达峰分析提供有效支持。此外，目前各地在对碳排放达峰目标和路径进行分析时采用的方法参差不齐，对路径的合理性、科学性和可操作性也缺乏充分的论证，在很大程度上影响了碳排放目标和路径的设定，而相关研究队伍的能力和资金支持也需加强。

## （五）对推动地方率先达峰的对策建议

推动经济发达地区碳排放率先达峰是确保国家峰值目标实现的重要基石和风向标。北京、上海等低碳试点地区通过对碳排放峰值目标及实施路线图的研究，不断加深对峰值目标的科学认识和政治共识，不断强化低碳发展目标的约束力和引领作用，不仅有助于加快形成绿色低碳转型的倒逼机制和发展模式，而且也有助于协同推动经济的高质量发展和生态环境的高水平保护。为此，建议做好以下几个方面的工作：

### 1. 加强顶层设计，推动尽早达峰

在我国经济进入新常态、供给侧结构性改革取得明显成效、能源结构和产业结构调整进程加快等新形势下，我国碳排放有可能提前达峰。建议充分利用我国发展转型的战略机遇期，在综合考虑我国经济社会发展形势和需求的基础上，从国家层面尽早制订碳排放达峰行动路线图，并提出落实碳排放达峰目标的配套政策和保障措施。各地区应进一步提升对碳排放达峰的认识

和宣传，结合本地区在经济发展水平、低碳产业培育、低碳能源利用、生态功能定位等方面的特点，进一步强化对本地区碳排放达峰路线图的研究，明确推动碳排放达峰的重点领域和关键措施。

### 2. 强化总量控制，完善相关机制

为推动碳排放达峰目标的顺利实现，应积极推动建立碳排放总量控制制度，在做好全国碳排放总量控制目标设计的同时，研究提出碳排放总量控制目标的行业、地区分解机制，并加强目标责任考核和配套机制完善，引导各行业、各地区加快推进低碳转型。针对经济发达地区，应发挥其先进示范作用，按照提升经济质量和控制碳排放的总体要求，尽快研究提出碳排放总量控制目标和落实方案。对于生态脆弱和开发强度大的地区，应鼓励其尽早提出地区碳排放总量控制目标和思路，以控制增量为重点，并与生态保护、脱贫和提高碳汇等目标综合考虑。

### 3. 强化宏观指导，加强统筹协调

推动部分区域率先达峰是碳排放达峰和总量控制工作的坚强保障，也是在不同经济、产业、能源和政策支持条件下，探索差异化低碳发展模式的“试验田”。建议进一步加强对碳排放达峰推进工作的统筹和协调，加强国家与地方以及省与市、县之间的协调互动，推动国家顶层设计与地方先行先试的有机结合。国家应进一步强化对各地区推动碳排放达峰工作的指导，并加强在资金、人力、技术等方面的支持力度。各地应深入总结和积极分享推动碳排放达峰和总量控制工作中的经验教训，加强相关基础能力建设，在低碳制度建设、低碳管理体系、低碳投融资机制等方面开展积极探索，形成推进碳排放达峰和总量控制的创新思维及模式。

## 三、中国长期温室气体排放趋势的基本判断

近年来，针对中国中长期温室气体排放特别是二氧化碳排放趋势，众多国际和国内研究机构开展了大量情景研究，这些研究丰富了对中国未来温室气体特别是二氧化碳排放趋势的理解。总体来说，关于中国未来温室气体排放的研究成果呈现以下两个特征：①绝大多数情景分析研究仍聚焦于能源活

动二氧化碳排放，针对全口径温室气体或非二氧化碳温室气体的研究相对较少；②由于对经济、能源、产业等发展路径和相关参数的不同假设，导致判断和结论存在很大差异。

在研究方法上，大多数研究都选择了“自下而上”的分析方法。“自下而上”的方法好处在于层次结构清晰，便于分析各种技术的减排贡献，但是该方法与宏观经济变量的连接性较差。在情景数量上，大多数研究机构一般都是提出 2～3 个情景，分别是基准情景和政策情景。基准情景一般假设现有政策维持不变并不再考虑新政策，而政策情景则是考虑强化既有政策或引入新政策、技术进步加快、发展方式或主流技术发生重大变化等条件下的情景。在基准年的选择上，开发较早的模型的基准年一般较早，而开发较晚的模型一般选择 2010 年或其后的年份作为基准年。在目标年设定上，多数研究的目标年均是 2050 年。

本报告归纳整理的研究成果基本上是在 2015 年之后发布或发表的，所包含的研究机构及机构简称见表 3-3，其研究方法比较见表 3-4。

**表 3-3　研究机构名称及简称**

| 研究机构名称 | 机构简称 | 研究机构名称 | 机构简称 |
|---|---|---|---|
| 国家应对气候变化战略研究和国际合作中心 | NCSC | 美国劳伦斯伯克利国家实验室 | LBNL |
| 中国工程院 | CAE | 国际能源署 | IEA |
| 国家发展改革委能源研究所 | ERI | 伦敦政治经济学院 | LSEPS |
| 清华大学 | TSU | 挪威国家石油公司 | Statoil |
| 人民大学 | RMU | 英国石油公司 | BP |
| 中国石油经济技术研究院 | ETRI | 美孚石油 | Exxon |
| 国家信息中心 | SIC | 美国电子工业协会 | EIA |
| 国网能源研究院 | SGERI | 麦肯锡 | Mckinsey |
| 国务院发展研究中心 | DRC | 英国丁铎尔气候变化研究中心 | Tydnall |
| | | 联合国开发计划署 | UNDP |

表 3-4 不同研究机构的方法比较

| 研究机构 | 方法 | 模型 | 情景数 | 基准年 | 目标年 |
|---|---|---|---|---|---|
| NCSC | 自下而上 | 中国低碳发展战略分析模型（SACC） | 3 | 2010 | 2050 |
| ERI | 自下而上和自上而下相结合 | 中国能源政策综合评价模型（IPAC） | 2 | 2005 | 2050 |
| SIC | 自下而上和自上而下相结合 | 国家信息中心一般均衡模型（SICGE） | 1 | 2015 | 2050 |
| SGERI | 自下而上 | 能源系统优化模型（IESOM） | 2 | 2015 | 2050 |
| TSU 陈文颖 | 自下而上 | 中国能源系统优化模型（China-TIMES） | 3 | 2010 | 2050 |
| TSU 滕飞 | 自下而上 | China Maple | 2 | 2010 | 2050 |
| RMU | 自下而上 | 能源与气候经济学模型（PECE） | 2 | 2005 | 2050 |
| ETRI | 自下而上 | ETRI 模型 | 4 | 2014 | 2050 |
| IEA | 自下而上 | 能源技术展望模型（ETP） | 3 | 2007 | 2040 |
| Statoil | 自下而上 | 能源展望模型 | 3 | 2014 | 2050 |

## （一）能源消费长期变化趋势的基本判断

各个情景的能源消费总量见图 3-4。为了便于比较，分为基准情景和政策情景两类进行分析。

从基准情景来看，尽管各个研究的假设有所差别，但是均反映出我国能源消费总量在 2050 年前将进一步增长。基准情景下，2020 年我国能源消费总量将在 48 亿～50 亿 tce，最高值与最低值仅差 2 亿 tce；然而到 2050 年，能源消费总量将增长至 58 亿～85 亿 tce，最高值与最低值相差 27 亿 tce。说明从长期来看，我国能源消费总量的增长仍存在巨大的不确定性。

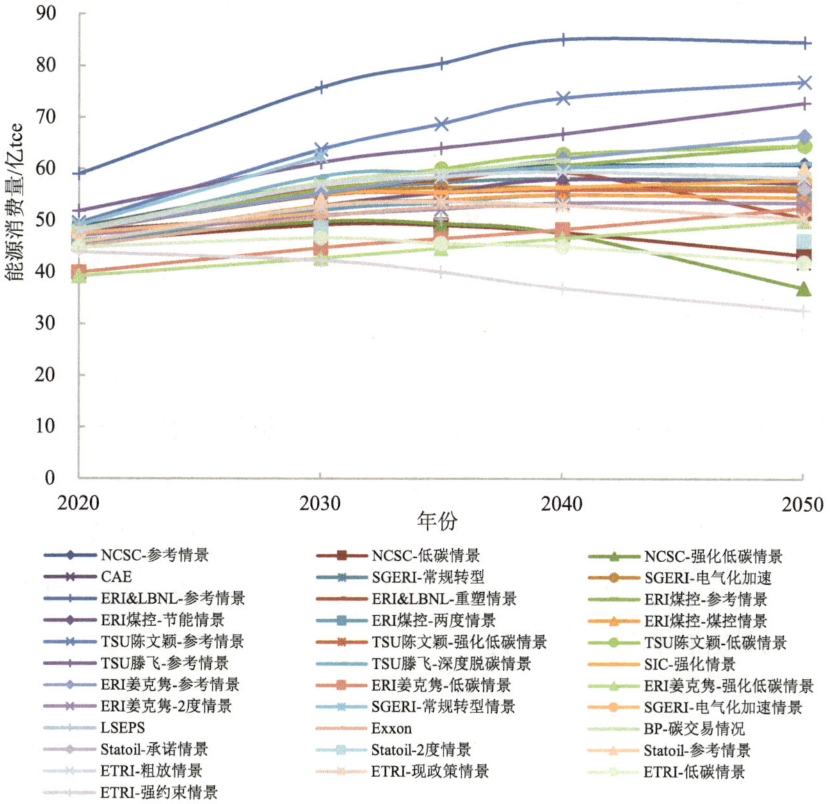


**图 3-4　不同情景下能源消费量的对比分析**

不同研究机构对政策情景下的能源消费总量变化的判断仍存在较大差异。除 ETRI 强约束情景在 2020 年能源消费总量达峰（峰值约 44 亿 tce）外，其他所有政策情景下，2030 年以前我国能源消费总量都将进一步增长，2020 年我国能源消费总量在 39 亿～52 亿 tce，2030 年能源消费总量在 43 亿～61 亿 tce。从 2030 年开始，政策情景的能源消费总量变化则发生了趋势性差异：①少数政策情景在 2030 年前后即出现了能源消费总量峰值，随后能源消费总量缓慢下降，这其中包括 NCSC-低碳情景、NCSC-强化低碳情景、CAE、ETRI-低碳情景，对应的能源消费总量峰值在 48 亿～51 亿 tce，达峰之后到 2050 年的能源消费总量在 37 亿～42 亿 tce；②更多的政策情景在 2035—2040 年能源消费总量达峰，峰值水平在 47 亿～60 亿 tce，对应的情景到 2050 年能源消费总量在 42 亿～50 亿 tce；③仍有一部分情景在 2050 年之前能源消费总量仍在继续增长，并未达峰，到 2050 年对应的能源消费总量在 50 亿～73 亿 tce。

## （二）二氧化碳长期排放趋势的基本判断

目前，除少数研究判断认为即使在基准情景下碳排放仍然无法达峰外，大多数的研究成果都认为中国碳排放量在基准情景下也可以实现峰值，实现时间大约在 2030—2040 年，但关于峰值年的排放水平存在较大差异，介于 100 亿～150 亿 t $CO_2$。

不同研究机构的政策情景对碳排放峰值的判断存在明显差异（图3-5）。虽然所有的政策情景都实现了碳排放达峰，但是不同机构对实现碳排放峰值的水平以及时间判断有所区别。相对保守的政策情景一般判断 2030 年为碳排放达峰年份，峰值为 94 亿～122 亿 t $CO_2$，最高值与最低值相差 28 亿 t $CO_2$；而激进的政策情景认为在 2020 年碳排放即达峰，峰值为 88 亿～101 亿 t $CO_2$，最高值与最低值相差 13 亿 t $CO_2$。

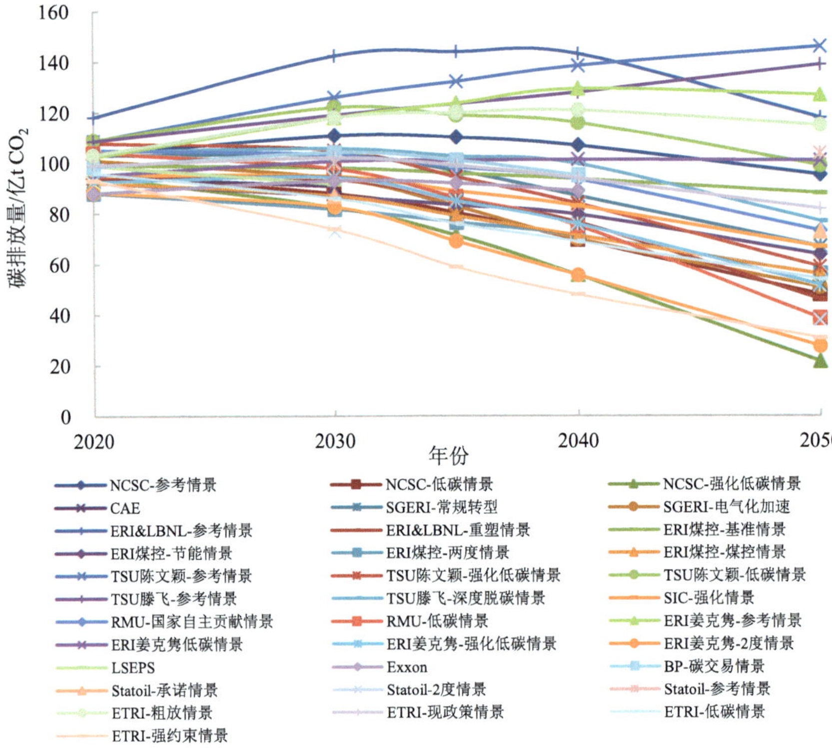


图 3-5　不同情景下与能源相关的二氧化碳排放量对比分析

## （三）非二氧化碳温室气体长期排放趋势的基本判断

针对非二氧化碳温室气体排放的研究，本报告在综合收集整理国际国内相关研究（图 3-6）的基础上得出了两点结论。①在延续既有政策条件下，我国非二氧化碳温室气体排放仍有较大增长空间。根据《中华人民共和国气候变化第一次两年更新报告》（以下简称《第一次两年更新报告》），2012 年我国非二氧化碳温室气体排放量约为 20 亿 t $CO_2e$，在我国总温室气体排放量（不包括土地利用变化和林业）中占比约为 17%。在延续现有政策的条件下，2030 年非二氧化碳温室气体排放量将达到 26 亿～31 亿 t $CO_2e$，上升幅度达到 30%～55%；针对 2050 年非二氧化碳温室气体排放的研究仍然较少，初步显示排放量可能为 22 亿～32 亿 t $CO_2e$ 水平。在二氧化碳排放量上升趋势总体趋缓且在 2030 年甚至提早达峰的背景下，非二氧化碳温室气体在我国总温室气体排放中的占比将越来越大。②非二氧化碳温室气体具有较大的减排潜力。相关研究显示，从技术可行性角度来看，若在所有经济部门推广使用现有技术，2030 年当年中国可以减少约 8 亿 t $CO_2e$ 的非二氧化碳温室气体排放，占当年中国非二氧化碳温室气体排放总量的 1/4～1/3，体现了我国存在较大的非二氧化碳温室气体减排潜力。

除此以外，我国非二氧化碳温室气体排放趋势仍存在三个方面的问题和不确定性。①相关研究数量仍然较为有限且以国际机构研究为主。从综合性和全面性来看，本报告收集到的研究以国际研究为主，国内研究的数量十分有限，且对未来非二氧化碳温室气体预测分析的时间范围较短，仅覆盖部分行业或仅限于特定温室气体（如氢氟碳化物）。②非二氧化碳温室气体排放数据的不确定性远大于二氧化碳排放数据。《中华人民共和国气候变化第二次国家信息通报》和《第一次两年更新报告》中，不同的非二氧化碳温室气体排放量数据的准确度从±15%到±（55%～60%），而二氧化碳排放数据的准确性 2005 年为±5.61%、2012 年为±5.92%。仅从数据的不确定性角度来看，非二氧化碳温室气体的误差范围就可能达到 6.7 亿 t $CO_2e$ 和 8.4 亿 t $CO_2e$。与之相似的是，相关研究中针对非二氧化碳排放的现状数据也存在巨大差异，这将为我国非二氧化碳排放量预测引入巨大的系统性偏差。③考虑到我国针对非二氧化碳温室气体排放的政策仍不明朗，不同机构关于我国非二氧化碳温室气体排放路径的结论仍存在较大差异，因此可供政府参考的数据和结论十分匮乏，亟待后续进一步深化研究。

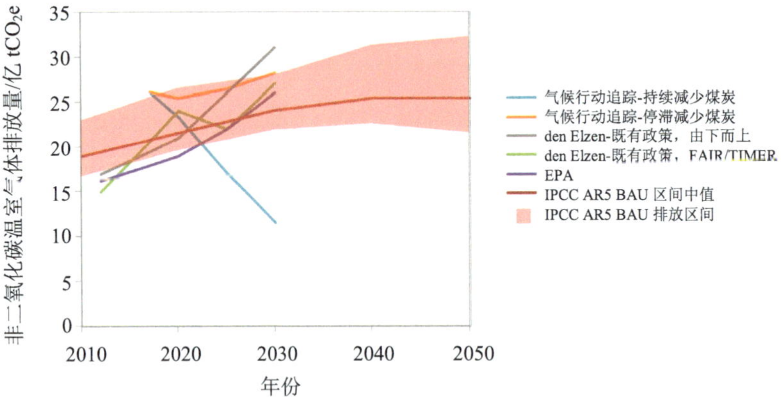


**图 3-6　中国非二氧化碳温室气体排放趋势的对比分析**

资料来源：①New Climate，Ecofys，Climate Analytics. Climate Action Tracker Database[EB/OL]. [2018-05-06].https：//climateactiontracker.org/. ②den Elzen M，Fekete H，Hoehne N，et.al.. Greenhouse gas emissions from current and enhanced policies of China until 2030：Can emissions peak before 2030？[J]. Energy Policy，2016（28）：224-236. ③US Environmental Protection Agency，Global Antropogenic Non-$CO_2$ Greenhouse Gas Emissions：1990—2030[R].Washington，DC. 2012. ④IPCC. Fifth Assessment Report Climate Change：The Physical Science Basis[R]. 2013.

# 第二篇

# 中国温室气体减排政策的减排潜力评估及成本效益分析

# 引　言

本篇研究历时五年，为国家应对气候变化战略研究和国际合作中心与美国能源创新机构（Energy Innovation: Policy and Technology LLC，EI）的联合研究成果。课题组共同合作开发了一套系统动力学模型，即 LPA 模型，并基于该模型评估了数百项气候、能源和环境政策对多种指标到 2050 年的综合影响，这些指标包括二氧化碳排放、细颗粒物（$PM_{2.5}$）排放、各类能源消费量、现金流变化、减少公共健康影响及气候损失的社会效益等。研究过程中，课题组参考之前的研究成果设立了一个参考情景，并通过叠加不同的政策组合形成了两种政策情景，即低碳情景和强化低碳情景，进而通过对两种政策情景与参考情景的对比分析，得出中国长期温室气体减排潜力以及最具成本效益的政策组合，并提出相关对策建议。需要注意的是，本篇研究内容并非对中国未来温室气体排放路径进行的预测，而是希望通过评估未来不同政策组合的减排效果和成本效益，识别出有助于推动长期温室气体减排的合理化政策情景，为决策者制定长期温室气体低排放发展战略及完善相关政策提供支撑和借鉴。

本篇包括本报告的第四章至第九章，第四章重点介绍了本篇研究所采用的模型工具、政策评估方法及具体政策选择清单；第五章介绍了三种情景（两种政策情景和一种参考情景）设定原则及不同情景下的碳排放和能源消费变化趋势；第六章分析了不同部门（工业、建筑、交通）和行业（发电和供热）及跨行业的政策减排潜力和单位减排成本；第七章介绍了对分类型、分途径、分领域政策影响的对比分析，给出了两种政策情景下的政策减排成本曲线和单项政策的减排成本曲线；第八章对温室气体减排的增量成本、污染物协同减排量、气候效益和协同效益等进行了分析，进而分析了两种政策情景的长期净收益；第九章总结了主要研究结论并提出了相关对策建议。

# 第四章　模型和方法学介绍

## 一、LPA 模型概况

LPA 模型即“低碳政策评估模型”（Low-carbon Policy Assessment model），它以系统动力学为理论基础，基于 Vensim 软件构建，其原理是通过建立一组方程式来描述系统动态行为，构建因果反馈回路。LPA 模型的显著特点是用图形化的各种类型箭头或连接线连接不同类型的变量，各变量之间的数量关系以方程式形式写入方程，从而将复杂系统间的关系与动态变化可视化。换句话说，LPA 模型通过一系列方程式模拟了我国能源系统的能源流动。

《中国能源统计年鉴》中的能源平衡表可以清楚地显示出我国能源消费的流动情况。构建 LPA 模型的第一步工作就是分析能源平衡表，了解我国能源消费在能源生产、中间转换、终端部门消费的流动情况，找出模拟我国能源消费的最佳方法，即重点关注我国能源消费的中间转换和终端部门的能源消费。因此，在终端部门环节，我们对能源平衡表中的终端部门进行了分类合并，最终形成工业、建筑和交通 3 个终端部门。其中，工业部门除中国统计口径中包括的工业部门之外，还包括农业和建筑业，后两者的能源消费量并入工业部门统一处理；建筑部门包含商业建筑和居民建筑在运行过程中的能耗；交通部门除包含营运交通之外，还包含私人交通。在能源消费的中间转换环节，我们刻画了电力生产和供热 2 个行业，电力生产包括煤电、天然气发电、可再生能源发电和核电等在我国实际存在的发电类型；供热包括煤供热、气供热等方式。因此，LPA 模型包括电力生产、供热、工业、交通、建筑共 5 个模块。在每一个模块中，我们均编写了一组方程式模拟能源流动、现金流动、污染物排放、温室气体排放等（图 4-1）。

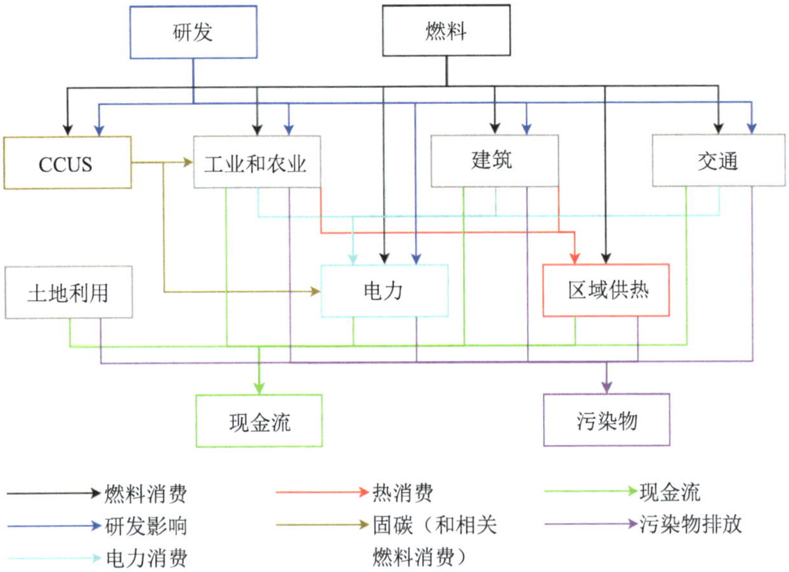


**图 4-1　LPA 模型框架**

从研究需求出发，LPA 模型具备 4 个方面的特点和功能。

一是可以评估政策对关键输出参数的影响。LPA 模型可以评估不同政策组合如何协同发挥作用，并且还可以设定任何政策的实施时间表（某一项政策可以在起始年份立即实施，也可以在整个模型运行过程中分阶段实施）。例如，承包商教育和培训这项政策可以在模型运行的第一年——2017 年全面实施，而碳定价政策可以在 2017—2050 年以线性上升趋势不断引入，使碳价格每年都会上涨相同的数额，直到 2050 年达到设定值。

二是可以评估成本。成本是指由于不同政策导致的资本设备、燃料以及运行维护支出的变化。LPA 模型主要追踪政府、行业和消费者三大社会主体的成本流动。一般来说，税收和补贴政策也在 LPA 模型中计为成本，但是税收是行业或消费者向政府支付的成本，而补贴是政府向行业或消费者支付的成本。

三是可以对气候效益和健康效益进行货币化估算。货币化的气候效益代表温室气体减排的货币化社会效益，其计算方法是将全部温室气体减排量乘以碳排放的社会成本。碳排放的社会成本是指由增加的环境损害（如农田损失、海平面上升等）而导致的单位全部温室气体排放总成本。健康效益是指通过估算减少污染而避免的过早死亡人数，并将这些估算值乘以世界银行设定的中国统计寿命价值（79.5 万元/人），可计算得出货币化的健康效益。

四是考虑了所有的温室气体种类。LPA 模型除了考虑纳入国际气候条约管控的 7 种温室气体——二氧化碳（$CO_2$）、甲烷（$CH_4$）、一氧化二氮（$N_2O$）、氢氟碳化物（HFCs）、全氟化碳（PFCs）、六氟化硫（$SF_6$）及三氟化氮（$NF_3$），还包括了挥发性有机化合物（VOCs）、一氧化碳（CO）、氮氧化物（$NO_x$）、黑碳（BC）和有机碳（OC）等不受国际气候条约管控但同样具有较强增温效应的气体。在 LPA 模型计算中，将这些温室气体排放量乘以对应的联合国政府间气候变化专门委员会第五次评估报告（IPCC AR5）中的全球变暖潜势值则可以计算得出全部温室气体排放量。如果按照部门分类，全部温室气体排放包括建筑、交通、能源（电力）和工业部门的燃料燃烧带来的直接排放以及工业过程（如水泥生产）产生的间接排放，还包括土地利用、土地利用变化及林业（LULUCF）排放。

## 二、政策评估方法

在通过 LPA 模型进行政策分析时，均假设所有政策都设计合理并且得到充分贯彻落实。然而在现实情况中，政策的合理设计面临一定挑战，从而可能导致政策无法获得预期效果。因此，本报告提出了一套政策设计原则以帮助确保我国的低碳政策设计尽可能合理得当，达到预期政策效果，在有助于降低成本、加速创新的同时还可以带来一定的社会经济效益。这些设计原则是：①确保标准的长期稳定性，为企业提供稳定的发展标杆；②持续完善标准；③标准的制定侧重于结果而非具体技术；④防止投机行为，避免漏洞；⑤建立长期目标，为企业提供明确的政策预期；⑥对负外部性定价或采用价格发现机制；⑦消除不必要的“软成本”；⑧奖励清洁能源技术研发成果而非投资本身；⑨关注制造过程的上游部门，政策作用对象应覆盖 100%市场；⑩确保灵活的经济激励。

本报告中所评估的政策并未包括一些具体的政府设定目标，例如，2030 年二氧化碳达峰目标、非化石发展目标、天然气发展目标等。以天然气发展目标为例，我国在《天然气发展“十三五”规划》中提出到2020年天然气占一次能源消费的比例提高至 8.3%～10%的目标，但在研究中并未将该目标作为一项具体政策，但考虑了天然气发电补贴或工业部门“煤改气”等具体政策，并通过 LPA 模型评估了不同政策作用下实现天然气发展目标的潜力。此外，受限于模型结构，研究中未考虑控制建筑面积总量或限制交通出行总需求的政策。

在评估某一政策的影响时，本报告采用了两种具体评估方法。

一是单独评估某一项政策的影响。通过该种评估方法进行政策评估时，仅启用被评估的单项政策，不启用其他政策，无法反映政策间的交叉影响。该种方法可用于评估哪项政策的减排量最多，以及哪项政策最具成本效益。例如，用该种评估方法评估推广电动车政策时，其带来的碳减排量较小，甚至在政策执行初期可能带来更多的碳排放，但若配合发展可再生能源发电政策，则其减排量将大大提高，因为后者的度电碳排放要小得多。

二是评估某一项政策的综合影响。通过该种评估方法进行政策评估是将某一政策从政策组合中剔除后再评估其产生的影响。与第一种方法不同，这种方法反映了政策之间的相互影响，可用于确定政策组合中哪些政策的贡献最大，但难以很好地反映该政策本身的效果。

本报告之所以同时采用了这两种评估方法，是因为各项政策之间存在相互影响和相互作用，某项政策的减排潜力和成本可能会因是否采用其他政策而产生较大差异。通过综合采用两种评估方法，能够更好地了解政策间的相互影响，推动发挥政策的协同效用。

## 三、政策分类及清单

为了对政策分析结果进行更深入的讨论，本报告在分析不同研究情景结果时，对政策进行了不同方式的分类，并设置了三种政策分类方法。

一是按照政策类型划分，可分为两类，即管控型政策和价格激励型政策。管控型政策是那些设定标准或标杆的政策，如建筑节能标准、燃油经济性标准及可再生能源配额制等。价格激励型政策则是通过税收和补贴的方式引导或激励碳减排，如碳定价、燃油税及非化石能源发电补贴等。

二是按照减排途径划分，可分为四类，包括发展清洁能源政策、提高能效政策、需求侧管理政策、直接排放控制政策。发展清洁能源政策是指通过增加新能源和可再生能源份额、推动燃煤替代，降低能源消费的碳排放强度，这类政策包括可再生能源配额制、工业燃料替代、提前淘汰燃煤电厂等。提高能效政策是指提高交通工具、工业、建筑用能设施等的能源效率，这类政策包括机动车燃油经济性标准、工业能效标准及建筑节能标准。需求侧管理政策是指直接减少能源和产品的需求，这类政策包括碳定价等，并未包括直接控制服务总量的政策，如建筑面积总量控制政策，但包括了通过优化运输结构实现的交通需求控制。直接排放控制政策是指通过燃烧或捕集的处理方式来减少碳排放，这类政策包括碳捕集与封存、甲烷捕获、含氟气体替代等。

三是按照领域划分，可根据政策所作用的领域分为工业部门、建筑部门、交通部门、发电和供热行业以及跨行业政策。其中，跨行业政策指同时作用于多个行业的政策，如碳定价和燃油税等。

表 4-1 列出了在低碳情景及强化低碳情景下不同领域所包含的政策，以及相应的政策设定数值，在本篇后续章节将详细分析这些政策对于各情景的影响。

**表 4-1 政策情景下包含的政策及相关设置**

| 领域 | 政策 | 政策描述与设置 |
|---|---|---|
| 工业部门 | 工业“煤改气”和“煤改电” | 将工业用煤改为使用电力和天然气，2050 年，低碳情景下 23%的工业用煤改为电力和天然气，强化低碳情景下 25%的工业用煤改为电力和天然气 |
| | 改进工业系统设计 | 通过改进工厂设备的组合方式以及更精细的能源管理的流动方式来减少工业部门的燃料消费，到 2050 年，低碳情景和强化低碳情景下改进工业系统设计可实现一半的节能潜力，将使工业总能耗降低 2.5% |
| | 余热发电及利用 | 提高工业部门余热发电及利用比例，从而减少工业用能需求，到 2050 年，低碳情景和强化低碳情景下可实现近一半的节能潜力，将使工业总能耗降低 2% |
| | 提前淘汰落后产能 | 提前淘汰老旧和效率低下的落后产能以实现燃料消费减量化，到 2050 年，低碳情景下将提前淘汰约一半的落后产能，使工业总能耗降低约 3%；强化低碳情景下将提前淘汰约 1/3 的落后产能，使工业总能耗降低约 2% |

| 领域 | 政策 | 政策描述与设置 |
|---|---|---|
| 工业部门 | 工业能效标准 | 提高工业设备能效标准，以减少工业燃料消费，到 2050 年，低碳情景下，提高能效标准可使不同的具体工业部门减少 1%～6%的能源消费；强化低碳情景下提高能效标准可帮助全部门减少 20%的能源消费 |
| | 含氟气体替代 | 通过改进生产工艺，减少工业部门具有高全球变暖潜势的含氟气体，并以危害较小的化学品替代，从而降低含氟气体，低碳情景和强化低碳情景下有助于实现《蒙特利尔议定书》基加利修正案中的含氟气体减量目标，到 2050 年，这些减排量将有助于减少 17 亿 t 的全部温室气体排放 |
| | 甲烷捕获和销毁 | 对一般情况下直接被释放到大气中的甲烷（如通过管道泄漏或垃圾填埋场中的垃圾分解释放到大气中）被进行捕获或销毁，低碳情景下由于仅关注 $CO_2$ 排放，因此没有采取任何针对甲烷排放的政策；强化低碳情景下可帮助减少一半泄漏甲烷的释放，到 2050 年将减少 5 800 万 t 甲烷排放 |
| 建筑部门 | 建筑节能标准和电器能效标准 | 采取更加严格的建筑用能设施和电器能效标准，适用于每年新出售的设备和电器、新增建筑中的设备和电器，以及对现有建筑物中的旧设备和电器的替换，低碳情景下可实现 3%～31%的节能量，强化低碳情景下可实现 10%～50%的节能量 |
| | 商业建筑节能改造 | 对既有商业建筑中的用能系统进行淘汰并替换为新用能系统，并对已达到使用寿命的供热系统进行淘汰和替换，低碳情景和强化低碳情景下每年对额外 1.5%的既有商业建筑进行改造 |
| | 建筑用能设施电气化 | 将一部分新出售的非用电建筑用能设施替换为电器设施，到 2050 年，低碳情景下不同具体建筑类型的新电气设施销量额外增加 8%～14%，强化低碳情景下农村建筑新电气设施销量额外增加 50% |
| | 承包商教育和培训 | 对建筑承包商或建筑人员开展节能产品和安装培训，涵盖气封、房屋构架和隔热等，将影响新出售的建筑围护结构，并减少建筑供热、制冷和通风系统的能源消费，低碳情景不包含该政策，强化低碳情景下可实现 100%的潜力，使新建建筑的能源需求减少约 4% |
| 交通部门 | 机动车电气化 | 将一定比例的新售车辆改为电动汽车，包括电动摩托车、电动汽车、电动货车、电动公交车、电力铁路列车等，低碳情景下可以不同程度地提升各车型的电气化水平，如将 2%的新售货车、70%的客运列车改为电气化车型；强化低碳情景下到 2050 年，50%的新售汽车以及 75%的新售公交车将改为电气化车型 |
| | 轻型车燃油经济性标准 | 通过提高新的轻型车（LDV）能效标准可提升其燃油经济性，低碳情景和强化低碳情景下新的 LDV 能效将比参考情景预测的 2050 年标准分别提高 40%和 50% |
| | 重型车辆燃油经济性标准 | 通过提高新的重型车（HDV）能效标准可提升其燃油经济性，低碳情景和强化低碳情景下新的 HDV 能效将比参考情景预测的 2050 年标准分别提高 40%和 75% |

| 领域 | 政策 | 政策描述与设置 |
|---|---|---|
| 交通部门 | 非道路机动车燃油经济性标准 | 通过提高新的非道路机动车能效标准可提升其燃油经济性，低碳情景下新的铁路、船舶和飞机能效将比参考情景预测的 2050 年标准分别提高 10%、10%和 15%，强化低碳情景下未采用该政策 |
| | 摩托车燃油经济性标准 | 通过提高新的摩托车能效标准可提升其燃油经济性，低碳情景下 2050 年新的摩托车能效将比参考情景预测的 2050 年标准提高 15%，强化低碳情景下未采用该政策 |
| | 城市交通 | 通过优化城市交通结构，减少和改变乘客出行需求，特别是减少私家车的使用需求，从而降低城市交通能源消费，具体措施包括改善公共交通系统、增加步行和自行车道、对高密度交通走廊进行分区、进行土地混合用途开发、实施道路和拥堵定价，以及增加停车费，低碳情景下将采取积极的优化城市交通结构政策，而强化低碳情景下该政策比低碳情景的力度相对较弱 |
| | 货运物流 | 通过更好的协调、规划和物流，科学规划并有效利用货运能力，低碳情景下该政策执行力度较弱，而强化低碳情景下该政策的执行力度相对有所提高 |
| 发电和供热行业 | 最低成本调度 | 改变发电厂的现有调度方式，不保证某些发电厂的调度，而是在无担保配额的前提下基于最低成本对所有电力进行调度，低碳情景下未采取该政策；强化低碳情景下没有任何发电类型具有最低发电配额，电力调度完全基于最低成本 |
| | 可再生能源配额制和改善电网灵活性 | 要求可再生能源发电必须达到一定比例，还包括了对改善电网灵活性的基础设施（如输电、需求响应和储能）进行投资，低碳情景下到 2050 年可再生能源比重在参考情景的基础上额外增加 22%；强化低碳情景下可再生能源比重额外增加 31%，同时还包括了改善电网灵活性的其他政策（如增加 50%的电力需求响应潜力、储能装备以年均 5%的速率增长） |
| | 提前淘汰燃煤电厂 | 提前淘汰部分燃煤电厂，低碳情景下每年额外淘汰 1 GW，强化低碳情景下每年额外淘汰 1.5 GW |
| | 天然气发电补贴 | 为天然气发电厂提供发电补贴，低碳情景和强化低碳情景下的电力补贴额分别为 300 元/（MW·h）和 400 元/（MW·h） |
| | 强制性天然气调峰电厂建设 | 不考虑任何成本等限制因素，强制建设新的天然气调峰电厂，低碳情景下 2017—2035 年将按照 2～3 GW/a 速率增加天然气调峰电厂，强化低碳情景下不包括该政策 |
| | 优化可再生能源项目选址 | 优化可再生能源项目准入和选址，以提高发电装机年利用小时数，低碳情景下不包括该政策，强化低碳情景下优化可再生能源项目选址可帮助提高 10%的新建太阳能和风能利用率 |
| | 增加热电联产 | 更多的用热需求通过热电联产的方式实现供热，低碳情景下采用热电联产的供热厂比重略有增加，强化低碳情景下到 2050 年将有 50%的供热通过热电联产实现 |
| | 供热“煤改气”改造 | 对一定比例的供热厂实现“煤改气”，低碳情景下将有 1/3 以上的供热用煤将改为用天然气，强化低碳情景下则有 50%的供热用煤改为用天然气 |

| 领域 | 政策 | 政策描述与设置 |
|---|---|---|
| 跨行业 | 碳定价 | 对全部温室气体排放进行碳定价（具体方式可能为碳税或碳交易），将降低能源需求，并改变各用能行业的技术选择，低碳情景下到2050年，电力行业和工业部门的碳价将上涨至80元/t，建筑和交通部门的碳价将上涨至65元/t；强化低碳情景下到2050年，所有行业的碳价均将上涨到413元/t |
| | 取消煤炭和石油补贴 | 取消对煤炭和石油的补贴，从而提高化石燃料的使用成本，2种情景下都消除了所有煤炭和石油补贴 |
| | 碳捕集与封存 | 增加对电力行业和工业部门的碳捕集与封存技术的利用水平，以减少电力行业和工业部门的 $CO_2$ 排放量，低碳情景下实施了非常积极的促进碳捕集与封存利用的政策措施，到2050年将实现9.6亿t/a的 $CO_2$ 减排量；强化低碳情景下不包含该政策 |

# 第五章　中国长期温室气体排放情景分析

## 一、情景设定及数据来源

本报告共设立了三种温室气体减排情景，分别是参考情景、低碳情景、强化低碳情景，其中，参考情景是基于国家应对气候变化战略研究和国际合作中心已有的研究成果而设定的，而低碳情景和强化低碳情景则是在参考情景基础上叠加不同政策或不同强度政策后得到的情景。对三种情景的具体界定如下：

参考情景（RS）：该情景下考虑了现有政策及政策趋势的延续，相关政策效果逐步递减且没有其他新的重大政策介入。在本报告中，参考情景是用于和其他两种情景比较的参照物，以识别不同情景相对于参考情景的各项指标变化。

低碳情景（LC）：该情景考虑了更加强化的低碳政策，以确保实现《强化应对气候变化行动——中国国家自主贡献》文件中提出的主要目标的相关措施。此外，尽管本报告所采用的 LPA 模型方法可实现对所有温室气体的预测，但是低碳情景重点关注能源活动二氧化碳排放。低碳情景下的具体政策设定见表 4-1。

强化低碳情景（ELC）：该情景旨在分析进一步强化减排的潜力，并关注政策组合的总体成本效益。基于对数千种政策组合的测试，识别出能够进一步加快减排且极具成本效益的政策组合，由此创建出强化低碳情景。强化低碳情景的政策措施与低碳情景略有差异，其重点关注全部温室气体排放，纳入了针对非二氧化碳排放的各项政策。强化低碳情景下的具体政策设定见表 4-1。

本报告所采用的 LPA 模型中的数据主要来源于中国政府官方公布数据，以及其他文献等公开发表的数据。参考情景是根据相关文献与报告，结合专家咨询和调研构建，如参考情景中的 GDP、人口及不同行业的服务量（如钢铁产量、汽车保有量等）等数据预测，主要基于文献调研、专家咨询等综合判断得出，并在此基础上通过 LPA 计算得出相应的能源消费量、能源结构及能源活动二氧化碳排放量等。

参考情景下，能源活动二氧化碳排放量以外的其他排放数据来源如下：①工业过程排放，除含氟气体外，参考情景下的工业过程产生的间接二氧化碳排放和非二氧化碳气体排放量来源于美国国家环保局的报告中有关中国的数据；②HFCs 排放，根据 Fang 等（2016）的方法进行计算，同时根据中国发布的官方数据对增长预测进行更新，该方法可以追踪 HFCs 消费量和既有含氟气体量随时间的变化情况，HFCs 消费量根据 GDP 增长、人口增长和《蒙特利尔议定书》预测得出，参考情景并未考虑为履行《蒙特利尔议定书》基加利修正案而实施的任何政策，该修正案要求逐步减少 HFCs 消费量；③$SF_6$ 排放，根据 Zhou 等（2018）的方法进行预测，该方法将 $SF_6$ 排放与电力行业发展进行联系，同时也考虑了电力行业淘汰设备的延迟影响。

对于其他数据，LPA 模型采用了国际默认值。例如，使用 IPCC 第五次评估报告中的全球变暖潜势值（GWP）以估算不同温室气体的二氧化碳当量（全部温室气体）值（Myhre，G，D. Shindell 等，2013）。本报告所讨论的温室气体包括了 IPCC 第五次评估报告中 GWP 所涵盖的温室气体，具体包括 $CO_2$、$CH_4$、$N_2O$、含氟气体，以及其他不属于《京都议定书》规定范围内的温室气体，包括 VOCs、CO、$NO_x$、BC 和 OC。

## 二、各情景下的碳排放情况分析

在参考情景下，能源活动二氧化碳排放量将从 2015 年的 93 亿 t 增加到 2040 年的 135 亿 t，并在 2040 年达峰，随后逐渐下降至 2050 年的 122 亿 t。在该情景下，难以实现中国已提出的二氧化碳 2030 年前后达峰并争取尽早达峰的目标。在参考情景下，电力行业是能源活动二氧化碳排放中最大的排放源，其排放量占 2050 年总排放量的 37%；对于全部温室气体排放来说，工业部门仍为最大排放源，其排放量占 2050 年总排放量的 46%（图 5-1）。需要说明的是，LPA 模型将工业、建筑、交通部门的直接排放作为该部门的排放，而这些部门用电和用热带来的间接排放并不计入其中，而是分别统计为电力行业排放和供热行业排放。

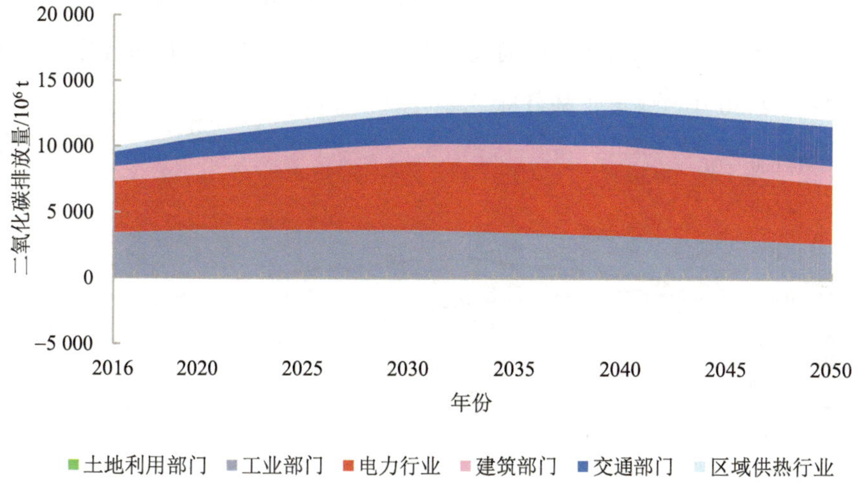


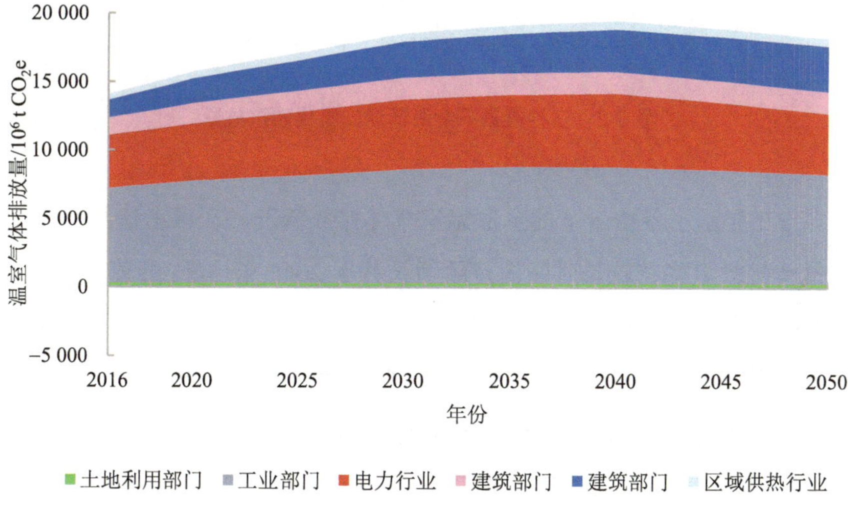


**图 5-1　参考情景下能源活动二氧化碳排放量和全部温室气体排放量**

图 5-2 显示了三种情景下的能源活动二氧化碳排放情况。与参考情景不同，在低碳情景下能源活动二氧化碳排放量将在 2030 年达峰，峰值约 118 亿 t，随后逐渐降低到 2050 年的 81 亿 t。2030 年单位国内生产总值二氧化碳排放相比 2005 年水平降低约 65%。在该情景下，中国自主贡献中提出的二氧化碳排放达峰目标及 2030 年碳强度下降目标可以顺利实现。在强化低碳情景下，能源活动二氧化碳排放量将在 2020 年达峰，峰值约 103 亿 t，随后逐渐降低到 2050 年的 50 亿 t。该情景可提前实现中国自主贡献中提出的二氧化碳排放达峰目标及 2030 年碳强度下降目标。

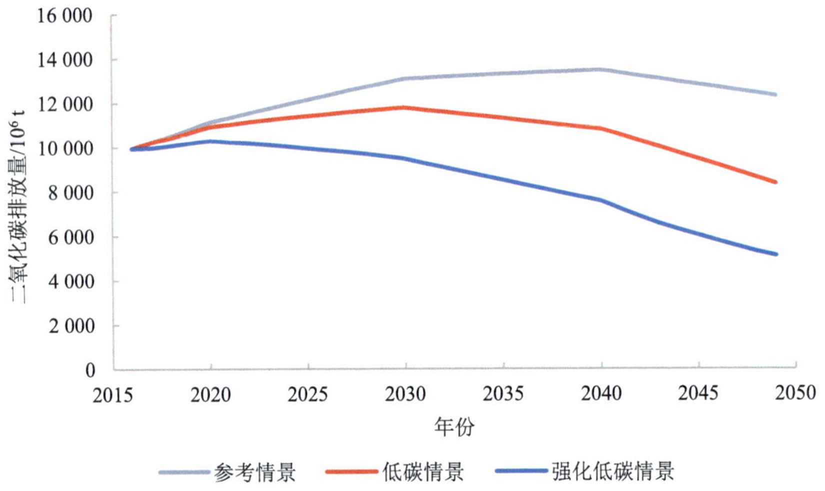


**图 5-2　三种情景下能源活动二氧化碳排放量**

图 5-3 显示了各情景下的全部温室气体排放情况。在参考情景下，全部温室气体排放量将在较长时间内持续增长并于 2040 年达峰，峰值水平约 187 亿 t $CO_2e$，之后逐步回落至 2050 年的 174 亿 t $CO_2e$。在低碳情景下，全部温室气体排放量将在 2030 年达到 160 亿 t $CO_2e$ 的峰值，到 2050 年减少到 114 亿 t $CO_2e$。在强化低碳情景下，全部温室气体排放量将在 2020 年达到 140 亿 t $CO_2e$ 的峰值，到 2050 年减少到 76 亿 t $CO_2e$。

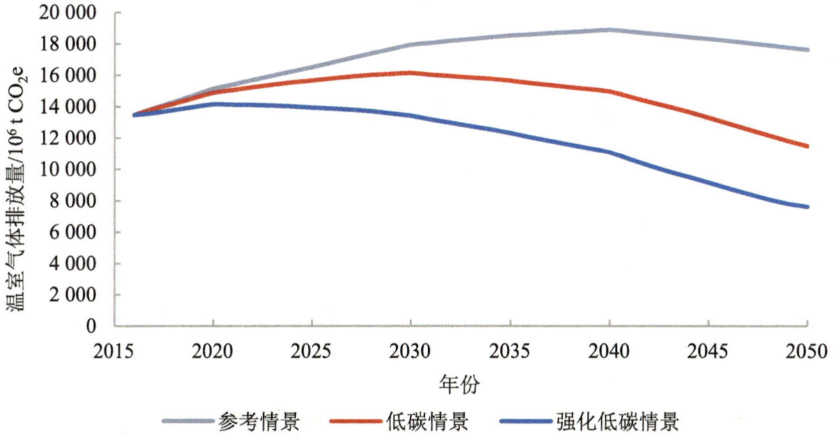


图 5-3　三种情景下的全部温室气体排放量

## 三、各情景下的能源消费情况分析

图 5-4 显示了三种情景下的一次能源消费情况。在参考情景下，一次能源消费量将从 2015 年的 43 亿 tce 增加到 2050 年的 80 亿 tce，增长率约 70%。在低碳情景下，一次能源消费量在 2040 年前将持续增长并达到约 74 亿 tce 的峰值，随后缓慢降低，到 2050 年降至 73 亿 tce。在强化低碳情景下，一次能源消费量将从 2040 年的 64 亿 tce 的峰值水平减少到 2050 年的 62 亿 tce。

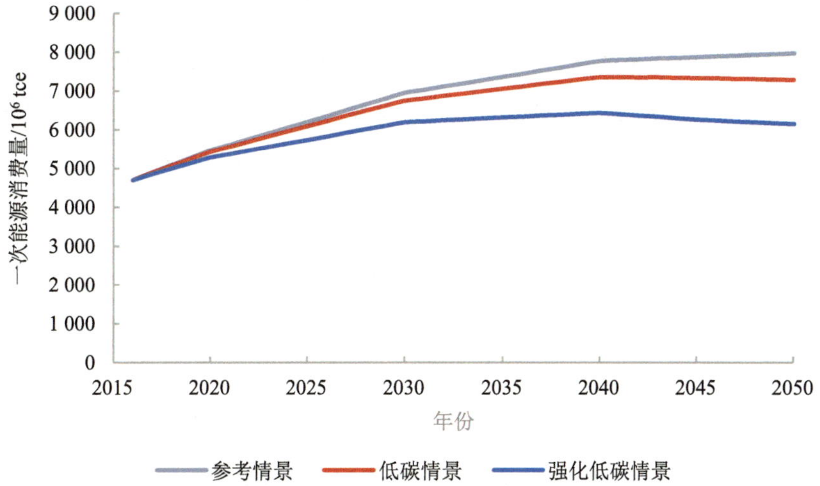


图 5-4　三种情景下的一次能源消费量

就煤炭消费量来说，参考情景下将从 2015 年的 27 亿 tce 增加到 2030 年的 35 亿 tce，随后逐渐降至 2050 年的 28 亿 tce（图 5-5）。煤炭在一次能源消费中的比重将从 2015 年的 63.7%下降到 2050 年的 35%。在低碳情景和强化低碳情景下，到 2030 年煤炭在一次能源消费中的比重将从 50.2%（RS）分别下降到 44.8%（LC）和 37.2%（ELC）；到 2050 年将从 35.0%（RS）分别下降到 25.3%（LC）和 10.2%（ELC）。

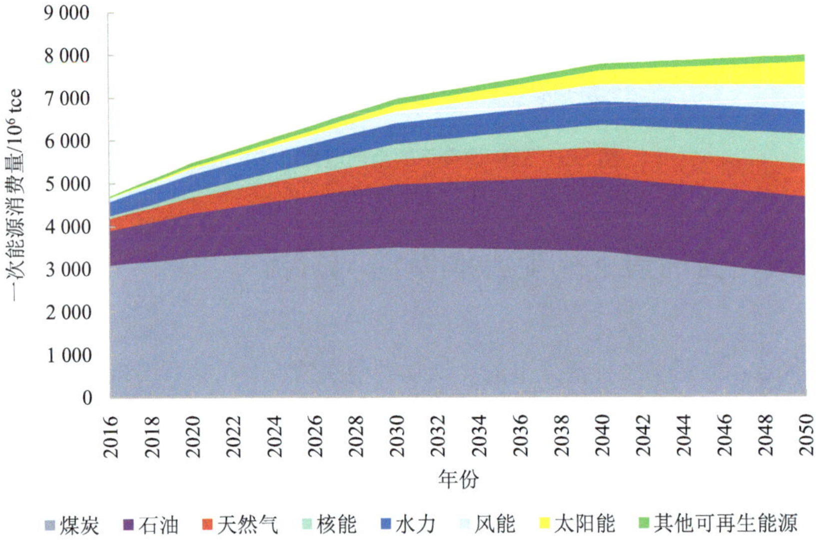


**图 5-5　参考情景下的一次能源消费结构**

就天然气消费量来说，参考情景下将从 2015 年的 2.5 亿 tce 增加到 2050 年的 8 亿 tce（图 5-5）。到 2020 年，天然气在一次能源消费中的比重将从 6.9%（RS）提高到 7.7%（LC）和 8.5%（ELC）。到 2030 年，天然气在一次能源消费中的比重将从 8.5%（RS）提高到 10.4%（LC）和 12.7%（ELC）。

就非化石能源消费量来说，到 2020 年，非化石能源在一次能源消费中的比重将从 14.6%（RS）提高到 15.4%（LC）和 17.2%（ELC），低碳情景和强化低碳情景均可顺利完成国家提出的 15%非化石发展目标。到 2030 年，非化石能源在一次能源消费中的比重将从 20.2%（RS）提高到 24.4%（LC）和 30.4%（ELC）。三种情景下，非化石能源占一次能源消费的比例均可实现中国自主贡献中提出的 20%的发展目标。到 2050 年，非化石能源在一次能源消费中的占比将从 32.0%（RS）提高到 41.0%（LC）和 55.4%（ELC），其中，风能和太阳能在一次能源消费中的占比在两种情景下分别达到 22.8%（LC）和 36.7%（ELC），核能在两种情景下的占比均为 9%左右（LC，ELC）。

**专栏 1　实现中国的天然气目标**

我国在《天然气发展“十三五”规划》中设定了天然气发展目标，即到 2020 年天然气在一次能源消费中的占比达到 8.3%～10%，同时还在《能源生产和消费革命战略（2016—2030 年）》中提出到 2030 年占比达 15%。在本报告中，参考情景和低碳情景均未实现这些目标，强化低碳情景以 8.4%的天然气占比勉强实现了 2020 年的目标，但也没有实现 2030 年的目标。尽管这两种情景下，均采取了发展天然气的政策，且天然气占比均已较参考情景有所提高，但仍无法经济有效地实现国家目标，其主要原因是我国天然气价格居高不下。

本专栏将评估三种情景下实现上述天然气目标的成本，以及在不实施低碳情景和强化低碳情景下已采取的天然气促进政策的结果。具体的评估方法是通过对工业部门、电力和供热行业采取更激进的政策，以增加天然气消费量。LPA 模型在电力行业中设定了因电价导致的市场化发电用能替代过程，但在工业、建筑或交通部门中并没有纳入燃料价格对于用能选取的影响，即可通过 LPA 模型设置更高的天然气发电补贴，从而增加燃气发电的占比，但无法通过设定更高的天然气燃料补贴以促进天然气在其他行业开展燃料替代。另外，LPA 模型中纳入了要求工业部门和供热行业进行燃料替代的政策选项（即“煤改气”），但未将建筑和交通部门纳入天然气促进政策，这主要是因为与电力和供热行业及工业部门相比，建筑和交通部门的天然气消费较为分散。因此，具体的评估方式是通过 LPA 模型提高电力行业补贴政策力度，并采取更积极的供热行业和工业部门“煤改气”政策。

通过分析发现，可用于实现 2020 年和 2030 年天然气目标的最具成本效益的政策包括工业部门“煤改气”和“煤改电”、电力行业天然气发电补贴。

具体而言，将全部工业部门用煤的47.5%替代为天然气、47.5%替代为电力，即只保留参考情景下5%的工业部门煤炭需求；将电力行业的天然气发电补贴提高至1 050元/（MW·h）。

通过这些政策来实现2020年和2030年的天然气目标所需的成本是巨大的，到2050年的累计成本将达2 500万亿元。而从到2050年的累计碳排放量来看[①]，实现天然气目标将累计降低50亿 t $CO_2e$ 的温室气体排放，但同时还需注意的是，政策的实施为2050年的二氧化碳年排放量带来了1亿 t 的增量。由此可见，促进天然气发展的政策可在一定程度上降低近中期排放，但其成本要比其他减排政策高得多。此外，“煤改气”并不会使中国走上长期碳减排的轨道，反而会在中后期带来更高的碳排放量。

---

① 需要指出的是，尽管“煤改气”可以带来二氧化碳减排，但必须严格管控甲烷泄漏，否则温室气体排放量仍将很高，并使这些减排成果付之一炬。

# 第六章　政策减排潜力及成本分析

本章将对不同部门（工业、建筑、交通）和行业（发电和供热）及跨行业每项政策的碳减排贡献和实现单位碳减排对应的减排成本和减排潜力[①]进行评估。如前所述，本报告的各项评估均是将低碳情景和强化低碳情景与参考情景相比较而言的，具体的评估方法有两种，即单独评估某一项政策的影响和评估某一项政策的综合影响，具体可见本篇第四章，在本章中分别用了这两种评估方式对政策的减排贡献进行评估。此外，各部门和行业所分析的减排贡献均为该政策对于该部门和行业的减排贡献，而非对全社会的减排贡献。

## 一、工业部门

工业部门是中国第二大能源活动二氧化碳排放源和最大的温室气体排放源[②]。在参考情景下，工业部门的能源活动二氧化碳排放量将在 2030 年达峰，峰值水平约 37 亿 t，随后在 2050 年下降到 27 亿 t；温室气体排放量将保持持续增长，2050 年的排放量估计为 80 亿 t $CO_2e$，因而难以在 2050 年前达到峰

---

① 需要说明的是，LPA 模型中减排成本的计算方法是将2017—2050年政策成本的净现值按5%的贴现率除以同期累计减排量。因此，单位减排成本代表模拟期内的一个粗略平均值，特定年份某项政策的单位减排成本将在该平均值基础上有所浮动。

②工业行业温室气体排放包括直接燃料燃烧排放和工业过程排放。在直接燃料燃烧中，温室气体的排放种类包括 $CO_2$、VOCs、CO、$NO_x$、$CH_4$和 $N_2O$ 等，其中，$CO_2$排放占直接燃料燃烧全部温室气体排放的98%以上。在工业过程排放中，温室气体排放的种类包括 $CO_2$、$CH_4$、$N_2O$ 和含氟气体，不同预测年份中不同温室气体的排放占比有所不同。

值（图 6-1）。工业部门能源活动二氧化碳排放和温室气体排放之间的巨大差异归咎于大量的工业过程排放和农业部门非二氧化碳排放，二者在 2016 年合计占工业部门总温室气体排放量的 50%。在 LPA 模型设计时，农业部门被纳入了工业部门，因此农业部门的非二氧化碳温室气体排放也计入了工业部门。此外，如前所述，在研究中对于工业部门中所用电力及热力所带来的能源消费和排放，并未包括在工业部门中，而是计入了发电和供热行业中，对于建筑和交通部门也是如此。

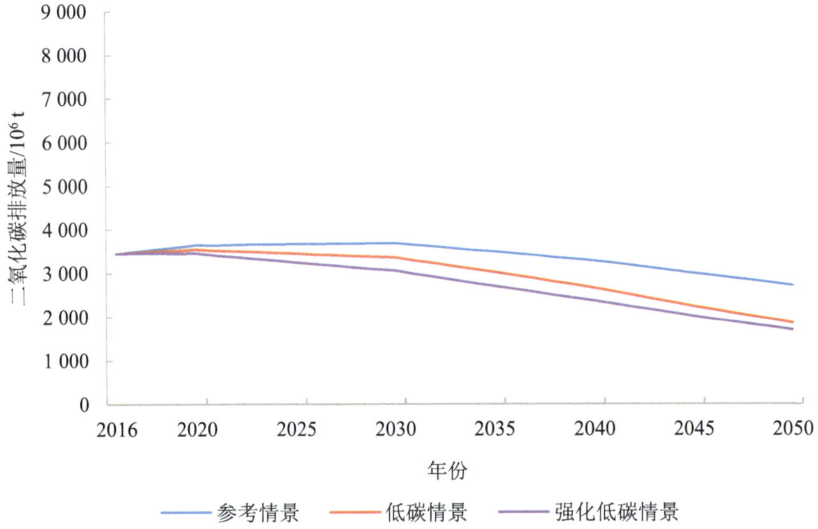


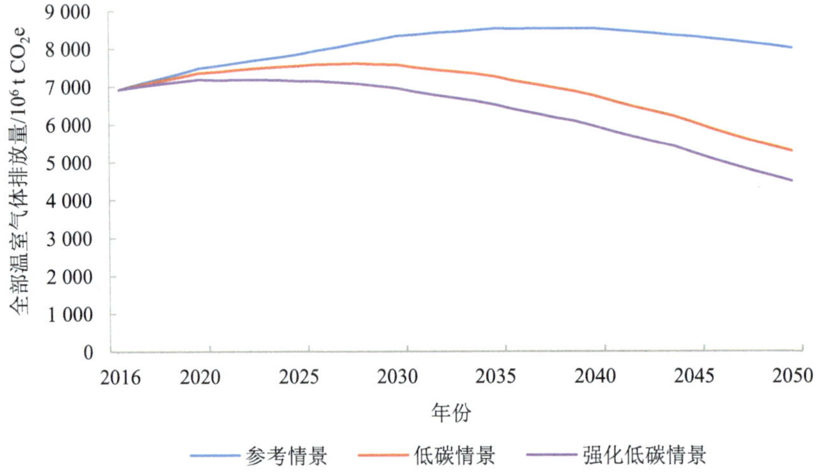


**图 6-1　三种情景下工业部门能源燃烧二氧化碳排放量和全部温室气体排放量**

在低碳情景下，工业部门的能源活动二氧化碳排放量将在 2020 年达峰，峰值约 35 亿 t，随后逐渐下降，到 2050 年下降到 19 亿 t。工业部门的全部温室气体排放量将在 2028 年达到 76 亿 t $CO_2e$ 的峰值水平，并逐步下降到 2050 年的 53 亿 t $CO_2e$。

低碳情景下，减排潜力最高的工业部门政策为含氟气体替代，该政策将满足《蒙特利尔议定书》基加利修正案中的含氟气体消费减量要求。这一项政策对工业部门的减排贡献就达到近 70%（本章正文描述的减排贡献除特殊说明外，均指政策情景下该政策的减排贡献）。减排潜力排在第二位的工业部门政策为工业燃料替代，即以天然气和电力替代工业部门约 24%的煤炭。到 2050 年，工业燃料替代在工业部门实现的累计减排贡献约为 10%。改进工业系统设计政策通过采用更节能高效的设施及设施组合方式，以及对设施开展更精细的能源管理来降低工业设施的能源消费，其对工业部门减排的贡献在 7%左右。余热发电及利用、工业能效标准及提前淘汰落后产能对工业部门减排的贡献基本相同，为 5%～6%。除燃料替代政策外，低碳情景下的所有其他工业部门政策均可实现节约成本，因为这些政策能够提高能效或改进工艺过程，从而降低运营成本。而燃料替代政策成本高昂，其原因在于该政策鼓励用天然气实现对煤炭的替代，而与煤炭相比，天然气价格明显高出很多。

在强化低碳情景下，工业部门的能源活动二氧化碳排放量从 2017 年约 35 亿 t 快速下降到 2050 年的 17 亿 t。工业部门的温室气体排放量将在 2020 年达到 72 亿 t $CO_2e$ 的峰值水平，到 2050 年下降到 45 亿 t $CO_2e$。

在强化低碳情景下，减排潜力最大的工业部门政策是含氟气体替代，即以低全球变暖潜势气体替代空调和冰箱中使用的高全球变暖潜势气体。在该情景下，发挥含氟气体替代总减排潜力的 75%将为工业部门带来 42%的减排贡献。工业能效标准可减少 20%的能源消费，到 2050 年，其减排贡献将达到 33%。工业燃料替代及甲烷捕获和销毁的减排贡献分别为 9%和 8%。改进工业系统设计、余热发电和利用以及提前淘汰落后产能则共同贡献了强化低碳情景下工业部门其余的减排量。

图 6-2 展示了两种评估方式下工业部门政策的年均减排贡献和对应的成本效益。由图 6-2 可见，在大多数情况下，两种政策贡献的评估方法所得到的减排贡献差距不大。但有一些例外情况，如在低碳情景和强化低碳情景中，在政策情景下评估的工业燃料替代影响远大于单独评估的影响，这是因为在政策情景下电力行业每度电的碳排放要小于单独评估时每度电的碳排放，从而将带来更大的减排效果。

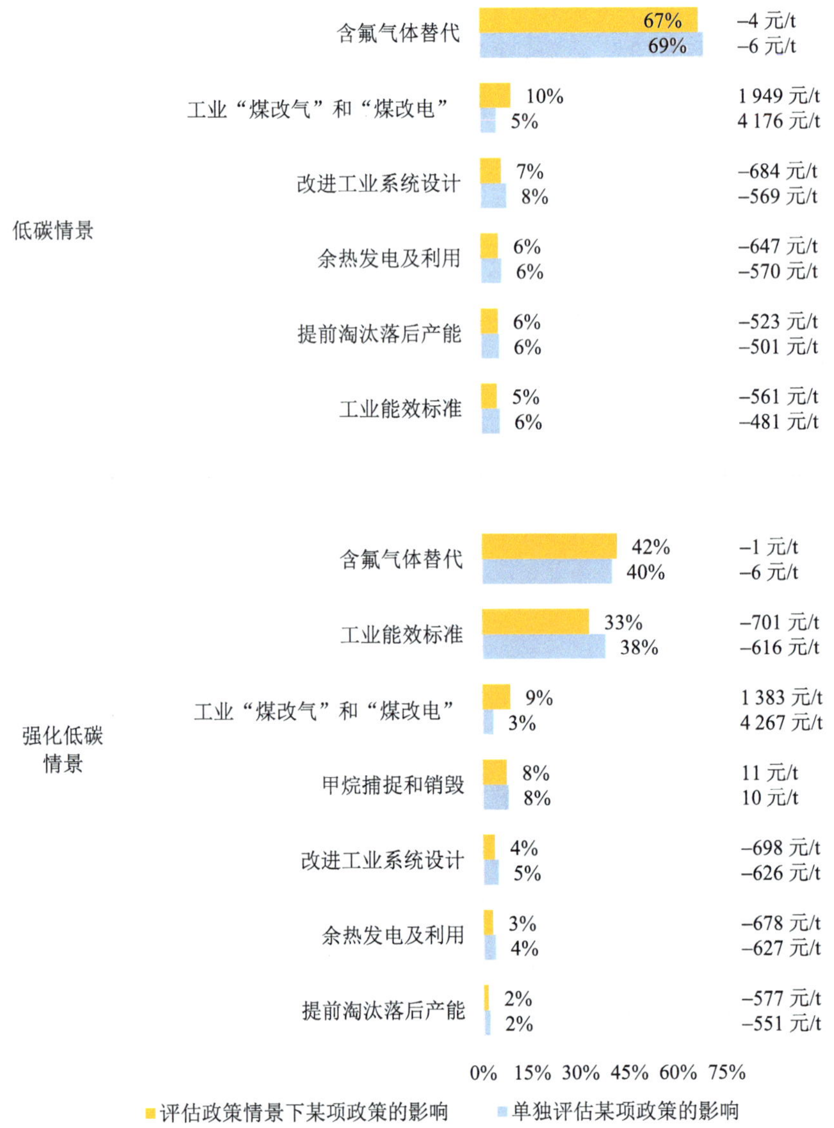


**图 6-2 工业部门政策年均减排潜力和减排成本**

需要说明的是，某政策的减排潜力取决于政策力度，不同政策情景下对于政策力度的假设是存在显著差异的。某项政策所带来的减排量同时取决于该政策本身的减排潜力及相应情景下所设定的政策力度。例如，工业能效标准在强化低碳情景下的减排贡献要超过低碳情景，这是因为两种情景下的政策力度假设不同。

强化低碳情景下其他可提高能效的政策，如改进工业系统设计和提前淘汰落后产能，对工业部门整体减排的贡献更小，这是因为强化低碳情景包含了甲烷捕获和销毁等减排潜力更大的政策。

通过对工业部门的政策减排潜力进行总结可知，在两种情景下，减少工业部门含氟气体消费和排放的政策减排潜力最大。由于工业部门能源消费总量大，所以那些减少工业部门能源需求量的政策所能实现的减排潜力也较大。"煤改气"和"煤改电"等煤炭替代政策也可帮助大幅减排。此外，除含氟气体以外的工业过程排放量也较大，减少这些过程排放量对于工业部门温室气体减排同样至关重要。

## 二、建筑部门

参考情景下，建筑部门的能源活动二氧化碳排放量将在2030年前后达到平台期，随后缓慢增加至2050年的15亿t。建筑部门的全部温室气体排放趋势与其能源活动二氧化碳排放趋势相近，同样在2030年达到平台期，随后缓慢增加到2050年的16亿t $CO_2e$，这主要是因为建筑部门温室气体排放主要来自能源活动二氧化碳排放①。

在低碳情景下，建筑部门的能源活动二氧化碳排放量和温室气体排放量均在2030年达到峰值，峰值水平分别为14亿t $CO_2e$和15亿t $CO_2e$；在强化低碳情景下，建筑部门的能源活动二氧化碳排放量和温室气体排放量均在2020年达到峰值，峰值水平分别为13亿t和14亿t $CO_2e$（图6-3）。

① 建筑部门温室气体排放种类包括 $CO_2$、CO、$NO_x$、$CH_4$和$N_2O$，其中$CO_2$在建筑部门全部温室气体排放中的占比超过98%。

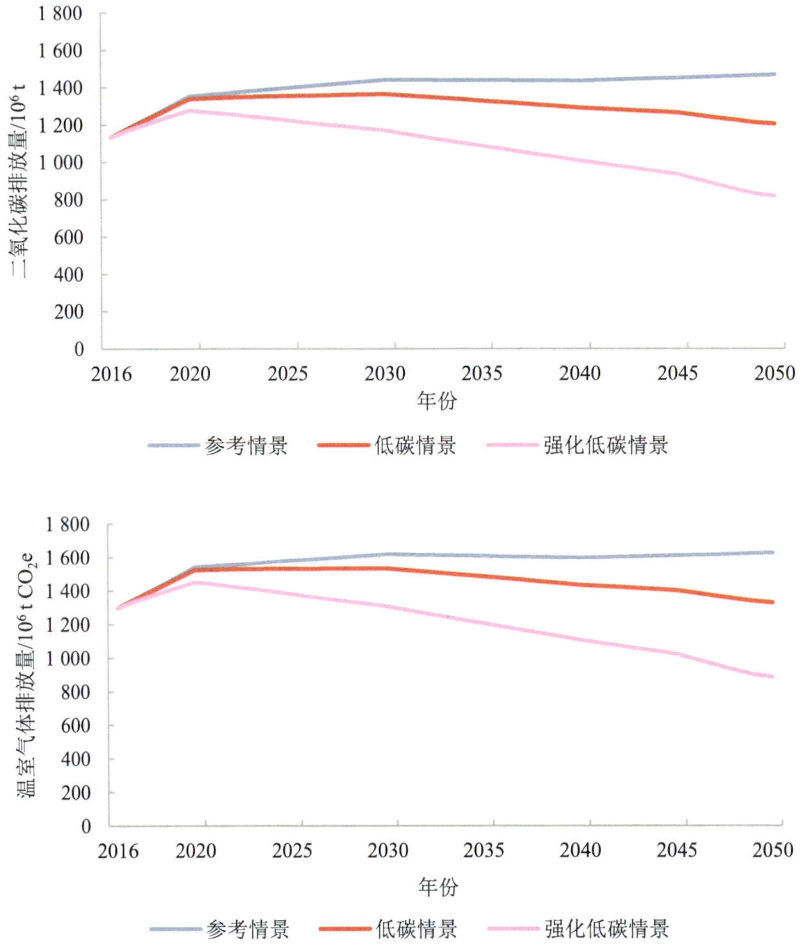


**图 6-3 三种情景下建筑部门能源燃烧二氧化碳排放量和全部温室气体排放量**

在低碳情景和强化低碳情景下（图 6-4），建筑部门减排潜力最大的政策均为建筑节能标准和电器能效标准，该政策在两种情景下的减排贡献分别为73%和 66%。建筑节能标准和电器能效标准的巨大减排潜力得益于中国新建建筑的快速增加，更高的建筑节能标准和电器能效标准将降低这些新建筑的能源需求，进而大大减少温室气体排放。既有商业建筑节能改造是另一项重要的建筑部门减排政策，其在低碳情景和强化低碳情景下的减排贡献分别为18%和 6%。

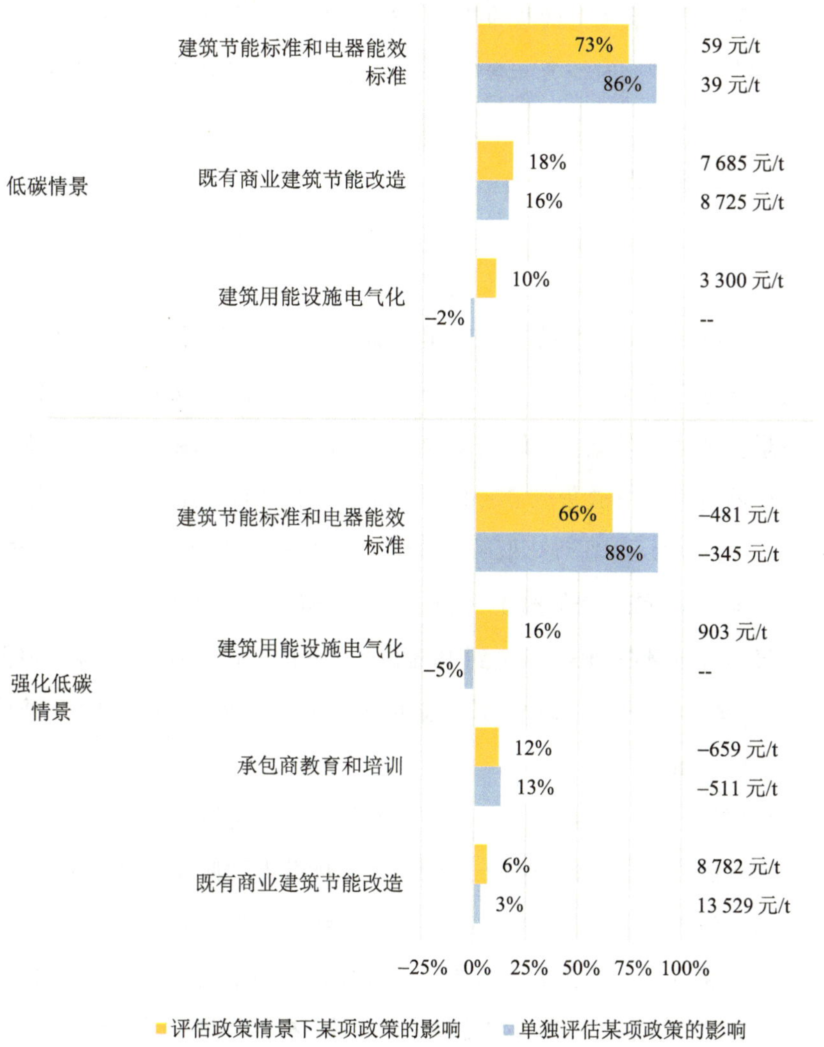


**图 6-4 建筑部门政策年均减排潜力和减排成本**

电力行业的发电结构会影响建筑部门电气化政策带来的减排潜力，在低碳情景和强化低碳情景下，若采用第一种政策评价方式，即单独评估该政策的影响，则该政策会带来碳排放增量，这主要因为电力行业的碳排放强度高于被替代燃料（如煤炭）的碳排放强度，从而导致碳排放量增加。由此可见，建筑电气化必须与电力行业的深度脱碳同步进行才能发挥出相应的减排效果。

通过对建筑部门的政策减排潜力进行总结可知，在低碳情景和强化低碳情景下，减排潜力最大的建筑部门政策是建筑节能标准和电器能效标准，同时它们也是非常具有成本效益的政策。建筑部门用能设施电气化同样是建筑部门的重要政策，但同时需要配合电力行业的脱碳化以实现建筑部门碳减排。

## 三、交通部门

在参考情景下，交通部门的能源活动二氧化碳排放量和温室气体排放量均在预测期内保持持续增长，2050 年分别增长至 30 亿 t 和 32 亿 t $CO_2e$①。在低碳情景和强化低碳情景下，通过采取积极的交通部门政策，其排放量可较参考情景实现大幅降低。在低碳情景下，交通部门的能源活动二氧化碳排放量和全部温室气体排放量在 2040 年开始进入平台期，到 2050 年分别为 24 亿 t 和 25 亿 t $CO_2e$。在强化低碳情景下，交通部门的能源活动二氧化碳排放量将在 2040 年达峰，峰值约 18 亿 t，随后缓慢降低到 2050 年的 17 亿 t。全部温室气体排放量在 2030 年达到 19 亿 t $CO_2e$ 的峰值，到 2050 年下降到 18 亿 t $CO_2e$。图 6-5 显示了三种情景下交通部门的能源活动二氧化碳年排放量和温室气体排放量。

在低碳情景下，减排潜力最大的交通部门政策是提高重型车燃油经济性标准。考虑到中国现行的重型车燃油经济性标准力度偏弱，以及对公共汽车出行和货车运输的巨大需求，提高重型车燃油经济性标准可为交通部门带来大幅减排，将使新出售的重型车燃油经济性到2050年比参考情景下的预期标准提高40%，并带来交通部门47%的减排贡献。提高轻型车燃油经济性标准的减排潜力次之，其减排贡献为15%，明显小于提高重型车燃油经济性标准带来的减排潜力，原因是在参考情景下中国预测的轻型车燃油经济性标准已经相当严格，这意味着其减排潜力相对有限，但仍然是交通部门一项重要的脱碳政策。

---

① 交通部门温室气体排放种类包括 $CO_2$、VOCs、BC、CO、$NO_x$、$CH_4$和 $N_2O$。其中，$CO_2$占全部温室气体排放的93%。

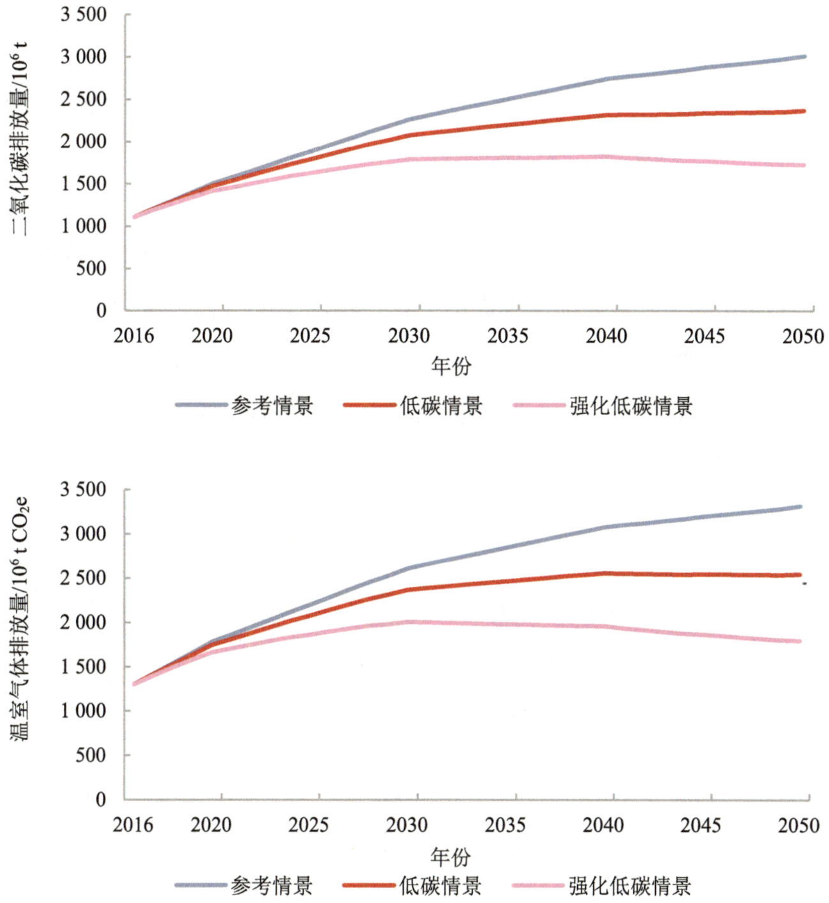


**图 6-5 不同情景下交通部门能源活动二氧化碳排放量和温室气体排放量**

低碳情景下，机动车电气化是交通部门的另一项重要政策，其减排贡献为 15%。非道路机动车燃油经济性减排贡献为 10%。货运物流优化和城市交通系统改善的减排贡献分别为 7%和 6%。摩托车燃油经济性标准仅会带来少量减排，但采用电动自行车和摩托车替代传统燃油车辆将有助于减少传统污染物并降低噪声。

在强化低碳情景下，机动车电气化和提升重型车燃油经济性标准的减排贡献最大。机动车电气化的巨大减排潜力主要得益于严格的政策力度，即到 2050 年，50%的乘用车、75%的公共汽车、90%的摩托车和 15%的货车都将实现电气化，以及电力行业的快速脱碳化。重型车燃油经济性标准可以实现较大减排潜力的原因与低碳情景类似。货运物流、轻型车燃油经济性标准和城市交通改善则为交通部门贡献了强化低碳情景下其余的减排量。

与建筑部门一样，交通部门机动车电气化的减排影响在很大程度上取决于电力行业的脱碳速度。与单独评估机动车电气化的减排潜力相比，在政策情景下评估的减排影响将提高 50%～100%，因为电力行业已经实现了充分脱碳。

总结低碳情景和强化低碳情景下的减排贡献可以发现（图6-6），重型车燃油经济性标准是实现交通部门脱碳的关键；机动车电气化对交通部门温室气体减排也相当重要，并且随着电动公共汽车的大规模推广以及电力行业的深度脱碳，其减排潜力会更大，因此机动车电气化在强化低碳情景下的减排潜力明显大于低碳情景。

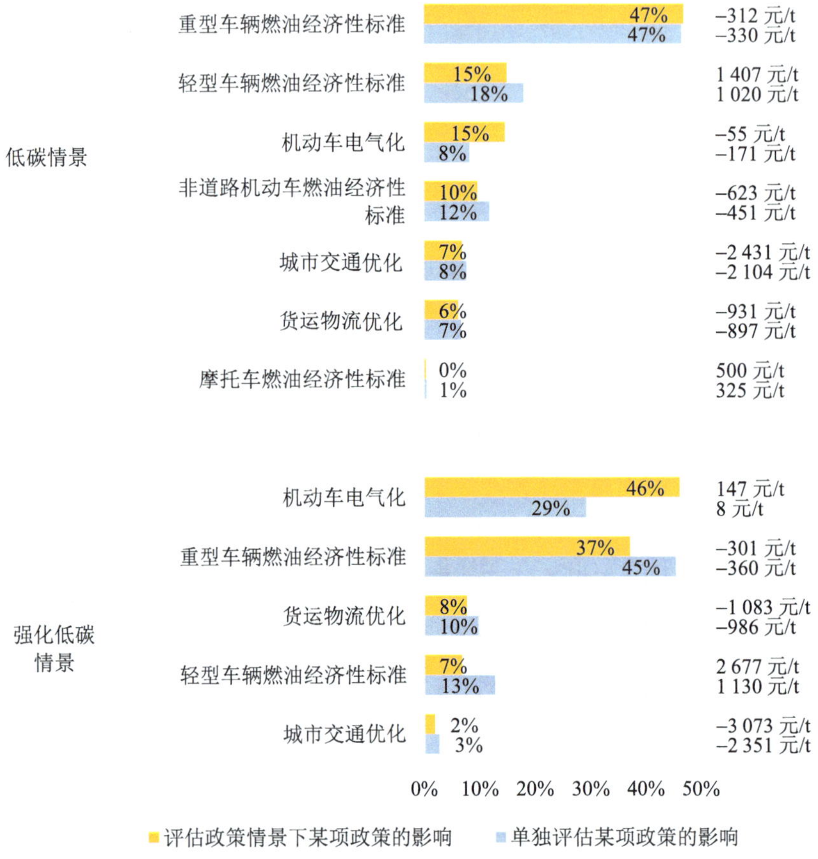


**图 6-6　交通部门政策年均减排潜力和减排成本**

## 四、发电和供热行业

发电和供热行业是中国最大的能源活动二氧化碳排放源和第二大温室气体排放源①。在参考情景下，发电和供热行业的能源活动二氧化碳排放量将在2040年达峰，峰值约60亿t，之后逐步下降到2050年的50亿t；全部温室气体排放量将在2040年达到59亿t $CO_2e$ 的峰值水平，到2050年下降到49亿t $CO_2e$②。在装机容量方面，煤电仍是最主要的发电类型，到2050年，煤电装机仍保持在1.1 TW左右，占电力行业总装机容量的29%。到2050年，核电、水电、太阳能发电（包括光伏和太阳能热能）、风电、生物质能发电装机容量将分别达到297 GW、450 GW、989 GW、842 GW、50 GW，天然气发电装机容量将增至128 GW。

在低碳情景下，发电和供热行业的能源活动二氧化碳排放量和全部温室气体排放量都将在2030年达峰，峰值分别为50亿t $CO_2e$ 和49亿t $CO_2e$，到2050年分别下降到27亿t $CO_2e$ 和26亿t $CO_2e$。相对于参考情景，到2050年，低碳情景下煤电装机容量将减少434 GW，风电和太阳能发电装机容量将分别增加466 GW和388 GW；核电、水电、风电、太阳能发电和生物质能发电装机容量将分别达到267 GW、450 GW、1 308 GW、1 368 GW和43 GW。

在强化低碳情景下，发电和供热行业的能源活动二氧化碳排放量和全部温室气体排放量在目前排放水平的基础上经历约5年的平台波动期后将逐步下行到2050年的7亿t，降幅达83%。煤电装机容量将从2016年的881 GW下降到2050年的162 GW，降幅超过80%。天然气发电装机容量将从2016年的77 GW增加到2050年的377 GW，增幅近4倍。核电装机容量将从2016年的27 GW增加到2050年的206 GW，增幅超过6倍。到2050年，太阳能光伏发电、太阳能热能发电、风电、水电装机容量将分别增至1 264 GW、

---

① 如第四章所述，LPA可对供热行业单独进行测算，但由于供热行业温室气体排放相较于其他行业较低，因此不单独对供热行业进行论述，而是与同为能源中间转换环节的发电行业一并论述。其中，发电行业温室气体排放种类主要包括 $CO_2$ 和 $NO_x$，$CO_2$ 排放量占全部温室气体排放量的98%以上。

② 由于受全球变暖潜势为负值的某些污染物排放的影响，燃料燃烧 $CO_2$ 排放高于全部温室气体排放。

144 GW、1 328 GW、449 GW。图 6-7 显示了不同情景下发电和供热行业燃料燃烧二氧化碳排放量和全部温室气体排放量。

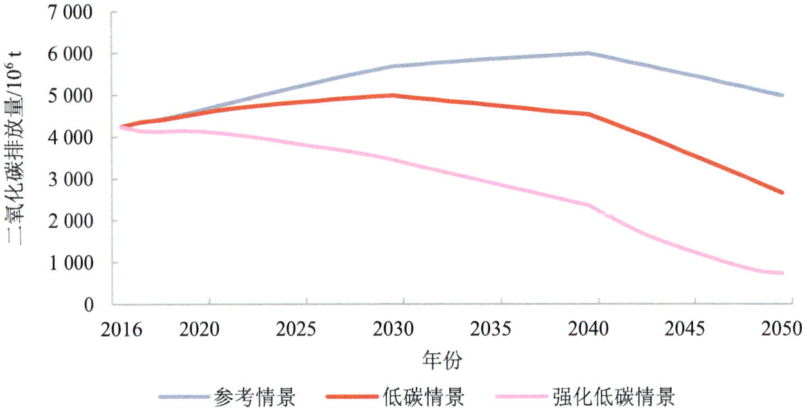


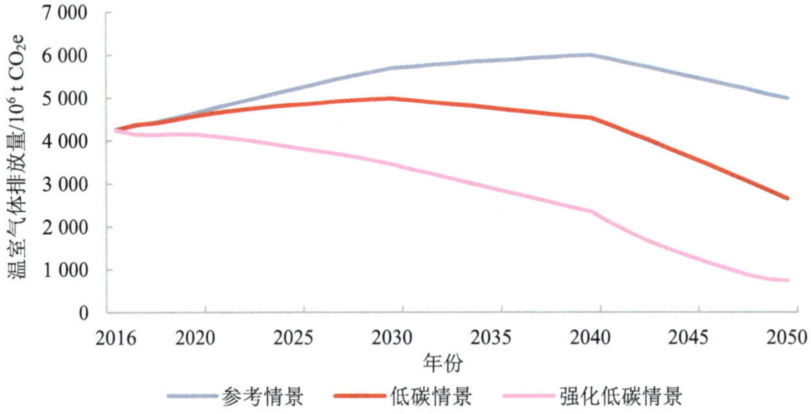


**图 6-7　不同情景下发电和供热行业燃料燃烧二氧化碳排放量和全部温室气体排放量**

在低碳情景下，减排潜力最大的发电和供热行业政策是可再生能源配额制，对该行业的全部温室气体减排贡献达 79%，其较高的减排潜力主要得益于严格的政策力度假设，即要求可再生能源发电量比重较参考情景增加 22 个百分点。其他政策中，提前淘汰 1 000 MW/a 的燃煤电厂可带来 7%的减排贡献；热电联产供热、供热行业“煤改气”、天然气发电补贴及强制性建设天然气调峰电厂将分别带来 6%、5%、3%和 1%的减排贡献。

在强化低碳情景下，减排潜力最大的政策是最低成本发电调度，其对电力行业的减排贡献达34%；其次是可再生能源配额制和改善电网灵活性的组合政策，其减排贡献达26%。最低成本发电调度政策将改变发电厂的现有的调度方式，从以年度发电计划的方式改为在无担保配额的前提下基于最低成本对所有电力进行调度，由此降低了煤炭发电量，提高了可再生能源电力及核电的上网电量。

可再生能源配额制的减排贡献在强化低碳情景下同样较大。该政策要求可再生能源发电量比重较参考情景增加 31 个百分点。此外，给予天然气 400 元/（MW·h）的发电补贴政策到 2050 年也将贡献 21%的减排量，但如前文“专栏 1”中所述，该政策成本高昂。增加热电联产供热比例、优化可再生能源项目选址、提前淘汰燃煤电厂及供热行业“煤改气”这些政策的减排贡献较小，分别为 8%、5%、4%和 2%。

电力行业的温室气体排放量受跨行业政策影响较大，尤其是跨行业政策中的碳定价政策。高额的碳价将使煤电的调度成本高于其他能源品种，在最低成本调度政策的配合下，煤电上网量大幅降低，进一步迫使许多燃煤电厂提前淘汰，从而提高了可再生能源发电的比重。这一情况在强化低碳情景下有非常直观的体现，由图 6-8 可见，对可再生能源配额制和改善电网灵活性这一政策的减排潜力进行评价时，分别采用评估该政策的综合影响及单独评估该政策的影响两种方法，其减排贡献相差一倍之多。同样受跨行业政策影响较高的是天然气发电补贴政策，由图 6-8 可见，在强化低碳情景下，分别采用评估该政策的综合影响及单独评估该政策的影响两种方法时，单独评估方法下该政策的减排贡献较低，这主要是因为对天然气发电进行补贴后，天然气挤占了非化石能源的发电空间。然而，如果天然气发电补贴政策配合电力行业的可再生能源配制政策，以及跨行业的碳定价政策，则天然气仅会迫使煤电不断从电力市场中退出。由此可见，对于天然气发电的支持政策，需要配合强有力的可再生能源发展政策以及煤电退出政策，才能够最大限度地发挥政策的减排效果。

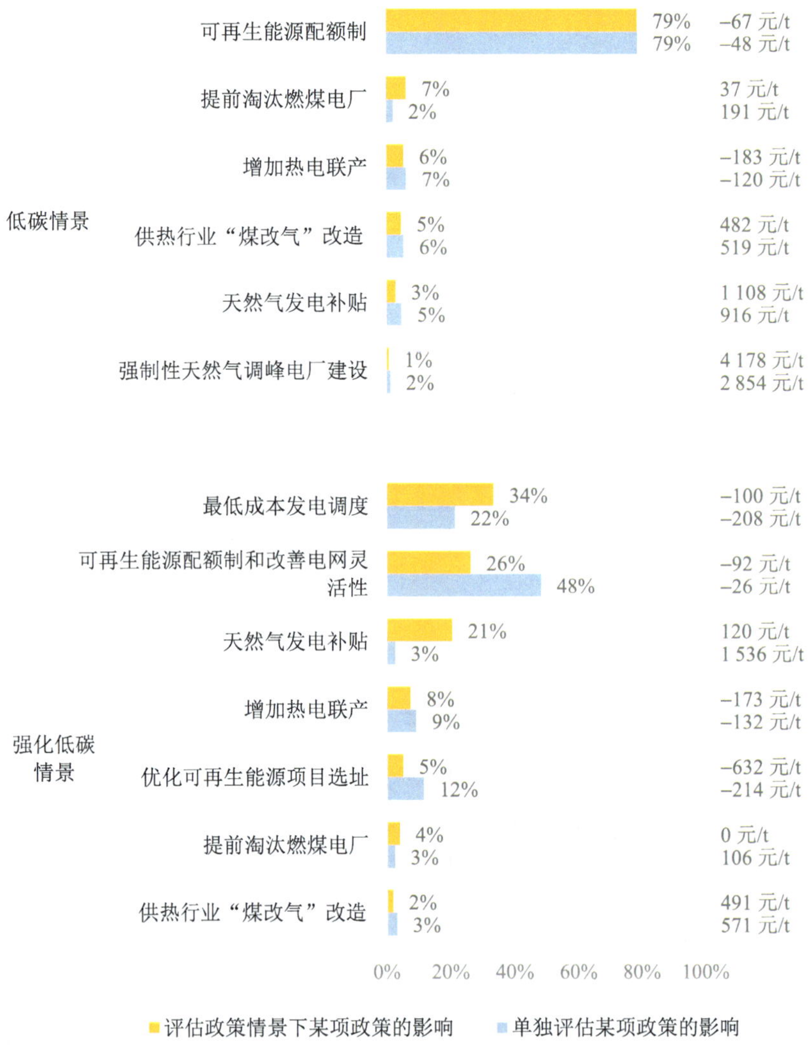


**图 6-8　发电和供热行业政策年均减排潜力和减排成本**

此外，值得注意的是，在强化低碳政策下，若采用单独评估某政策的影响的方法，则最低成本调度政策是最具减排潜力的，甚至高于可再生能源配额制带来的减排潜力。由此可见，若我国能够采取完全市场化的电力调度方式，支持各种电力品种竞价上网，则非化石电力将实现较快发展，有助于电力系统脱碳化的实现。

## 专栏 2　提高燃煤电厂的灵活性

本报告中所采用的 LPA 模型的一个重要假设是我国的燃煤电厂可以灵活运营。灵活运营是指燃煤电厂可以快速启停，具有较高的调峰幅度和爬坡能力，以消纳更多波动性可再生能源。燃煤电厂灵活运营能力取决于许多因素，包括发电厂类型、运营年限、经济性，以及具体的政策制度等①。图 6-9 显示了基于参考情景下燃煤电厂灵活性假设的电力装机容量变化。

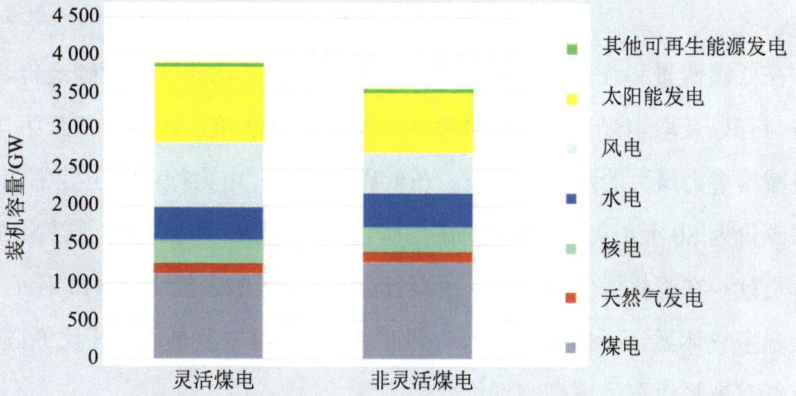


图 6-9　基于参考情景下燃煤电厂灵活性假设的电力装机容量变化

该假设将显著影响参考情景下可再生能源电厂的发展速度。如果没有该假设，即我国的燃煤电厂不具有灵活性，则难以消纳可再生能源，从而使太阳能和风电发电成本上升，进而将使参考情景下的煤电增加 148 GW、风电减少 312 GW、太阳能发电减少 202 GW，最终，燃煤电厂缺乏灵活性将为我国到 2050 年带来 6 亿 t（约 3.4%）的温室气体排放增量。

在燃煤电厂无法灵活运营的条件下，其他提高电网灵活性的政策将会发挥极其重要的作用。在燃煤电厂可以灵活运营的情况下，改善电网灵活性的替代政策，如需求响应、储能和提高输送电能力，只能带来少量的减排贡献，

① 想要了解更多信息，请参阅 NREL，灵活煤电：从基底负荷到调峰电厂（2014年）。可登录以下网站查阅：https: //www.nrel.gov/docs/fy14osti/60575.pdf。

以强化低碳情景为例，其他改善电网灵活性的政策到 2050 年仅能带来约 300 万 t 温室气体年减排量，且单位碳减排成本非常高。相比之下，假设燃煤电厂无法灵活运营，则这些政策可带来 6 亿 t 的年减排量，并且更具成本效益。由此可知，电网灵活性是实现电力低碳化的关键推动因素，能够接纳高比例可再生能源的电网一定是具有灵活性的。

## 五、跨行业

在低碳情景和强化低碳情景下，所采取的跨行业政策包括碳定价、碳捕集与封存以及取消煤炭和石油补贴。对于碳定价政策，在两种情景下该政策都是减排潜力最大的跨行业政策。在低碳情景下，电力行业和工业部门 2050 年的碳价为 80 元/t，交通和建筑部门碳价为 65 元/t，并对跨行业带来 58%的减排贡献。在强化低碳情景下，所有行业 2050 年的碳价均为 413 元/t，对跨行业温室气体累计减排量的贡献达到近 100%，这主要是由于相比低碳情景，强化低碳情景设置了更高的碳价。

对于碳捕集与封存政策，低碳情景下设置了较为强化的碳捕集与封存政策，到 2050 年，碳捕集与封存每年可减少 9 亿 t $CO_2e$ 的温室气体排放量，对跨行业累计减排量的贡献达到 41%。强化低碳情景下并未采用支持碳捕集与封存发展的政策，因为碳捕集与封存技术在现阶段尚未得到大规模示范，而强化低碳情景主要关注政策的成本效益，因此更侧重于采用那些已实现大规模发展或已实现普及的技术和措施。对于取消煤炭和石油补贴政策，在两种情景下该政策对跨行业减排的贡献都相对有限。

对跨行业的政策减排潜力进行总结可知（图 6-10），碳定价是在低碳情景和强化低碳情景下都能发挥较高减排效果的关键政策。

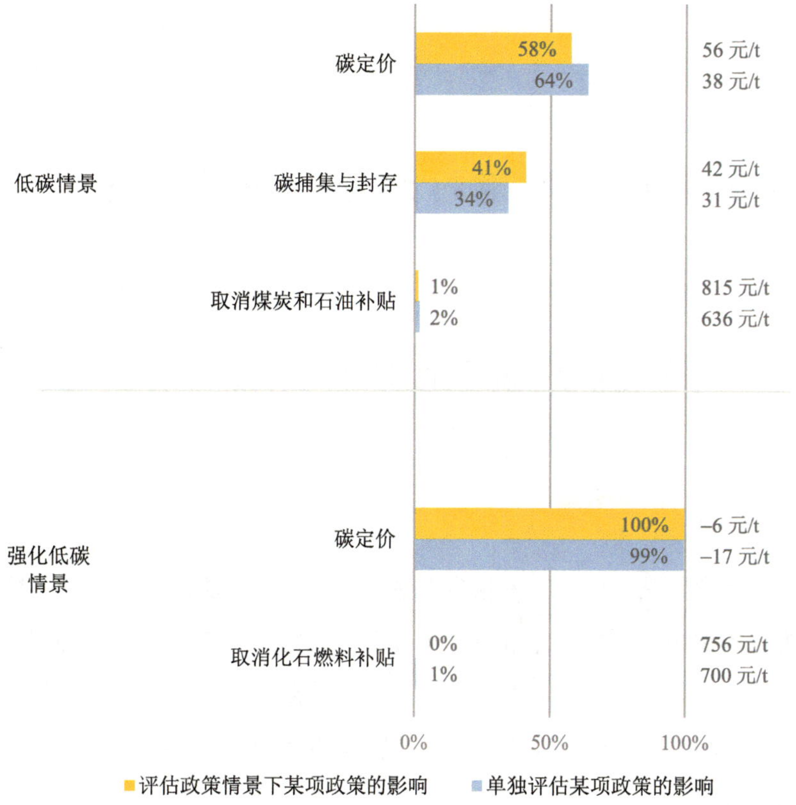


**图 6-10　跨行业政策年均减排潜力和减排成本**

# 第七章　政策对比分析和优化选择

## 一、政策减排潜力的对比分析

### （一）分类型政策

如第四章第三节所述，本报告在进行政策分析时将政策进行了不同方式的分类。当按照政策类型划分时，可以分为管控型政策和价格激励型政策。管控型政策是设定标准或标杆的政策，价格激励型政策则是通过税收和补贴方式引导或激励碳减排的政策。图 7-1 显示了按照政策类型划分的两种情景下的年减排情况。

在低碳情景和强化低碳情景下，管控型政策的减排贡献都相对较高，到 2050 年在两种情景下的减排贡献分别为 83%和 62%。价格激励型政策同样具有较大的减排效果，对于那些具有较高价格弹性的行业的碳排放会有更大的影响，即电力行业和工业部门。在两种情景下，价格激励型政策到 2050 年的减排贡献分别为 17%和 38%。而在所有价格激励型政策中，碳定价政策具有最高的减排贡献，如在强化低碳情景下，碳定价政策对于全国全行业的减排贡献高达 33%。

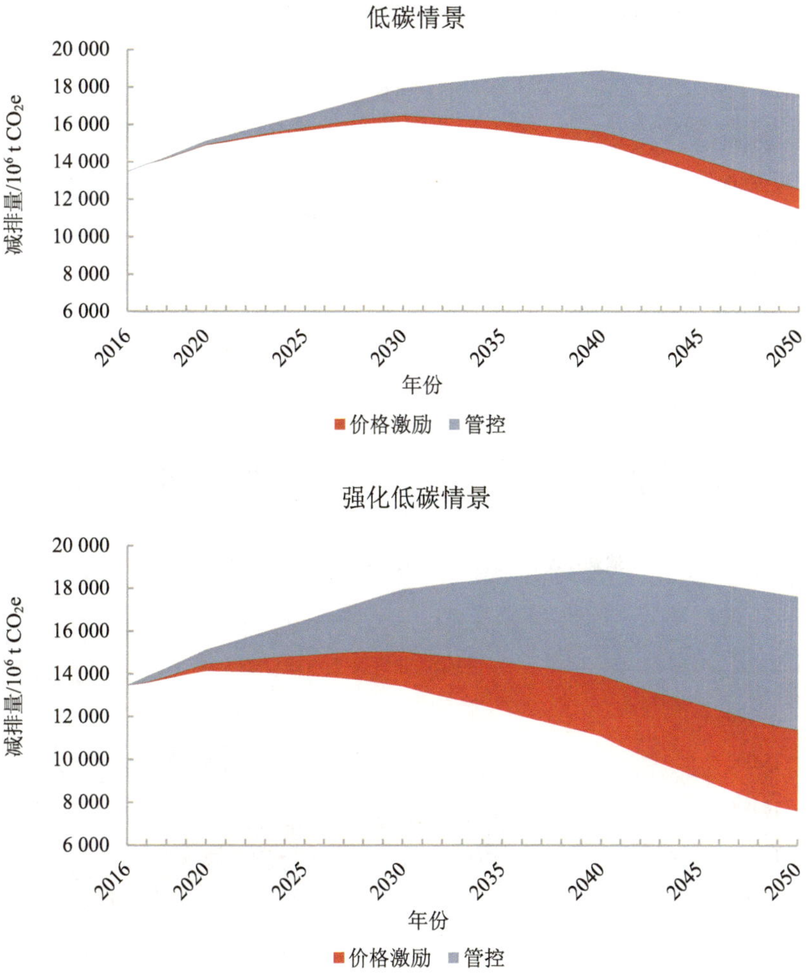


**图 7-1　按政策类型划分的年减排量**

## （二）分途径政策

按照减排途径划分政策时，所有政策可划分为四类，即发展清洁能源政策、提高能效政策、需求侧管理政策、直接排放控制政策。发展清洁能源政策是指发展清洁能源和可再生能源、降低高碳能源利用、促进低碳能源替代高碳能源的政策；提高能效政策指提高用能设施等的能源效率的政策；需求侧管理政策指直接减少能源和产品的需求的政策；直接排放控制政策指通过燃烧或捕集的处理方式来减少二氧化碳、含氟气体等温室气体排放的政策。

图 7-2 显示了按照减排途径划分的两种情景下的年减排情况。

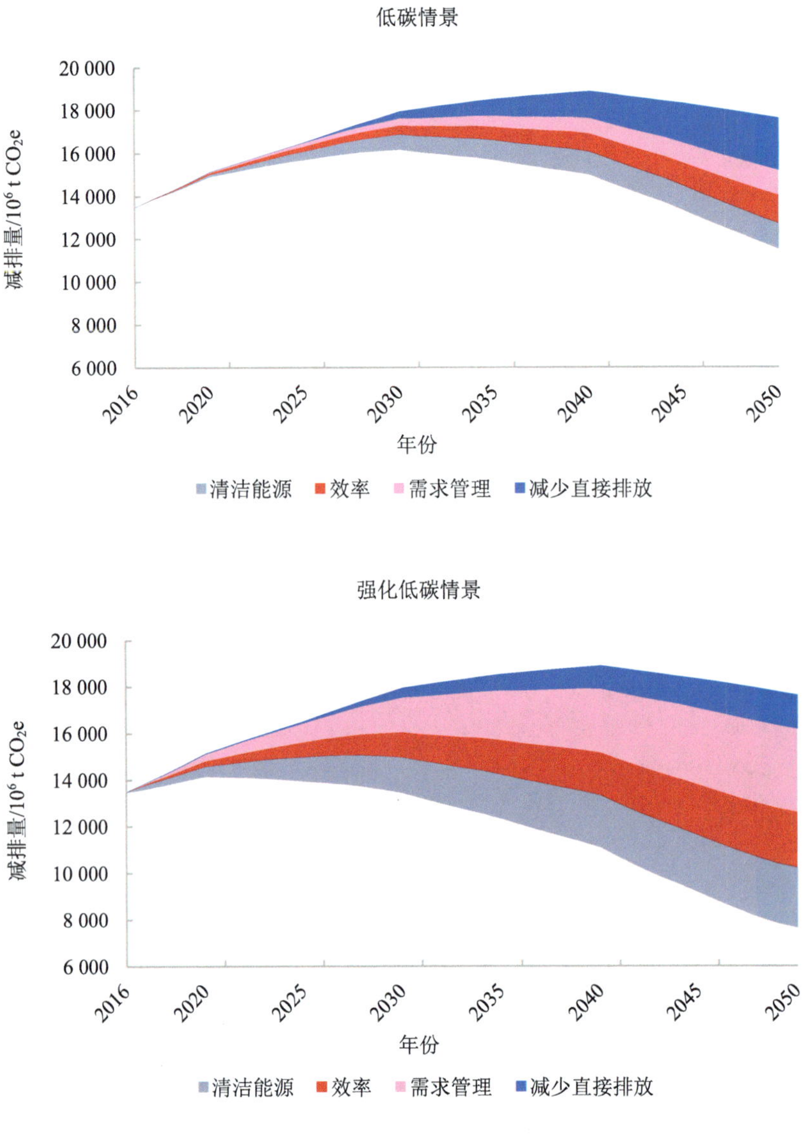


**图 7-2　按减排途径划分的年减排量**

在低碳情景和强化低碳情景下，不同减排途径政策的减排贡献相对均衡。例如，在低碳情景下，发展清洁能源政策的减排贡献为 28%，提高能效政策为 22%，需求侧管理政策为 18%，直接排放控制政策为 32%。强化低碳情景下各减排途径政策的减排贡献分布与低碳情景类似。由此可知，只有多措并举、综合兼顾，采用不同减排途径的政策组合，才可以实现全国的低碳发展。

## （三）分领域政策

按照不同领域划分政策时，可分为五大类政策，即交通部门政策、建筑部门政策、工业部门政策、发电和供热行业政策（如上文所述，工业、建筑及交通部门所使用的电力及热力消费量，以及其对应的温室气体排放均分别计入发电和供热行业）及跨行业政策。图 7-3 显示了按照领域划分的两种情景下的年减排情况。

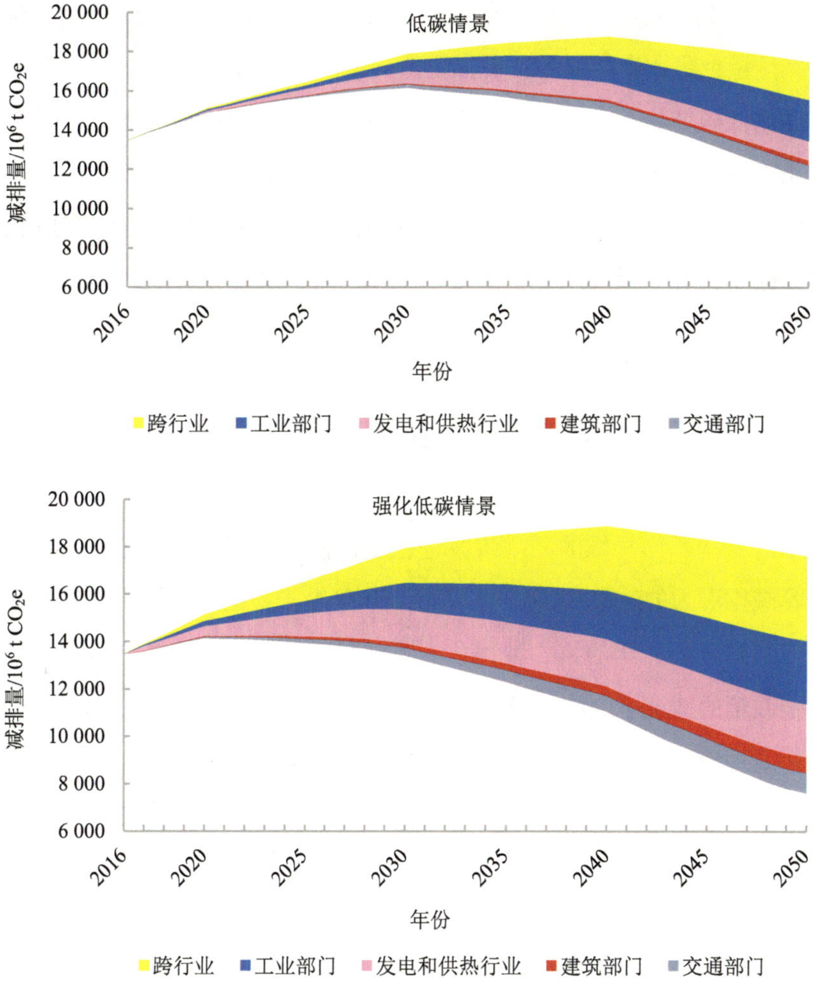


**图 7-3　按领域划分的年减排量**

在两种情景下，各领域的政策均带来了一定的减排贡献。在低碳情景下，跨行业政策主要为碳定价及碳捕集与封存政策，贡献了约 1/3 的减排量。以含氟气体替代政策为主的工业部门政策，以及以可再生能源配额制为主的发电和供热行业政策推动这两个领域实现了大幅减排。尽管交通部门和建筑部门政策对 2050 年的总减排量贡献相对较小，但仍然是实现全国碳减排的重要组成部分。此外，随着工业化进程的完成，交通和建筑部门排放占比将不断增加。随着老旧机动车不断被新的且更高效的机动车替代，交通部门政策的减排贡献在中远期以及 2050 年后将逐步提高；同样，对于建筑部门来说，随着老旧建筑及建筑用能设施不断被节能建筑及高效的建筑用能设施替代，建筑部门的减排量也将逐步增长，对于强化低碳情景来说同样如此。

在强化低碳情景下，以碳定价政策为主的跨行业政策的减排贡献最大。此外，由于该情景下采取了非常严格的工业能效标准和工业过程排放政策，工业部门政策也带来了显著的碳减排效果。随着非化石能源利用的不断增加，以及“煤改气”和“煤改电”等政策的实施，发电和供热行业政策也将带来显著的减排效果。

## 二、不同情景下的政策减排成本曲线分析

本节对全国不同领域的减排政策进行了评估，以识别不同情景的政策组合下最具减排潜力的政策[①]。在对各情景下政策组合中的各项政策进行评估时，采取了第四章中所介绍的第二种评估方法，即评估该项政策在启用该情景内所有其他政策的情况下的政策影响。评估得出的政策减排潜力和成本效益可能因多种因素而有所不同，这些因素包括各情景下的政策设置力度以及政策之间的交互作用，同一政策在不同情景下即使设置了相同的政策力度，其减排潜力和成本效益也有可能存在显著差异。

① 本节对于减排潜力考察的是各政策对全社会的减排贡献。

## （一）低碳情景

低碳情景下，减排贡献排名前 5 位的政策分别为含氟气体替代、可再生能源配额制、碳定价、碳捕集与封存以及重型车燃油经济性标准（图7-4）。这些政策分别作用于工业部门、交通部门、电力行业和跨行业。虽然在低碳情景下最具减排潜力的 5 项政策并未包括建筑部门政策，但建筑部门同样具有较大的温室气体减排潜力。

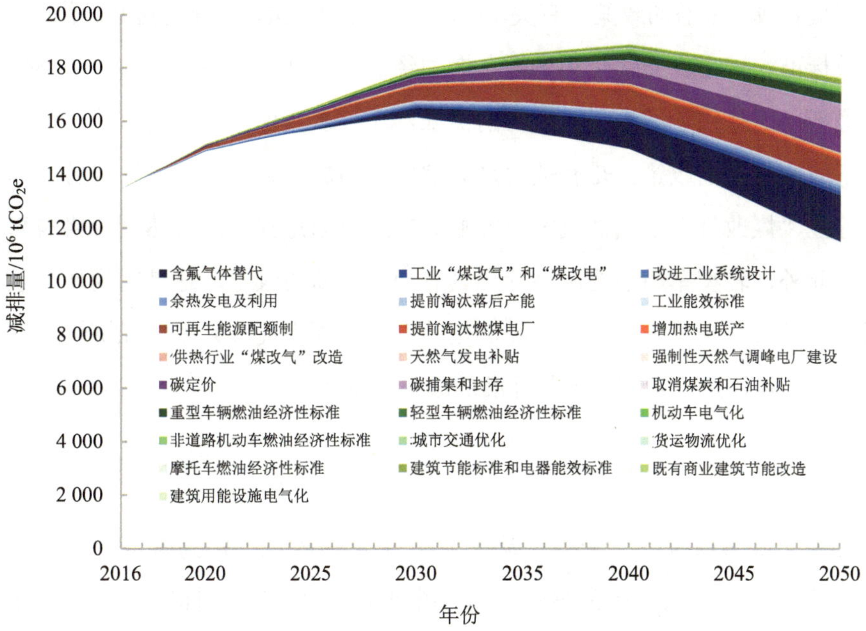


**图 7-4　低碳情景下各单项政策的年减排贡献量**

表 7-1 显示了低碳情景下减排贡献排名前 5 位的政策。其中，含氟气体替代的减排潜力巨大，说明中国的非二氧化碳温室气体排放量也很显著，而针对工业部门中这些气体排放控制的政策有助于大幅减少中国温室气体排放。此外，这 5 项政策的单位减排成本有所差异，这意味着一些政策有助于支付其他政策的减排成本。

表 7-1 低碳情景下减排贡献排名前 5 位的政策

| 政策 | 减排贡献/% |
|---|---|
| 含氟气体替代 | 24 |
| 可再生能源配额制 | 20 |
| 碳定价 | 13 |
| 碳捕集与封存 | 10 |
| 重型车燃油经济性标准 | 5 |

图 7-5 展示了低碳情景下各项政策的年均减排潜力及其减排成本。低碳情景下最具成本效益的政策是有关降低燃料消费的政策，如货运物流优化、工业能效标准、城市交通优化和重型车燃油经济性标准。这些政策的实施不但成本最低，而且由于减少了对燃料的需求，还可以实现净成本的节约。低碳情景下成本最高的政策，是有关促进天然气利用的政策，如工业燃料替代、供热行业“煤改气”及天然气发电补贴等，其原因是我国的天然气价格居高不下。此外，轻型车燃油经济性标准具有相对较高的成本，这是因为现有且不断提升的（在参考情景下燃油经济性标准也在逐步提升）燃油经济性标准已经相当严格，进一步加强这些标准的成本效益有限。

## （二）强化低碳情景

强化低碳情景下，减排贡献排名前 5 位的政策分别为碳定价、含氟气体替代、基于市场机制的最低成本发电调度、工业能效标准及可再生能源配额制和改善电网灵活性，这些政策分别作用于电力行业、工业行业及跨行业（图 7-6）。

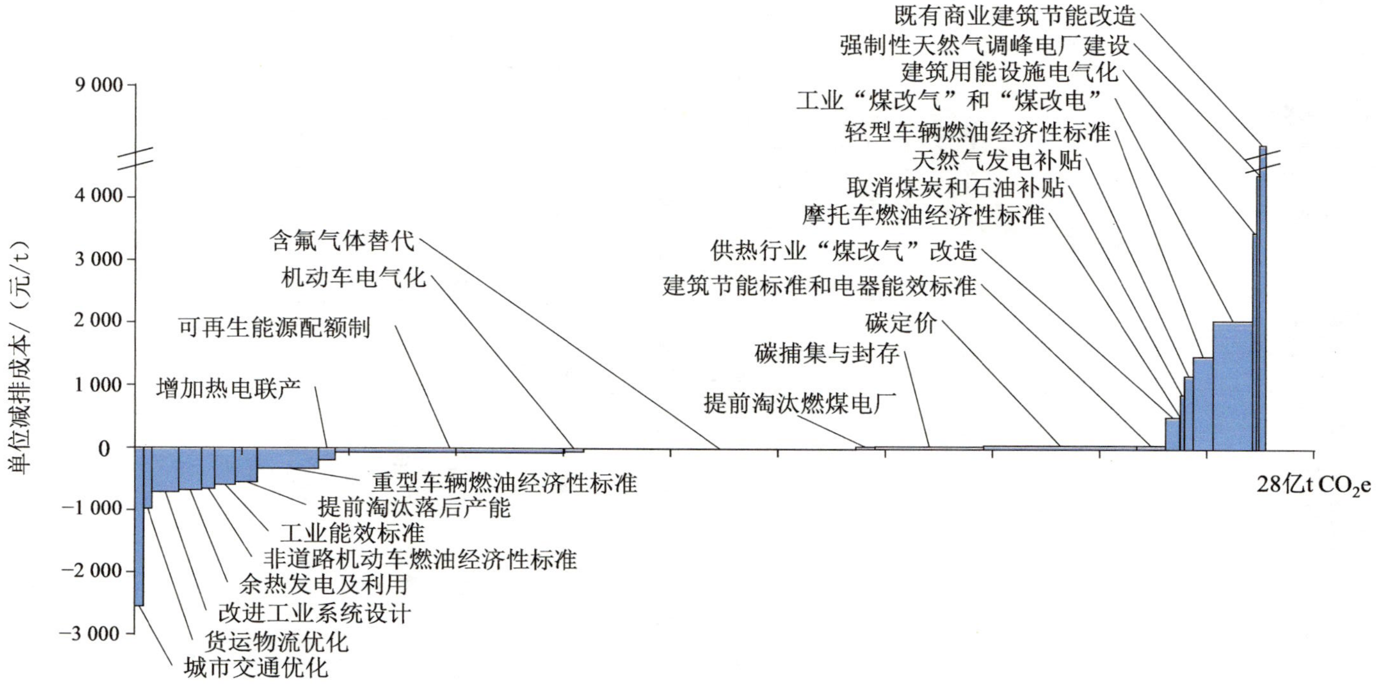


图 7-5　低碳情景下各项政策的年均减排潜力和减排成本

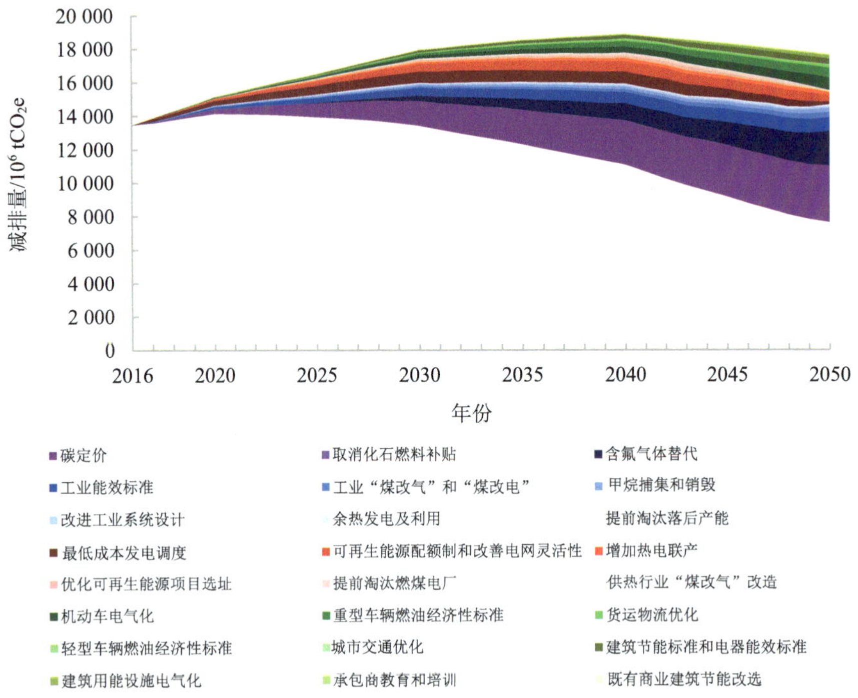


**图 7-6　强化低碳情景下各单项政策的年减排贡献量**

表 7-2 显示了强化低碳情景下减排贡献排名前 5 位的政策。碳定价的减排改善潜力最大，这主要由于该政策的设定力度较高，即碳价格从基年的 0 元/t 开始逐年线性增加至 2050 年的 413 元/t。含氟气体替代是减排潜力排名第二的政策，该政策的设定力度是达到《蒙特利尔议定书》基加利修正案中的含氟气体减量目标。最低成本发电调度是减排潜力排名第三的政策，该政策将改变发电厂的现有调度方式，有助于电力行业尽快实现市场化和电价竞争上网，并对中国温室气体减排做出重要贡献。其余 2 项减排潜力排名前 5 位的政策是工业能效标准及可再生能源配额制和改善电网灵活性，后者设定了最低可再生能源发电目标，并同时纳入了提高电网灵活性的政策。与低碳情景相同，各项政策之间的成本差异也代表着通过一些政策实现的成本节约额可用于支付其他政策的减排成本。

表 7-2　强化低碳情景下减排贡献排名前 5 位的政策

| 政策 | 减排贡献/% |
|---|---|
| 碳定价 | 33 |
| 含氟气体替代 | 12 |
| 最低成本发电调度 | 10 |
| 工业能效标准 | 9 |
| 可再生能源配额制和改善电网灵活性 | 8 |

图 7-7 展示了强化低碳情景下各项政策的年均减排潜力及其减排成本。与低碳情景相同，强化低碳情景下最具成本效益的政策是有关可实现燃料消费降低的政策，如货运物流优化、工业能效标准和重型车燃油经济性标准，而成本最高的政策同样是有关支持天然气发展的政策。

## 三、单项政策

本节对所有的政策进行评估，并识别每一项政策的减排潜力和成本。与上一节不同，本节采取了第四章中的第一种评估方法，即评估单项政策时未启用任何其他政策，也就是不考虑政策之间的交叉影响，这样可反映各项政策本身的减排潜力和成本效益。图 7-8 显示了各项政策的年均减排潜力和成本效益评估结果，所评估的各项政策均采用了两种情景中最高的政策力度设置，如在两种情景下均采用了碳定价政策，其政策设置力度在强化低碳情景下更高，因此对该政策进行评估时设置为强化低碳情景下的力度。

从减排潜力来看，强化低碳情景下所采用的到 2050 年 413 元/t 的碳定价政策是评估的各项政策中最具减排潜力的单项政策。其他减排潜力较大的政策包括可再生能源配额制和改善电网灵活性、工业能效标准、重型车燃油经济性标准、建筑节能标准和电器能效标准、最低成本发电调度及含氟气体替代。从政策成本来看，支持天然气发展的政策是所评估政策中成本最高的，这些政策包括供热行业“煤改气”、天然气发电补贴、强制性建设天然气调峰电厂和工业燃料替代。从政策成本效益来看，碳定价、重型车燃油经济性标准和可再生能源配额制既可以带来较大的减排潜力，也可以实现成本的节约，是可以实现显著减排且最具有成本效益的政策工具。

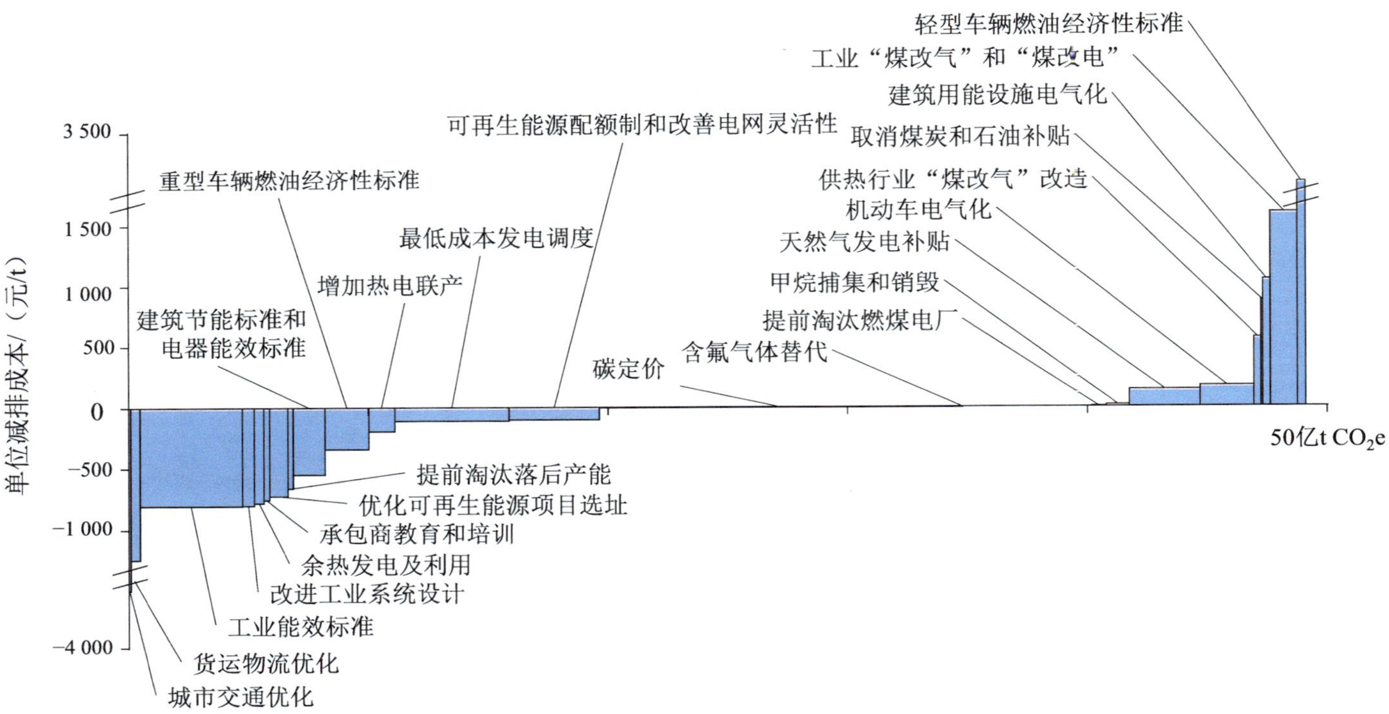


图 7-7　强化低碳情景下各项政策的年均减排潜力和减排成本

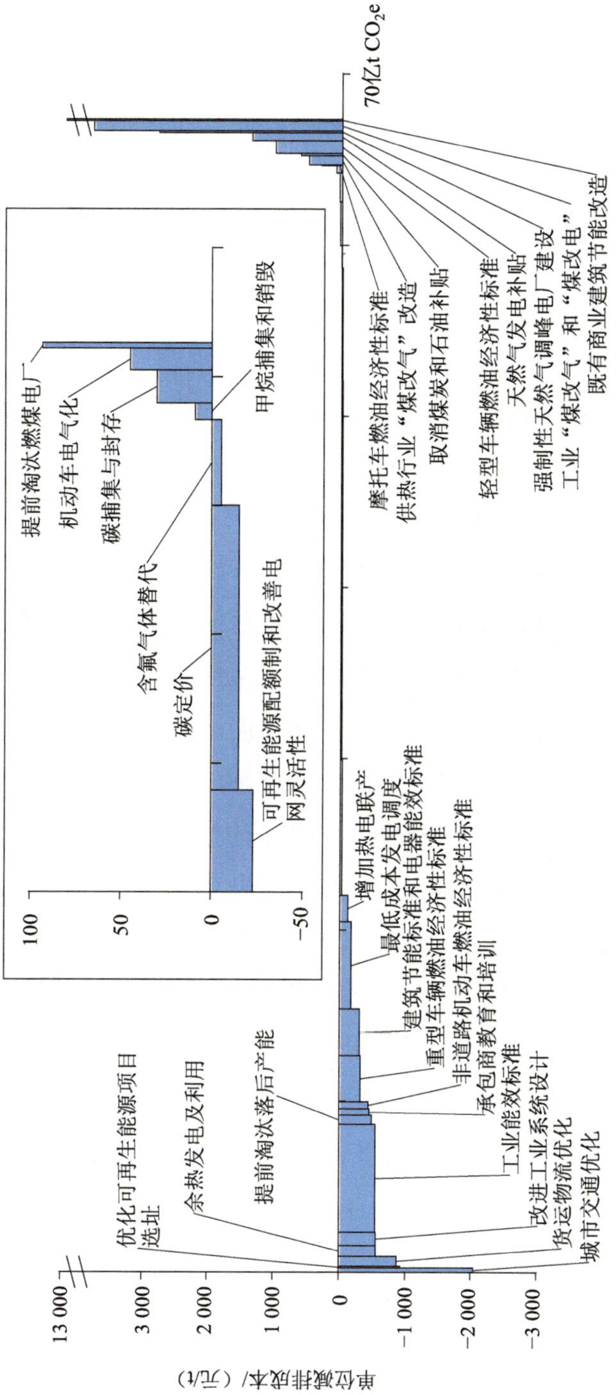


**图 7-8 单项政策的年均减排潜力和减排成本**

# 第八章 减排成本效益分析

## 一、减排成本分析

本报告中所采用的 LPA 模型可追踪并评估各政策情景下的现金流变化，包括四个方面的指标：第一个指标追踪政策实施带来的资本设备支出变化，如新建发电厂或建筑供暖设施带来的支出变化；第二个指标追踪政策实施带来的运行维护支出变化，即燃料使用和其他运行维护（如税收等）支出的变化，且一般而言燃料使用在运行维护支出中的占比显著高于其他运行维护①。第三个和第四个指标是货币化的气候效益和环境效益，这两个指标将在本章第三节进行分析。第四章第一节详细介绍了计算这四种现金流的方法。需要特别说明的是，LPA 模型评估的所有支出变化均为政策情景相对于参考情景之间的差值，具体数值并不代表某情景下政策的具体支出额，而仅代表相对于参考情景由于政策实施带来的支出变化，当支出额为负值时，意味着政策情景下的这些政策组合较参考情景更节约成本。图 8-1 展示了两种情景下的资本设备即运营维护支出变化。

到 2050 年，在低碳情景下由于政策实施带来的资本设备支出增量为 1.2 万亿元②，运行维护支出在近中期有少许增高但在中后期实现大幅下降，到 2050 年降至-1.7 万亿元。综合估算，在低碳情景下到 2050 年资本设备和运行

---

① 对于资本设备支出变化和运行维护支出变化，LPA 模型均考虑了税收支出的变化，但未考虑政府补贴带来的支出。对于补贴，在模型中仅考虑了补贴类政策带来的企业和消费者支出的降低，但没有考虑这些政策作用下政府为企业和消费者支付的资金，这意味着在模型中的补贴类政策仅会降低支出，在评估补贴类政策的成本效益时应特别注意这一点。

② 本篇中除特殊说明外，所有货币化数值均为2012年人民币不变价。

维护支出的净增量达到–4 810 亿元，即带来了 4 810 亿元的成本节约，相当于当年 GDP 的近 0.2%。

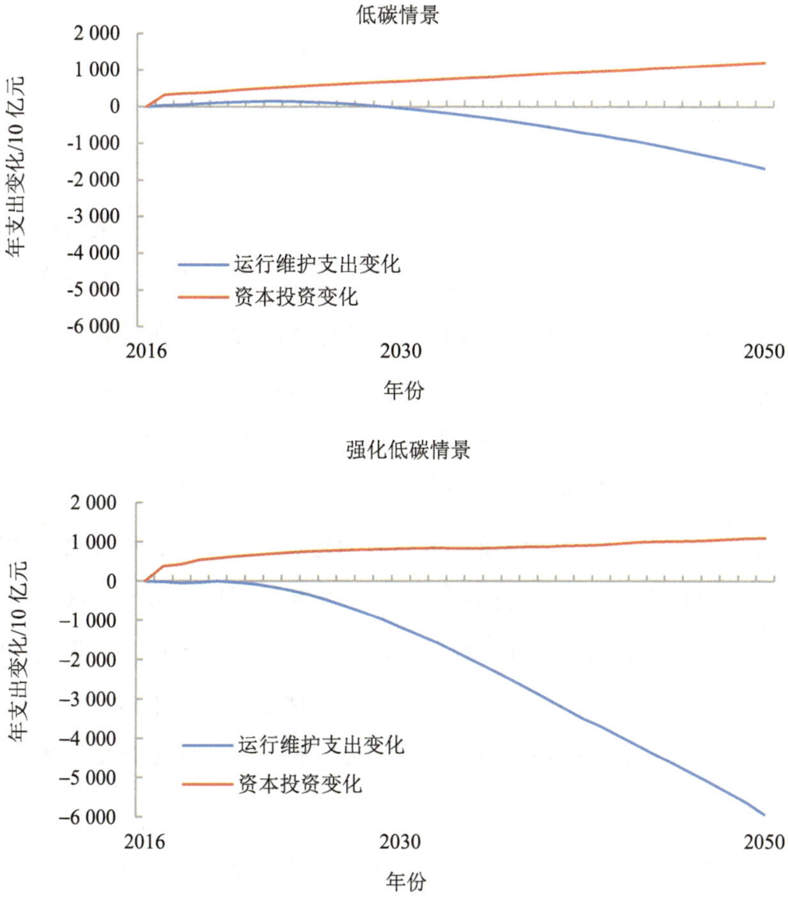


**图 8-1　资本设备和运行维护支出年变化**

在强化低碳情景下，资本设备支出同样增加，到 2050 年增至 1.1 万亿元。运行维护支出在短期内仍略有增加，到 2020 年增至 30 亿元的峰值水平，随后会快速下降到 2050 年的–5.9 万亿元。综合估算，在强化低碳情景下到 2050 年资本设备和运行维护支出的净增量达到–4.8 万亿元，即带来了相当于当年 GDP 约 2%的成本节约。

在两种情景下，到 2050 年的资本设备支出增量大体相同。但由于强化低碳情景采取了较多的提高能效政策，因而该情景带来的燃料和运行维护成本的节约额超过低碳情景。同时，由于本报告对碳定价政策假定了全额返还，且该政策还将导致燃料消费的显著减少，因而强化低碳情景下更高的碳价将带来更多的运行维护成本节约。由此判断，强化低碳情景在带来更多减排量的同时也将节约更多的经济成本。

## 二、污染物协同减排量分析

在低碳情景和强化低碳情景下的一系列低碳政策在实现温室气体减排的同时，还可协同减排常规大气污染物，进而减少过早死亡数。本节将对各情景下由低碳政策带来的 $SO_x$、$NO_x$、$PM_{10}$、$PM_{2.5}$ 和 VOCs 排放变化进行分析。

需要特别说明的是，本报告聚焦于温室气体减排政策，并未考虑任何新的大气污染控制政策，无法模拟任何大气污染控制政策可能带来的大气污染物减排量。如第四章情景设定中所述，本报告对能源消费和温室气体排放的参考情景设定考虑了现有政策及政策趋势的延续，包括之后相关政策效果的逐步递减。但对于涉及大气污染物的部分，参考情景则类似于“冻结情景”，仅模拟模型基年前大气污染控制政策力度，而不考虑未来这些政策趋势的延续，也没有任何新政策的引入。因此，在参考情景下可能出现的情况是，即使国家公布的该污染物的历史值显示已达峰，但该污染物排放量仍将随着参考情景下能源消费量的上升而持续上升。同时，与对温室气体的分析相同，相对于大气污染物排放量的绝对值，本报告关注的是低碳情景和强化低碳情景下大气污染相对于参考情景的变化量。

### （一）$SO_x$ 协同减排量分析

图 8-2 显示了三种情景下 $SO_x$ 的排放量变化情况。在参考情景下，$SO_x$ 排放将在 2030 年达峰，峰值水平为 1 600 万 t，到 2050 年下降到 1 300 万 t。在低碳情景和强化低碳情景下，得益于较强的工业部门及发电和供热行业的煤炭减量化和替代化政策，如工业部门的“煤改气”和“煤改电”、工业能效标准提升等降低燃煤消费的政策，以及电力行业的可再生能源配额制、提前淘汰燃煤电厂、供热行业“煤改气”等降低燃煤发电并提升可再生能源发电占比的政策，在实现碳减排的同时带来了较高的 $SO_x$ 减排量。在低碳情景下，

$SO_x$ 排放量将在 2020 年达峰，峰值水平为 1 400 万 t，到 2050 年下降到 900 万 t。在强化低碳情景下，$SO_x$ 排放量自 2016 年开始下降，从 2016 年的 1 360 万 t 下降至 2050 年的 300 万 t。

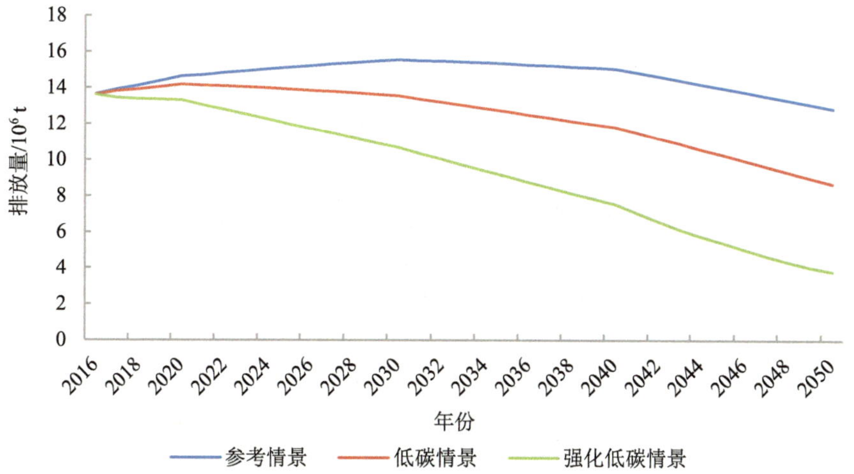


**图 8-2　$SO_x$ 排放量变化**

## （二）$NO_x$ 协同减排量分析

图 8-3 显示了三种情景下 $NO_x$ 的排放量变化情况。在参考情景下，$NO_x$ 排放量将在 2040 年达峰，峰值水平为 3 300 万 t，到 2050 年下降到 3 150 万 t。在低碳情景和强化低碳情景下，在实现碳减排的同时带来了较高的 $NO_x$ 减排量，主要得益于各类可降低高温能源燃烧（如工业部门及发电和供热行业的燃煤、交通部门的燃油）设施活动水平的政策，如工业部门的改进工业系统设计、余热发电及利用、工业能效标准政策，交通部门的提高重型车及轻型车燃油经济性标准、优化城市交通结构政策，以及发电和供热行业的热电联产供热政策。在低碳情景下，$NO_x$ 排放量将在 2035 年达峰，峰值水平为 2 850 万 t，到 2050 年下降到 2 700 万 t。在强化低碳情景下，$NO_x$ 排放量将在 2024 年达峰，峰值水平为 2 300 万 t，到 2050 年下降到 1 800 万 t。

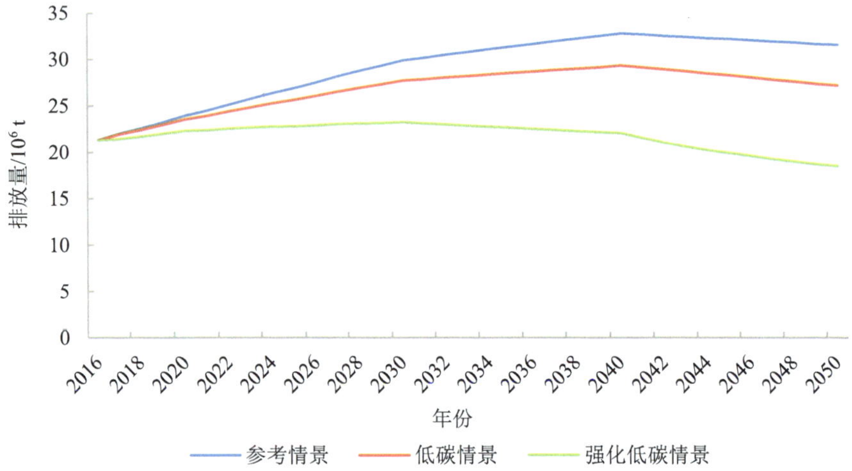


**图 8-3　$NO_x$ 排放量变化**

## （三）$PM_{10}$ 协同减排量分析

图 8-4 显示了三种情景下 $PM_{10}$ 的排放量变化情况。在参考情景下，$PM_{10}$ 排放量将在 2030 年达峰，峰值水平为 1 240 万 t，到 2050 年下降到 1 050 万 t。在低碳情景和强化低碳情景下，得益于可降低煤炭和石油燃烧设施活动水平（工业部门及发电和供热行业的燃煤、交通部门的燃油）及可降低机动车服务量（进而降低道路扬尘排放量）政策的实施，如各行业的提高能效政策，以及交通部门的优化城市交通结构和优化货运物流政策，在实现碳减排的同时带来了较高的 $PM_{10}$ 减排量。在低碳情景下，$PM_{10}$ 排放量将在 2020 年达峰，峰值水平为 1 150 万 t，到 2050 年下降到 750 万 t。在强化低碳情景下，$PM_{10}$ 排放量自 2016 年开始下降，从 2016 年的 1 100 万 t 降至 2050 年的 400 万 t。

## （四）$PM_{2.5}$ 协同减排量分析

图 8-5 显示了三种情景下 $PM_{2.5}$ 的排放量变化情况。在参考情景下，$PM_{2.5}$ 排放量将在 2030 年达峰，峰值水平为 1 000 万 t，到 2050 年下降到 850 万 t。在低碳情景和强化低碳情景下，与 $PM_{10}$ 相同，得益于可降低煤炭和石油燃烧设施活动水平及可降低机动车服务量的政策，在实现碳减排的同时带来了较

高的 $PM_{2.5}$ 减排量。低碳情景下，$PM_{2.5}$ 排放量将在 2020 年达峰，峰值水平为 880 万 t，到 2050 年下降到 650 万 t。在强化低碳情景下，$PM_{2.5}$ 排放量将在 2020 年达峰，峰值水平为 820 万 t，到 2050 年下降到 340 万 t。

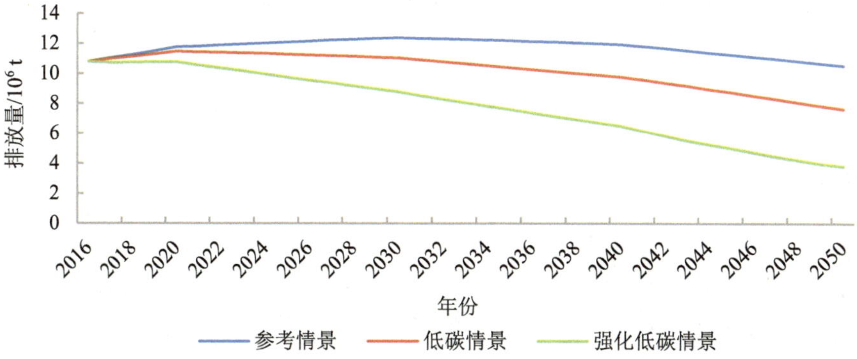


图 8-4 $PM_{10}$ 排放量变化

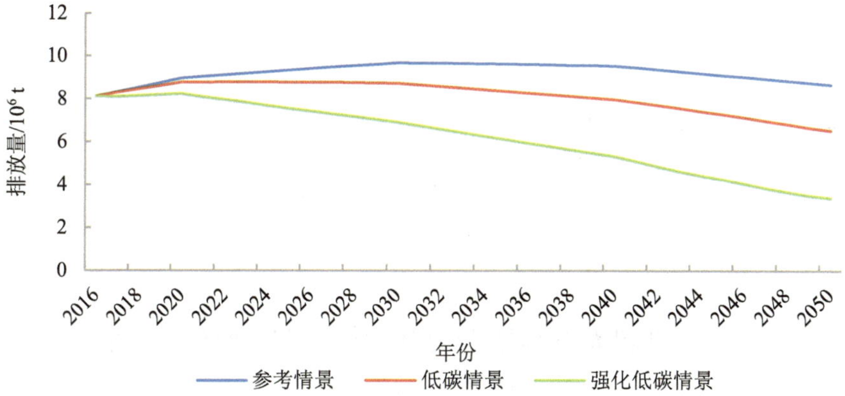


图 8-5 $PM_{2.5}$ 排放量变化

## （五）VOCs 协同减排量分析

图 8-6 显示了三种情景下 VOCs 排放量的变化情况。在参考情景下，VOCs 排放量将在 2040 年达峰，峰值水平为 2 450 万 t，到 2050 年下降到 2 300 万 t。在低碳情景和强化低碳情景下，能够在实现碳减排的同时带来较高的 VOCs 减排量，主要得益于那些可降低石油消费量政策的实施，如交通部门的提高

燃油经济性政策、机动车电气化政策、货运物流优化和城市交通系统优化政策。在低碳情景下，VOCs 排放量将在 2030 年达峰，峰值水平为 2 150 万 t，到 2050 年下降到 1 660 万 t。在强化低碳情景下，VOCs 排放量将在 2020 年达峰，峰值水平为 1 800 万 t，到 2050 年下降到 950 万 t。

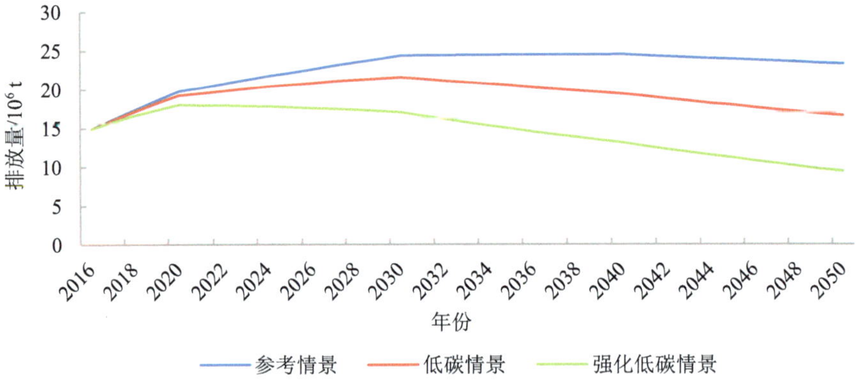


图 8-6　VOCs 排放量变化

## 三、减排效益分析

### （一）货币化气候效益

本报告估算了控制温室气体排放带来的货币化气候效益。各情景下，由于低碳政策的实施减少了温室气体排放，相应将降低由减少海平面上升、农业区转移、水资源短缺等带来的气候损失，货币化气候效益则代表着单位温室气体降低量所规避的气候损失资金量。

如图 8-7 所示，未来由温室气体减排的气候效益将逐步增加，在低碳情景下，2050 年当年由温室气体排放降低带来的货币化气候效益达 3.2 万亿元，而在强化低碳情景下可达 5.2 万亿元，分别约为当年 GDP 的 1%和 2%。

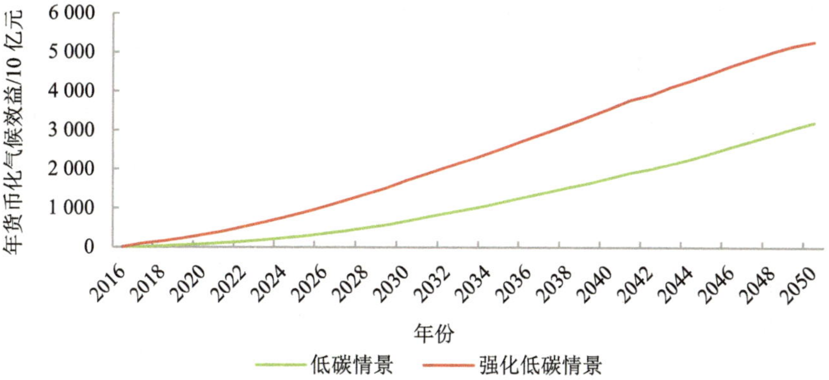


图 8-7　不同情景下避免的排放量带来的年货币化气候效益

## （二）货币化健康效益

本报告还估算了因降低常规空气污染物（包括 VOCs、$SO_x$、$NO_x$ 和 $PM_{2.5}$）排放而避免的过早死亡数的货币化效益。根据上一节所计算出的常规大气污染物减排量，可以计算得到相应的过早死亡数变化量，其计算方法是将 VOCs、$SO_x$、$NO_x$ 和 $PM_{2.5}$ 排放变化乘以中国单位污染物排放致死因子。

如图 8-8 所示，在低碳情景下，到 2050 年，减少的大气污染排放每年可帮助避免 29.8 万例死亡人数。在强化低碳情景下，到 2050 年可使年死亡人数减少 72.4 万例。

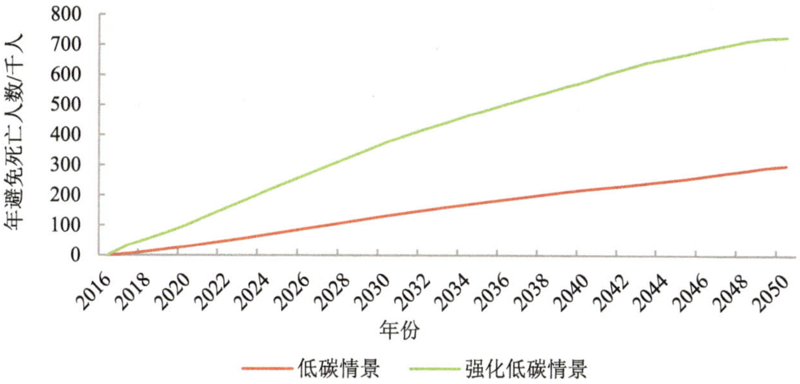


图 8-8　不同情景下降低的年过早死亡数

在此基础上，本报告估算了因降低常规大气污染物排放而避免的过早死亡人数的货币化效益（图8-9）。为了估算该数值，将上述过早死亡人数乘以世界银行给出的中国统计寿命价值（79.5 万元/人），通过计算得出，到 2050 年低碳情景将带来每年 2 378 亿元的健康效益，强化低碳情景将带来每年 5 778 亿元的健康效益。

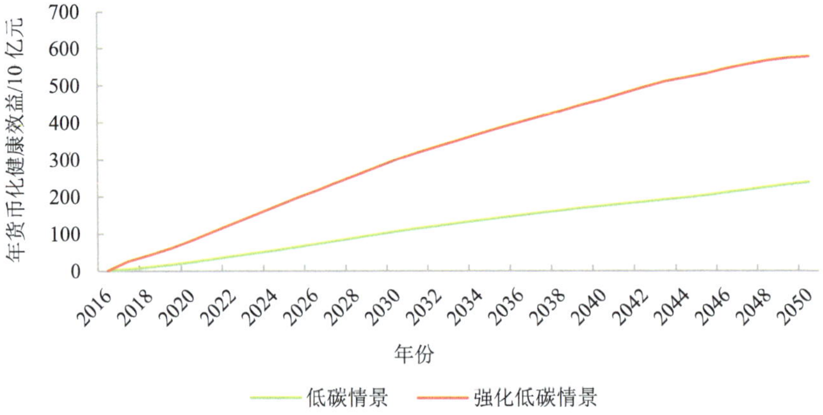


**图 8-9 不同情景下避免的年过早死亡人数的货币化效益**

## 四、总成本效益分析

将本章第一节中的资本设备支出和运营维护支出变化，以及第三节中货币化气候效益和健康效益（二者之和统称为社会效益）进行加总即可得到不同情景下的净效益。结果显示，到 2050 年低碳情景和强化低碳情景均可带来巨大的净效益。

### （一）低碳情景

如图 8-10 所示，在低碳情景下，短期内由于资本设备和运行维护成本的增加抵消了社会效益，年净收益在初期呈现负值并逐渐扩大，到 2022 年前后年净收益最低，到 2030 年前后年净收益接近零。2030 年之后，得益于空气污染物排放的持续下降以及由高能效设备带来的成本节约的持续增加，年净收益由负转正并随时间持续增长，到 2030 年、2035 年和 2050 年净收益分别达到 0.13 万亿元、0.85 万亿元和 4.0 万亿元，占该年 GDP 的比重分别为 0.09%、0.47%和 1.44%。

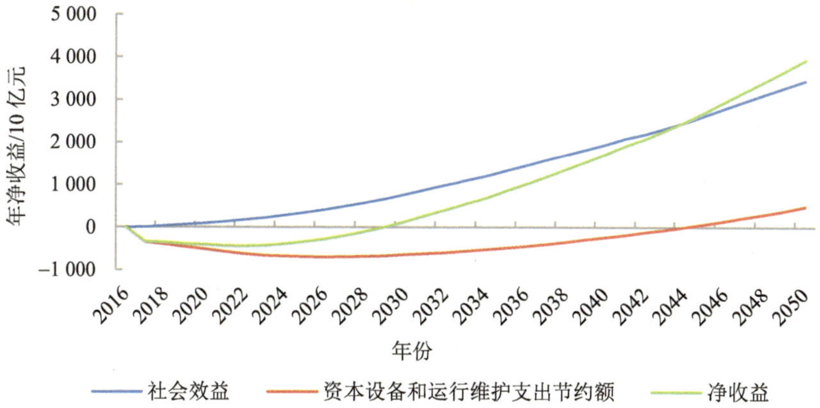


图 8-10　低碳情景下的年净收益

## （二）强化低碳情景

如图 8-11 所示，在强化低碳情景下，短期内与低碳情景类似，由于资本设备和运行维护成本的增加抵消了社会效益，年净收益也呈现负值并持续扩大。但与低碳情景不同的是，从 2022 年开始，年净收益就开始由负转正并逐步增加，到 2030 年、2035 年和 2050 年净收益分别达到 2.4 万亿元、4.4 万亿元和 10.8 万亿元，占该年 GDP 的比重分别为 1.56%、2.46%和 3.93%。

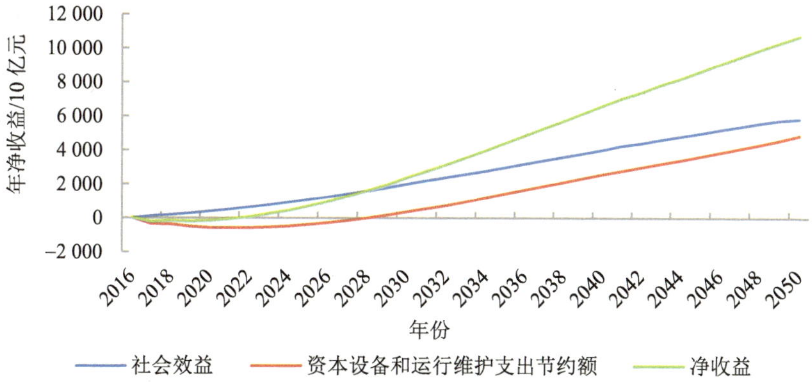


图 8-11　强化低碳情景下的年净收益

对本章进行总结可知，到2050年，低碳情景和强化低碳情景均能够经济有效地实现减排。其中，强化低碳情景能够在快速推动减排的同时，带来更多的成本节约。此外，无论在哪种情景下，长期来看，温室气体减排所带来的社会效益都将远远超出其所需的增量成本。

# 第九章　主要结论与对策建议

## 一、主要结论

### 1．中国有望利用已有政策实现低碳路径

通过采取低碳情景和强化低碳情景下的各项政策组合，我国有望在 2050 年之前实现深度脱碳。在低碳情景下，能源活动二氧化碳排放量以及全部温室气体总排放量均将在 2030 年前后达峰；到 2030 年，单位 GDP 碳排放量将在 2005 年的基础上下降约 65%，可实现中国的自主贡献目标，并在 21 世纪中叶带来较大减排。在强化低碳情景下，能源活动二氧化碳排放量以及全部温室气体总排放量均将在 2030 年前达到峰值；2030 年单位 GDP 碳排放量将比 2005 年降低 70%，可提前实现中国的自主贡献目标，能源活动二氧化碳排放量可在 2050 年之前回落至 2005 年水平。在两种情景下所采用的政策均为当前已有政策，即使不考虑任何技术突破，仍可经济有效地降低全社会范围的温室气体排放。

### 2．中国在实现碳减排的同时可带来社会经济效益

在低碳情景和强化低碳情景下，减少燃料消费实现的成本节约额可以抵消资本设备支出额的增量，因而可在全社会范围内实现净成本节约。除此之外，低碳情景和强化低碳情景还可以带来巨大的社会效益（包括健康和气候效益）。到 2050 年，两种情景的年净效益将分别达到 4.0 万亿元和 10.8 万亿元。由此可知，我国可以在实现深度脱碳的同时，大幅节约经济成本，并实现改善公民健康情况的社会效益。

### 3. 单项政策无法独自发挥作用，组合采用不同政策才能取得最大的减排成效

在低碳情景和强化低碳情景下，每项政策的减排潜力各有不同，即使部分政策的减排潜力能够相对高于其他政策，但单独实施这些政策无法实现低碳发展的相关目标及全社会减排，只有整体施策、多措并举，组合采用不同类型、不同减排途径和不同行业的政策，才是具有成本效益的最佳减排途径。

## 二、对策建议

### 1. 实施可再生能源配额制

可再生能源配额制可同时推动可再生能源装机量及发电量的提高。本报告建议我国应该将2030年可再生能源配额设定在30%以上。此外，除我国已公布的分阶段可再生能源发展目标外，还应针对电力行业制定可再生能源发展目标。

### 2. 不断改善电网灵活性，并实施基于市场的电力调度管理体制

如“专栏2”所述，当电网缺乏灵活性时将导致可再生能源发电成本显著提高，且不利于可再生能源消纳和降低碳排放。我国应注重发挥燃煤电厂灵活运营在促进可再生能源消纳方面的重要作用，开展煤电灵活性改造，提高燃煤机组深度参与调峰的能力，提高电力系统运行的可靠性，促进水电、风电和太阳能光伏发电的并网消纳和持续健康发展。同时，当燃煤电厂难以保障灵活运营时，应当采取其他有利于促进提升电网灵活性的政策措施，包括电力需求响应、提升电网储能和电力输送能力，以保障波动性可再生能源上网。此外，最低成本电力调度同样是促进电力行业低碳化和可再生能源发展的重要途径。有别于现行由政府确定的发/用电计划，最低成本电力调度（或称基于市场的电力调度）是基于电力成本的高低而采取的调度方式，可逐步由计划上网过渡到竞价上网模式，充分还原电力的商品属性，这既符合我国电力市场改革的要求，同时还是一种以低成本实现我国碳减排的重要途径。

### 3. 设定适当的碳定价并尽量覆盖更多的部门和行业

在碳排放权交易试点及地方碳市场建设的基础上，我国目前正在全力推

进全国碳排放权交易市场建设。从历史交易记录来看，区域试点市场的平均碳价在 16.5～59.6 元/t（郑爽等，2017）。为了发挥碳价格对于碳减排的作用，未来几年我国应保持更高的碳价，不低于 60 元/t。此外，本报告中所采用的政策情景均假设碳定价覆盖了全经济范围，而更小的覆盖范围，如仅覆盖部分行业，则可能大大削弱碳定价的减排成效。在对碳排放权交易市场工作进行部署时，应注意调度上游资源以减少行政成本，并尽可能扩大覆盖范围。通过报告分析表明，碳定价对于电力行业和工业部门而言最有效，因为这两个领域最易受到碳价变化的影响，而建筑和交通部门受碳价变化的影响相对较弱。因此，碳排放权交易市场应至少覆盖电力行业和工业部门。

### 4. 持续提高重型车燃油经济性标准

未来一段时间我国的货运需求仍将维持在较高水平，而公交车出行需求则将持续增加，但目前针对这些重型车的燃油经济性标准较薄弱，因而这一标准的提高成为我国重要的低碳政策选择之一。我国应持续提高不同类型重型车燃油经济性标准，持续降低其燃料消耗量限值标准，并与更严格的机动车尾气污染控制排放标准同步推进，以释放长期有效的政策信号，同时加强标准的执行力度。

### 5. 持续减少工业过程排放

根据本报告的研究结果，减少工业过程排放，尤其是含氟气体的排放，具有显著的温室气体减排潜力。按照 2016 年发布的《蒙特利尔议定书》基加利修正案要求，全球各国同意在未来几年逐步消除含氟气体排放。本报告通过低碳情景和强化低碳情景评估了实现基加利修正案中列出的减排目标的影响，结果表明其减排潜力巨大，到 2050 年的温室气体年减排量将达 17 亿 t。如果配套实施提高空调和冰箱能效的政策，则将带来更大的减排潜力。在对冰箱和空调生产线进行改造以替代含氟气体的同时，这些电器的节能标准也将随之显著提高，两者共同作用进一步提高了减排效益。加强废旧空调和冰箱管理也有助于减少由其报废带来的含氟气体泄漏。除了减少含氟气体排放，减少其他工业过程排放同样具有较大的减排潜力，包括降低甲烷燃烧或排放、降低水泥生产过程排放等。注重这些工业工程排放控制政策将有助于我国实现全温室气体减排。

### 6. 不断提升工业能效标准

我国已制定并执行了针对不同工业部门的能耗限额标准，并在促进工业部门节能及碳减排方面发挥了重要作用。鉴于工业部门目前仍是我国主要的能源消费领域，且部分工业部门能效水平与国际先进水平仍有一定差距，未来应使工业能效标准逐渐覆盖更多的工业部门，并持续提升能效标准，这将对我国工业部门的低碳发展及全国实现深度减排继续发挥重要作用。

### 7. 支持碳捕集与封存技术的发展

根据本报告研究结果，尽管目前碳捕集与封存技术仍处于早期发展阶段，但其仍是中国实现长期绝对减排的一项重要技术。在低碳情景下，碳捕集与封存将为我国中长期碳减排做出重要贡献。现阶段该技术仍面临着成本高和额外能耗高等障碍，要实现中远期的大规模商业化运营，现阶段仍需投入大量的研发资金和政策支持。我国应尽快制定和完善针对该技术的战略部署，并制定相关法规和标准体系，实施税收减免、补贴等经济激励政策以促进该技术的发展和部署。

# 第三篇

# 中国城镇化低碳发展的关联分析及对策研究

## ——以石家庄市为例

# 引　言

中国作为发展中大国正经历着一个快速的城镇化进程。2011年，我国的城镇化率首次突破50%；2016年达到57.35%；“十二五”期间，我国城镇化率年平均提高1.2个百分点。随着这一变化和城市规模的不断扩大，城镇化过程中的资源与环境问题不断显现。有研究显示，我国287个地级及以上城市消耗的能源占全国总能耗的一半以上，其二氧化碳排放量占全国总排放量的59%，而近年来国内大中城市普遍出现的环境污染加重问题更是成为全社会关注的焦点。对此党中央提出，我国新型城镇化经济建设应坚持低碳发展、循环发展、绿色发展，借助产业结构优化调整、转变消费模式等方式实现城镇化的健康、可持续前进。《国家新型城镇化规划（2014—2020年）》进一步提出了以人为核心的新型城镇化理念，并强调将生态文明理念全面融入城镇化进程，把生态文明、绿色低碳作为新型城镇化的核心原则之一。

实现中国城镇化和低碳发展的有效结合，已成为当前我国推进新型城镇化过程中的一项紧迫而又艰巨的重要任务，但从目前已有的研究成果来看，对于如何实现城镇化的低碳发展还没有一个系统和清晰的认识，并且在相关规划和政策行动中也没有对二者进行很好的统筹协调。为此，本篇以地处京津冀核心区域的石家庄市作为典型案例，通过识别中国城镇化碳排放的内在机理，探索出一种城镇化与碳排放关联分析的可视化技术方法，厘清影响城镇化碳排放的相关问题，并从规划布局、土地利用等源头层面提出切实可行的低碳措施。

京津冀区域是一个经济规模较大、城镇体系比较健全的特大城市群，探索该区域具有生态文明时代特征的城市发展模式是当前重要的研究课题。在京津冀区域中，河北省当前仍处于相对快速的城镇化进程中，但其低碳发展水平低于与之毗邻的北京市和天津市，而石家庄市作为河北省的政治经济中心，其经济影响力不断增加，辐射能力和范围不断增强和扩大，但同时也存在着产业结构较重、能源结构不够优化、低碳发展水平较低等问题。为此，本篇在对城镇化和碳排放关联关系进行定性分析的基础上，选取了河北省石家庄市作为典型案例，深入分析了其在不同城镇化模式下的工业、建筑和交通部门能源消费及碳排放特征，并提出了推动城镇化低碳发展的政策建议，以期为河北省、京津冀区域乃至全国探索新型城镇化进程提供借鉴。

本篇研究历时三年，为国家应对气候变化战略研究和国际合作中心、宇恒可持续交通中心、国家发展改革委国土开发与地区经济研究所的联合研究成果。本篇包括本报告的第十章至第十五章，第十章介绍了城镇化低碳发展的背景和本篇研究的方法学；第十一章分析了石家庄市城镇化的变化特征；第十二章介绍了石家庄市能源消费及碳排放的历史趋势和现状；第十三章对石家庄市城镇化水平与碳排放的关联关系进行了分析；第十四章分析了石家庄市在不同城镇化模式下的碳排放情景；第十五章给出了主要研究结论和对策建议。

# 第十章　研究背景与方法学介绍

## 一、低碳城镇化的相关研究和国内实践

### （一）低碳城镇化的内涵

城镇化是一个综合性概念，是一个国家或地区人口从农村向城市转移、农村地区逐步演变成为城市地区，城市人口不断增长的过程，同时也是城市的空间结构即产业、建筑、交通等各种要素和资源在城市中的分布状态逐步发生变化的过程。在快速城镇化的过程中，城市空间结构影响着人口分布、居民出行方式、交通运输需求、建筑形态和模式以及产业结构，由此造成了土地利用方式的改变，进而影响着城市的碳排放。

由于研究的侧重点和视角不同，不同的学科和学者对低碳城镇化的内涵有不同的理解。综观国内外的研究，低碳城镇化内涵的发展经历了城镇化、新型城镇化到低碳城镇化的过程，要厘清低碳城镇化的内涵就要从低碳城市追溯。国内外对低碳城市的定义经历了不断发展的过程。城市的聚集性使城市成为碳排放的主体，因此实施低碳经济也需要以城市作为核心载体。低碳城市已经成为一些发达国家发展低碳经济的重点，但目前低碳城市的概念尚未形成统一定义。综合相关学者所做的研究（表 10-1），对于低碳城市的理解可概括为在保持城市本身综合竞争力不变和人民生活水平持续增长的前提下，在城市内部实现经济发展模式、能源消费理念、生活方式的变化，从而有效降低二氧化碳排放量。因此，低碳不是指标，而是一种发展模式，也是一种生活方式。

**表 10-1 不同研究关于低碳城市的主要观点汇总**

| 作者 | 年份 | 观点 |
|---|---|---|
| 夏堃堡 | 2008 | 低碳城市是“在城市实行低碳经济，包括低碳生产和低碳消费，建立资源节约型、环境友好型社会，建设一个良性的可持续的能源生态体系”，该定义描述了低碳城市经济发展的方式，在目标上侧重于“能源体系” |
| 顾朝林 | 2008 | 低碳城市是指在保持经济社会稳定健康发展、人民生活水平不断提高的前提下，二氧化碳排放维持在一个较低的水平，对自然系统产生较小的负面影响 |
| 谷永新 | 2008 | 低碳城市应以低碳经济为发展模式和方向，城市市民应以低碳生活为理念和行动特征，政府公务管理层应以低碳社会为建设标本和蓝图，并提出推广太阳能、地源热泵和垃圾填埋场的气体回收利用等技术的应用 |
| 中国科学院可持续发展战略研究组 | 2009 | 以城市空间为载体，发展低碳经济，实施绿色交通和建筑，转变居民消费观念，创新低碳技术，从而最大限度地减少温室气体的排放 |
| 张泉 | 2011 | 低碳城市通过在城市发展低碳经济，创新低碳技术，倡导和践行低碳生活方式，最大限度地减少城市温室气体排放，改进以往大量生产、大量消费和大量废弃的社会经济运行模式，形成结构优化、循环利用、能效较高的经济体系及健康节约低碳的生活方式和消费方式，最终实现城市的高效发展、清洁发展、低碳发展和可持续发展 |
| 世界自然基金会（WWF） | 2008 | 低碳城市应在经济高速发展的前提下，保持能源消耗和二氧化碳排放处于较低的水平 |
| 中国城市科学研究会 | 2009 | 低碳城市是通过零碳和低碳技术研发及其在城市发展中的推广应用，节约和集约利用能源，有效减少碳排放的城市 |
| 中国科学院上海高等研究院 | 2012 | 低碳城市包括自然型低碳城市、产品型低碳城市及智慧型低碳城市。自然型低碳城市是指以农耕生活为主的准现代化城市，主要依靠降低生活质量、回归原始的手段实现低碳；产品型低碳城市是指以新能源设备生产为主的城市；智慧型低碳城市是指以提升市民生活品质为目标，优化融合现代信息技术和现代低碳技术，节能减碳，实现可持续发展的宜居城市；智慧型低碳城市完全符合当今现代城市的诉求 |
| 胡秀莲 | 2013 | 低碳城市定义为“在城市可持续发展过程中，其经济发展模式、能源供应、生产和消费模式、技术发展、贸易活动、市民和公务管理层的理念和行为等体现为低碳化”，此定义是基于过程视角，指出了低碳城市的核心标准是发展过程的“低碳化” |

| 作者 | 年份 | 观点 |
|---|---|---|
| 庄贵阳 | 2009 | 低碳城市的特征是“较高的碳生产力；较低的碳消费水平；较清洁的能源结构；公众有较高的低碳意识，企业有社会责任感”，属于静态视角，即指出了低碳城市应具备的特征 |
| 付允 | 2008 | 低碳城市就是“通过在城市发展低碳经济、创新低碳技术，改变生活方式，最大限度地减少城市的温室气体排放，彻底摆脱以往大量生产、大量消费和大量废弃的社会经济运行模式，形成结构优化、循环利用、节能高效的经济体系，形成健康、节约、低碳的生活方式和消费模式，最终实现城市的清洁发展、高效发展、低碳发展和可持续发展”，此定义将“清洁发展、高效发展、低碳发展和可持续发展”等目标一并纳入低碳城市范畴，在某种程度上容易降低城市的行政职能部门对于低碳城市的理解，将其与循环经济、生态城市等其他类似称呼混淆 |
| 戴亦欣 | 2009 | 低碳城市是“通过消费理念和生活方式的转变，在保证生活质量不断提高的前提下，有助于减少碳排放的城市发展模式和社会发展方式”，该定义基本上阐明了低碳城市的特征、条件，并阐明了“保证生活质量不断提高”这一关键前提 |
| 李同德 | 2010 | 以降低城市运转能耗和减少平均出行时间为基础，综合生产、生活等多种因素，提出了低碳城市的最佳规模为 20 万～100 万人的概念，这是国内学者第一次就低碳城市的最佳规模做出定量化定义 |

18 世纪工业革命以来，传统的以家庭、作坊经济为主体的分散式城乡空间格局迅速瓦解，规模效益、集聚效益使人口、资金和技术不断向城镇集聚，城镇化成为推动经济社会发展的主要动力，同时也导致了城镇的繁荣和乡村的衰败。人们开始研究和讨论关于城市的起源、城市的发展、城市问题以及乡村人口向城市的流动所引起的后果等问题。马克思和恩格斯在其著作中也充分论述了城镇化的必要性和重要性，提出了“城乡融合”的城镇化目标。20 世纪初，欧美大部分国家已初步实现了城镇化（城市人口占总人口的 50% 以上），城镇化过程中产生的主要问题开始不断暴露，这不仅提出了城镇化研究的理论需求，也为深入开展城镇化研究提供了现实基础。与此同时，对城镇化的研究也由传统的形态偏好开始转向功能空间。国外学者对城镇化问题的理论研究从大的方面可分为区位理论、城乡结构转换理论、非均衡发展理

论和协调发展理论 4 种类型。20 世纪 90 年代以后，信息化、经济一体化、可持续发展等理论与思想开始融入城镇化研究中。美国规划大师赖特（H.Wright）提出了自然生态空间融合的区域城市。欧盟从 1993 年起开始了“欧洲空间展望”跨国空间规划工作，以实现区域与城市空间的集约发展。加拿大与美国也采取“生长控制”之类的措施来调控区域城镇空间的演化。我国正处于城镇化、工业化、信息化和农业现代化快速发展的重要时期，城镇化被认为是我国经济增长的持久动力和新的经济增长驱动，也是我国未来扩大内需的最大潜力所在。通过对城镇化发展理论的梳理，了解城镇化发展演变的规律、机制与手段，可以更好地促进人口、资源与环境同发展的相互协调。

欧美发达国家在 20 世纪已经基本完成了城镇化过程，目前处于城镇化的后期阶段，而发展中国家城镇化任务艰巨。同时，发展中国家在城镇化的过程中所面临的国际环境、经济发展状况和历史时期与欧美等发达国家不尽相同，要实现跨越式发展，完全照搬发达国家的城镇化模式是不现实的，必须在传统城镇化道路的基础上进行创新。

中国城镇化低碳发展战略的概念最早于 2009 年被提出，随后开始有学者关注低碳城镇化，并开始提出低碳城镇化概念，不同学者对低碳城镇化的定义有不同见解。陈晓春等（2013）认为低碳城镇化是指在城镇化建设过程中，坚持可持续发展原则，制订低碳科学的城镇规划，建设低碳的城镇基础设施，形成低碳的能源消费结构，发展低碳经济。潘家华等（2010）认为低碳城镇化要摒弃高碳型城镇化发展道路，不仅仅是简单的节能减排，还应该包括空间与规模相协调、遵循自然规律、以民为本、绿色乡土田园自主、明确并严格执行低碳目标等内涵。王富平（2010）认为低碳城镇化是指通过设定更高的城镇发展目标，以低碳经济为方向培育新的低碳生产力要素，最终构建可持续的城镇发展模式。姚维刚等（2015）认为低碳城镇化要依托于市场机制，通过新政策促进技术进步，实现产业结构的低碳化，进而实现经济、社会和环境三者的可持续发展。弋振立等（2010）认为低碳城镇化是指在城镇化进程中以低能耗、低污染、低排放、高效率、高产出为特征来进行低碳城市的规划设计与建设。韩春虹等（2018）认为低碳城镇化转型需要体现可持续发展原则和低碳发展理念，它关系到经济社会的系统转型问题，具体表现为生产、生活和消费模式的转变。总体来说，低碳城镇化作为一个近年来新兴的研究热点，目前还没有明确的定义，但随着研究的不断深入，其科学内涵也在不断丰富和完善。

此外，不同学者对低碳城镇化的实现模式也有不同见解。杨正东等（2014）认为新型低碳城镇化应从降低能源强度、调整产业结构、持续调整能源结构降低碳排放强度、发挥碳排放权交易市场等方面着手。潘家华等（2010）指出低碳城镇化需要着力推进产业结构优化升级，鼓励发展新能源等低碳产业，加快传统高碳产业的低碳化改造，促进消费模式和生活方式转型，在建筑、交通等部门形成低碳城市生活方式。陈晓春等（2013）认为要实现新型城镇化的低碳发展，科学的城镇规划是前提，低碳基础设施建设是基础，产业结构转型升级是支撑，低碳排放的能源结构是关键，生态环境的综合治理是保障。庄贵阳等（2015）提出可以从能源、建筑和交通 3 个部门破解城镇化过程中资源约束的问题，实现低碳发展。刘希雅等（2016）认为阻碍低碳城镇化的原因包括经济因素和政策因素，经济因素指工业高碳排放、建筑面积持续扩张、交通出行需求量持续上升和居民生活水平显著提高；政策因素指“摊大饼式”的城市规划和侧重 GDP 指标的地方官员考核机制，低碳城镇化亦应该从上述几方面着手。郝华勇（2013）认为实现低碳城镇化需要以生态文明的价值理念做引领，以主体功能区规划做基底保障，以传统产业的低碳化改造和新兴低碳产业培育来匹配，将低碳城市群作为主体形态来发挥集聚集约效应，统筹城乡发展来探索符合不同地域的低碳发展模式。

综上所述，本报告认为，低碳城镇化就是在城镇经济快速发展和大规模人口流动的背景下，通过优化升级产业结构、合理布局发展空间、科学调整土地利用模式、构建绿色交通体系、促进绿色低碳技术的进步和应用等措施优化城市空间结构，控制能源消耗和碳排放处于较低水平的城市低碳发展模式。低碳城镇化的主要内涵如表 10-2 所示。

表 10-2 低碳城镇化的内涵

| 低碳城镇化重点领域 | 标准 | 内涵 |
|---|---|---|
| 低碳产业体系 | 绿色、低碳、生态高效的生产模式和产业结构 | ● 碳排放量较大和强度较强的产业占比较低；<br>● 较高的能源利用效率和节能水平；<br>● 绿色低碳的能源消费结构；<br>● 绿色、低碳技术的广泛应用 |
| 低碳空间形态 | 紧凑集约型空间结构 | ● 合理控制城市规模；<br>● 高密度紧凑发展；<br>● 保持合理的地块尺度和土地开发强度 |
| 低碳土地利用模式 | 绿色集约的用地结构和土地利用模式 | ● 较高的土地利用效率；<br>● 支撑低碳产业体系的土地利用结构；<br>● 较强的碳排放吸纳能力 |
| 低碳交通体系 | 较低的交通出行能源消耗 | ● 优先发展公共交通和非机动出行方式；<br>● 推行交通工具使用清洁能源 |
| 建筑低碳化 | 较低的建筑建造和建筑终端使用能源消耗 | ● 较高的新建建筑能效标准；<br>● 建筑节能改造；<br>● 再生能源在建筑中的广泛应用 |

## （二）低碳城镇化的关联关系

在低碳城镇化的相关研究中，低碳城镇化评价体系和城镇化与碳排放关联关系的研究是其中的两大热点问题。总体来说，研究低碳城镇化评价体系构建的文章相对较少，已发表的研究成果均是根据自身的研究方法选择相应的指标，没有统一的评价体系，其适用性和可操作性受到限制。研究城镇化和碳排放关联关系的文章较多，主要从理论和实证两方面进行了分析和探索。理论研究主要倾向于城镇化进程对产业结构和能源结构的影响，进而分析其对碳排放产生的影响；实证研究则多是利用数量模型开展定量分析，常用的数量模型有 Kaya 恒等式、对数平均迪氏指数法（LMDI）、IPAT 公式、可拓展的随机性环境影响评估模型（STIRPAT）、时空地理加权回归模型、多指标面板数据聚类分析等。

通过归纳整理城镇化和碳排放关联关系的相关研究可以发现，大部分研究认为提高城镇化率会增加碳排放，如林伯强等（2010）利用修正后的 Kaya 恒等式分析了我国 1978—2008 年城镇化阶段碳排放的影响因素，结果表明碳排放量和城镇化水平之间存在稳定的长期均衡关系。部分研究认为城镇化率的提高有助于碳减排，如卢祖丹等（2011）利用三阶段最小二乘法探讨了我国城镇化对碳排放的影响，研究显示城镇化发展有利于我国实现碳减排。还有学者认为城镇化进程对碳排放的影响存在阶段性规律或空间性规律，如 Dong 等（2011）利用结构向量自回归模型对我国 1979—2009 年的碳排放、城镇化率等相关数据进行回归分析，结果表明城镇化率与碳排放呈“U”形关系。

总体来看，针对我国城镇化与碳排放关联关系的研究方法多样、研究内容深入，但城镇化与碳排放之间到底存在何种关联却没有形成一致的判断，究其原因：一是分析方法的局限性，不同学者采用了建模原理迥异的模型方法，所采用的指标类型亦有不同；二是时空范围的不同，不同学者根据研究需要选取了不同的空间区域或者时间系列，而我国省市城镇化发展阶段有快有慢，且不同的城镇化发展阶段对能源需求增速不一，如果研究覆盖的时空范围不同会导致结果的差异（表 10-3）。

**表 10-3 关于我国城镇化和碳排放之间关联关系的相关研究**

| 第一作者 | 研究区域/时间范围 | 研究方法 | 主要结论 |
|---|---|---|---|
| 林伯强 | 全国/1978—2008 年 | Kaya 恒等式 | 城镇化和碳排放之间存在稳定的长期均衡关系 |
| 周葵 | 全国/1978—2009 年 | 协整分析 | 城镇化与碳排放呈正相关关系 |
| 王小斌 | 省级/1995—2011 年 | STIRPAT 模型 | 城镇化造成碳排放增加，同时碳排放存在明显的区域差异 |
| 朱高鹏 | 山东/1985—2010 年 | 协整分析 | 城镇化与碳排放存在长期稳定均衡关系且富有弹性 |
| 宋德勇 | 省级/1995—2008 年 | STIRPAT 模型 | 城镇碳排放是我国碳排放的主体 |
| 卢祖丹 | 省级/1995—2008 年 | 三阶段最小二乘法 | 城镇化发展有利于碳减排 |
| 肖宏伟 | 省级/2006—2010 年 | 空间计量模型 | 城镇化有利于降低全国平均碳强度；东部地区城镇化有利于降低碳强度，而中西部地区则反之 |
| 谭黎阳 | 省级/2005—2012 年 | 时空地理加权回归模型/STIRPAT 模型 | 中东部地区城镇化会增加碳排放，在西部地区则反之 |

| 第一作者 | 研究区域/<br>时间范围 | 研究方法 | 主要结论 |
|---|---|---|---|
| 董向阳 | 全国/<br>1989—2009 年 | 结构向量自回归模型 | 城镇化与碳排放呈“U”形关系 |
| 余晶晶 | 省级/<br>1995—2012 年 | STIRPAT 扩展模型 | 城镇化与碳排放呈倒“U”形关系;<br>城镇化对碳排放的影响有区域差异 |
| 胡建辉 | 城市群/<br>2005—2012 年 | STIRPAT 模型 | 城镇化对长三角城市群的碳排放有抑制作用，对京津冀地区则反之，在珠三角地区呈“U”形关系 |

## （三）低碳城镇化的国内实践

低碳城镇化理念在“十二五”以前被引入我国，从中央政府到地方政府都在摸着石头过河，探索如何推动低碳城镇化。2007 年《中国应对气候变化国家方案》的发布标志着我国应对气候变化工作的正式开始，2011 年国务院出台《“十二五”控制温室气体排放工作方案》指导“十二五”期间的应对气候变化工作，随后更多的相关政策陆续出台，在这些政策文件中没有明确提及低碳城镇化，但是控制温室气体所运用的多种措施均涉及低碳城镇化。2014 年出台的《国家新型城镇化规划（2014—2020 年）》将低碳发展作为新型城镇化的重要发展方向，低碳城镇化理念开始进入政策文件。进入“十三五”以后，国务院印发的《“十三五”控制温室气体排放工作方案》明确提出，从城乡低碳化建设和管理、建设低碳交通运输体系、加强废弃物资源化利用和低碳化处置、倡导低碳生活方式 4 个方面推动低碳城镇化。截至 2017 年 9 月底，全国 27 个省、自治区、直辖市陆续发布了省级“十三五”控制温室气体排放工作方案或相关规划，在这些控温方案或规划中均明确提及如何推动低碳城镇化。因此，低碳城镇化将越来越多地受到各级政府的重视，其发展将走上快车道，但是发展效果如何仍有待检验，这也是学术界在后续研究中应重点关注的方向之一。

从提出低碳城镇化理念到低碳城镇化写入政府发布的政策文件前后所用的时间不到 10 年，在社会上所积累的实践经验仍相对较少，但是仍有学者总结了部分省份低碳城镇化的探索实践。姚维刚等（2015）分析了河北省城镇化发展现状，指出河北省低碳城镇化过程中存在能源消费结构偏高碳、产业结构偏重、城镇基础设施建设不完善、公共低碳消费习惯尚未形成等问题，提出通过调整能源结构、优化产业结构、构建低碳产业体系、倡导低碳生活等措施解决河北省低碳城镇化过程中存在的问题。张瑶等（2015）分析了山西省城镇化发展现状，梳理了城镇化发展中的高碳困境，提出了山西省的低碳城镇化发展路径应该是发展低碳经济、实施低碳规划、推行绿色交通和建筑、倡导低碳生活等。邓逸等（2014）分析了湖北省低碳城镇化面临的障碍，提出了湖北省低碳城镇化的思路应该是加强分类指导，推动形成差异化的城镇化发展模式，科学推进旧城改造和新城建设，发展低碳产业体系，建设绿色建筑体系和低碳交通网络，加强节能环保，倡导低碳生活。孙菲等（2016）通过翔实的数据分析了黑龙江省新型城镇化低碳发展的现状，找出了黑龙江省低碳发展水平低的客观原因。总体来说，国内学者总结了不同省份在推进城镇化低碳发展的过程中面临的机遇和挑战，尝试从经济增长转型、能源系统转型和消费模式转型三个方面解释如何推进低碳城镇化。由于我国不同省份的城镇化发展阶段有所不同，在低碳城镇化中所面临的问题也会有所不同，所以学者们所提出的针对性措施也有所不同。另外，目前总结城镇化低碳发展成果的文章仍有不足：一是文章数量相对较少，评价政策实施效果的文章也相对较少；二是现有研究多集中在省级范围，随着低碳城镇化的稳步推进，未来学者们应从全国、省级甚至地市级层面上总结低碳城镇化的经验，为后续发展提供借鉴。

## 二、城镇化低碳发展的关键要素识别

本报告运用 Kaya 公式对影响一个地区碳排放的因素进行了分析，结果表明，影响一个地区碳排放的重要因素主要包括人口、GDP、产业结构、能源消费强度和能源结构等。

人口是碳排放量增长的重要贡献因素。我国人口绝对数一直在增加，到 2015 年全国人口达到 13.68 亿人，比 2000 年增加了 1 亿人。人口数量的增加再加上城镇化率的提高和居民生活水平的提升，使经济产出必须持续增长并保证与之对应的能源消费持续增加，这样才能满足人们的基本生存和发展的需求。2015 年，我国“全面二孩”政策将在一定程度上增加出生人口。根据有关部门预测，如果按照“全面二孩”政策之前的情形发展，到 2020 年全国总人口约 14 亿人，实施“全面二孩”政策后，2020 年总人口约为 14.2 亿人，到 2029 年总人口将达到峰值 14.5 亿人。可以预期的是，中国人口控制政策将越来越宽松，人口增长将按自然规律增长，在人口总数达峰之前，人口增长将一直是推动碳排放增长的重要因素。

经济持续增长是我国碳排放增长的主导因素。能源是维持经济运行的基本投入物，而二氧化碳排放是化石能源消费的直接产物。如果保持能源强度不变，随着经济规模的增加，能源消费也会相应增加，随之而来的是碳排放的增加。我国 GDP 已由 2000 年的 15.36 万亿元（2010 年不变价）增至 2015 年的 59.57 万亿元（2010 年不变价），相应地，我国与能源活动相关的碳排放量也由 2000 年的 33.74 亿 t 增至 2015 年的 93.12 亿 t。我国经济增长已由高速增长调速换挡至中高速，可以预期这将有助于控制碳排放量的增速。

产业结构轻重与否在一定程度上影响了碳排放量的增速。从理论上来说，第二产业对能源消费的需求远大于第一产业和第三产业。通过降低第二产业比重并提高第三产业比重，有助于降低能源消费的过快增长。产业结构调整一直是我国经济转型升级的重点工作，2015 年三次产业结构占比分别为 9%、40.5%、50.5%，其中第二产业比重比 2010 年降低了 6.3 个百分点，第三产业提高了 7.5 个百分点。

能源消费强度是影响碳排放的主要贡献因素。能源消费强度指的是能源消费量与 GDP 之比，即单位 GDP 能耗强度。该指标是反映一国经济生产中能源利用效率高低的指标，提高能源利用效率同样能有效减少碳排放。2015 年，我国单位 GDP 能耗强度为 0.72 tce/万元（2010 年价），相比 2010 年的 0.88 tce/万元下降了 18%，完成了国家下达的节能目标。

能源结构优化有助于控制碳排放。能源消费结构是指消费的各种能源品种在能源消费总量中所占的比例关系。1 tce 的煤炭、石油、天然气燃烧产生的碳排放分别为 2.78 t、2.08 t、1.63 t。由于不同能源品种的碳排放强度不同，所以可以通过改变能源消费结构控制碳排放。我国的能源消费结构在不断优化，2015 年煤炭能源比重降至 64.5%，相比 2010 年下降了 4.7 个百分点，而

2015 年非化石能源比重达到 12%，相比 2010 年上升了 2.6 个百分点。

人口、经济增长、产业结构、能源结构和能源消费强度是影响一个国家或地区碳排放的关键指标。在快速城镇化地区，上述因素同样是影响其碳排放的关键因素，此外也伴随着土地利用布局的变化。土地利用布局与产业布局、交通布局以及人口布局紧密相关，进而对碳排放量也将产生重要影响。因此，本报告认为影响城镇化低碳发展的关键因素主要包括人口、经济增长、产业结构调整、能源消费强度、能源结构和土地利用布局等。

## 三、案例选择与技术路线

近年来，我国区域经济发展迅速。“十一五”期间，我国首次提出把发展“城市群”作为推进区域经济发展的新思路，珠三角经济区、长三角经济区、京津冀区域、长株潭城市群和成渝经济区等国家重点城市群快速发展。京津冀区域作为一个经济规模较大、城镇体系比较健全的特大城市群，探索区域内各城市及区域整体的绿色、低碳发展模式是当前重要的研究课题。在京津冀区域中，河北省当前仍处在一个相对快速的城镇化进程中，但其低碳发展水平低于毗邻的北京市和天津市，而石家庄市作为河北省的政治经济中心，其经济影响力不断增强，辐射能力和范围也在不断增强和扩大，但同时也存在着产业结构较重、能源结构不够优化、低碳发展水平较低等问题。

基于此，本篇选取石家庄市作为案例，对其不同城镇化模式下的工业、建筑和交通部门的发展水平、空间布局与碳排放的关系进行数量分析，构建起涵盖石家庄市经济发展、工业、建筑与交通部门的城镇化碳排放关联分析模型框架，预测分析石家庄市在不同城镇化模式下工业、建筑和交通部门的发展趋势以及能源消费和碳排放量。研究所采用的技术路线如图 10-1 所示。

具体来说，本报告对不同部门的碳排放采用了不同的分析方法。

针对工业部门碳排放的核算，首先将 M1、M2、M3[①]三类工业的用地面积

---

① 本研究所提及的三类工业用地指的是按照《城市用地分类与规划建设用地标准》(GB 50137—2011) 将工业用地分成的三种类型，包括基本无污染、能耗较低的工业用地（M1），对环境有一定干扰和污染、能耗较高的工业用地（M2），对环境有严重干扰和污染、高能耗的工业用地（M3）。

和工业增加值或产量进行关联，计算得到单位土地面积的产量和单位土地面积的工业增加值数据，然后根据单位产量（增加值）能耗、产量（增加值）和能源结构核算出工业部门碳排放量。

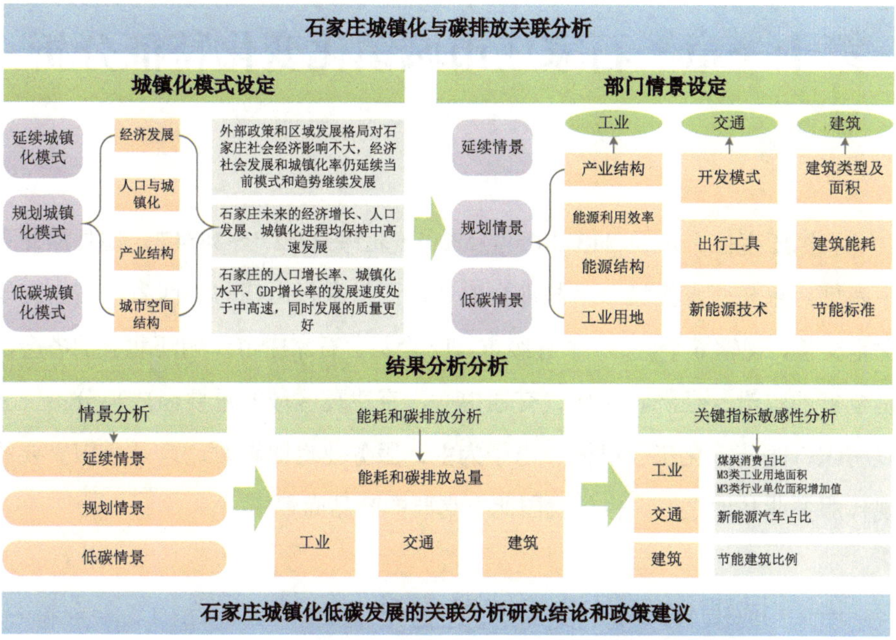


**图 10-1　石家庄城镇化与碳排放关联分析方法学路线图**

针对建筑部门碳排放的核算，根据建筑年代等因素确定了不同建筑所采用的节能标准，并据此确定了不同建筑的能耗因子，再结合人均居住/公建面积，以及不同情景下各区县人口，推算出各区县建筑总量，进而计算出不同能耗强度的建筑总能耗和碳排放量。

针对交通部门碳排放的核算，根据区位、有无轨道覆盖、密度和功能将市域内的街区划分为不同的场地类型，基于场地类型对交通出行特征做出假设，并确定了不同情景下的场地类型比例，进而结合不同情景下的人口分布，推算出每个街区的居民出行行为特征值，如交通出行方式分担率、拥车率和车公里数等，再结合街区出行行为特征，推算出每个街区的总能耗以及碳排放量。

# 第十一章　石家庄市城镇化变化特征分析

石家庄市位于东经 113°30′～115°20′、北纬 37°27′～38°47′，地处河北省中南部，东与衡水接壤，南与邢台毗邻，西倚太行山，与山西省接壤，北与保定交接，现辖 6 个区、5 个县级市、12 个县。石家庄市作为河北省的省会，是全省的政治、经济、文化、交通中心，京津冀区域的重要组成部分；工业以纺织、医药、化工、机械、电子为主，服务业也比较发达，是全国重要的现代服务业基地之一，也是我国北方重要的商品商贸中心。

## 一、城镇化率以较高速度提升

近年来，石家庄市围绕率先在河北省全面建成小康社会的目标，坚持工业化、信息化、城镇化和农业现代化同步推进，城镇化率稳步提升。2000 年以来，石家庄市的城镇化率以每年超过 1%的速度提高，2015 年全市的城镇化率已经达到 58.3%，高出全省平均水平约 7 个百分点（图 11-1）。

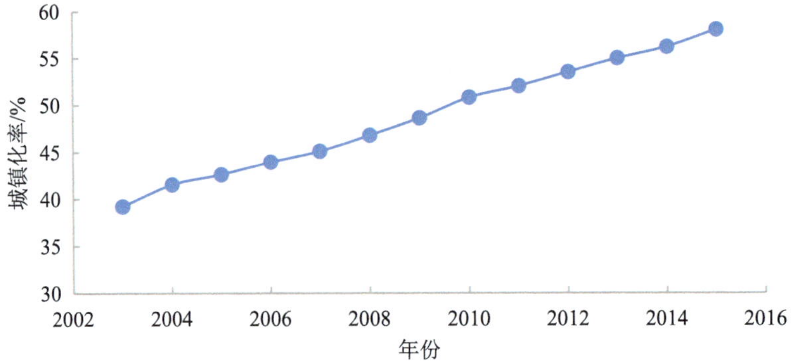


**图 11-1　石家庄市城镇化水平发展趋势**

## 二、城镇化水平由中心城区向外围区县递减

石家庄市内部的城镇化发展水平存在较大差异，中部的中心城区城镇化发展水平明显高于东西部的辖县和县级市。2000 年，中心城区的城镇化率超过 90%，东部的两个县级市——新乐和鹿泉的城镇化率超过 30%，其他县市的城镇化率均低于 30%，尤其是西部和北部的平山、灵寿、赞皇等县，其城镇化率只有 10%左右。与 2000 年相比，2010 年石家庄市各区（县、市）的城镇化率有了比较大的提升，尤其是中心城区附近的区县，如正定县、鹿泉市、栾城县、藁城区等；其次是东部的县市，其城镇化率增长也比较快。2012 年，中心城区及周边几个区县的城镇化率已经高于 50%，东部地区的晋州市、赵县等几个县市的城镇化率也已经突破 50%。2015 年，石家庄市中、东、西部的城镇化率分别为 80.32%、36.92%和 36.8%。从增速上来看，东部的城镇化发展最快，比上年同期提高 2.44 个百分点，高于中部（1.68 个百分点）和西部（1.81 个百分点）（图 11-2）。

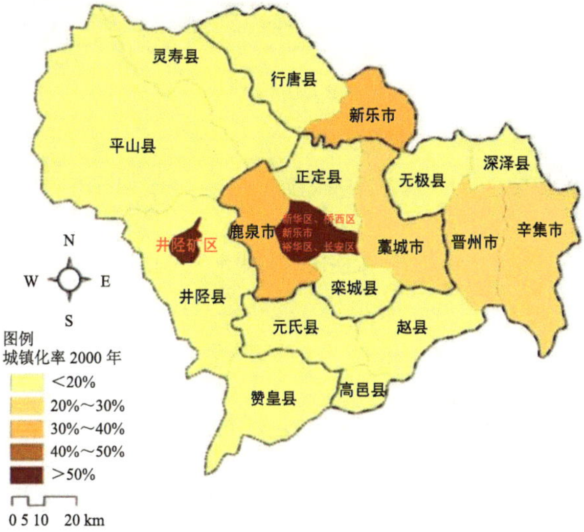

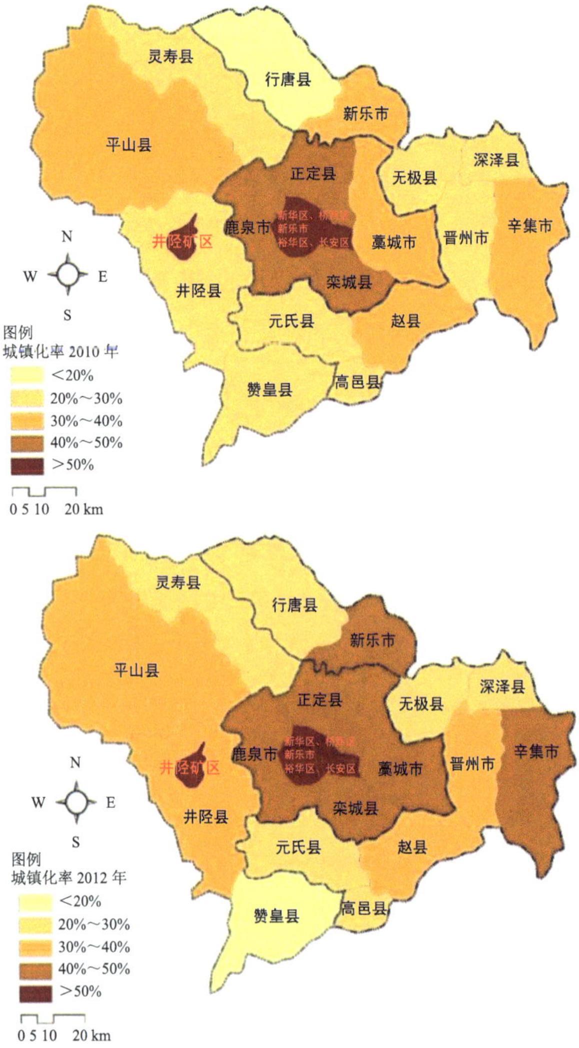


**图 11-2　石家庄市城镇化水平变化趋势**

## 三、经济增长质量的不断提高成为城镇化的重要驱动力

从经济总量和人均值来看，石家庄市正处于中等收入水平向高收入水平过渡的阶段。2015 年，石家庄市 GDP 达到 5 440.6 亿元，在全国所有城市中排名第 39 位，在河北省内低于唐山市排名次席，全市人均 GDP 超过 5 万元，与全国水平基本持平（图 11-3）。

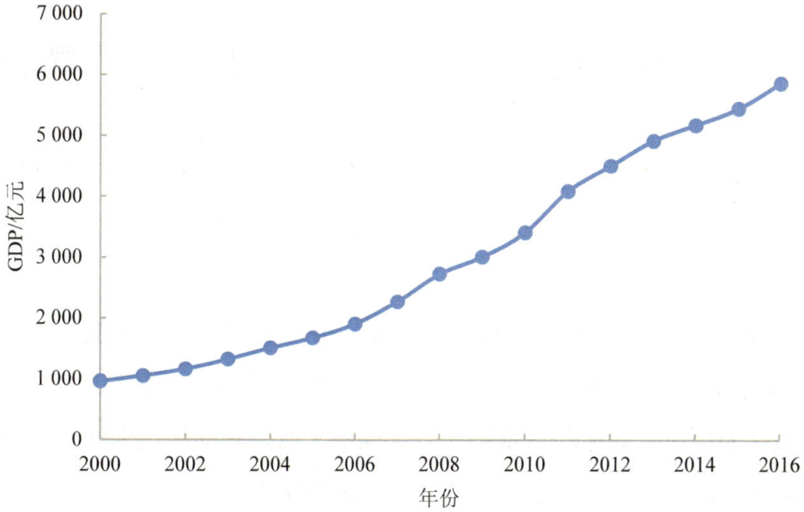


图 11-3　石家庄市 GDP 水平

从 GDP 增长率来看，石家庄市经济增长步入新常态。2000 年以来，石家庄市 GDP 的年增长率在 10%左右；2006—2009 年的 GDP 增长率较高，超过 12%；2011 年以来增长率逐步下降，回落到 8%左右，并且趋于平稳，与全国经济增长的趋势基本相同（图 11-4）。可以预见，在全国经济进入新常态下，未来一段时期石家庄市的经济增长率将转为中高速或中速。

图 11-4　石家庄市 GDP 增长率

## 四、城市空间结构向“点核联动，轴带拓展”转变

石家庄市的城市空间结构经历了一系列的演变。早期城市空间结构呈现“中心集聚”的特点，发展主要集中在滹沱河南岸的中心城区，包括新华区、桥西区、桥东区、长安区、裕华区。

《石家庄市城市总体规划（2011—2020 年）》在城市空间发展上提出“北跨”战略，建设正定新区，并且实施“西控”“南优”和“东延”战略。其中，中心城区为全市工业化和城镇化的重点推进区域，东部区域为城市产业发展外延区域，西部和南部以生态保护和发展绿色生态产业为主。石家庄市空间结构的远景发展将按照“一河两岸三组团”的城市发展框架进行部署，远景都市区城镇人口规模将达到 600 万人，中心城区（含正定新区）将达到 500 万人，形成“双核、双轴、双带”的城市空间布局结构（图 11-5）。

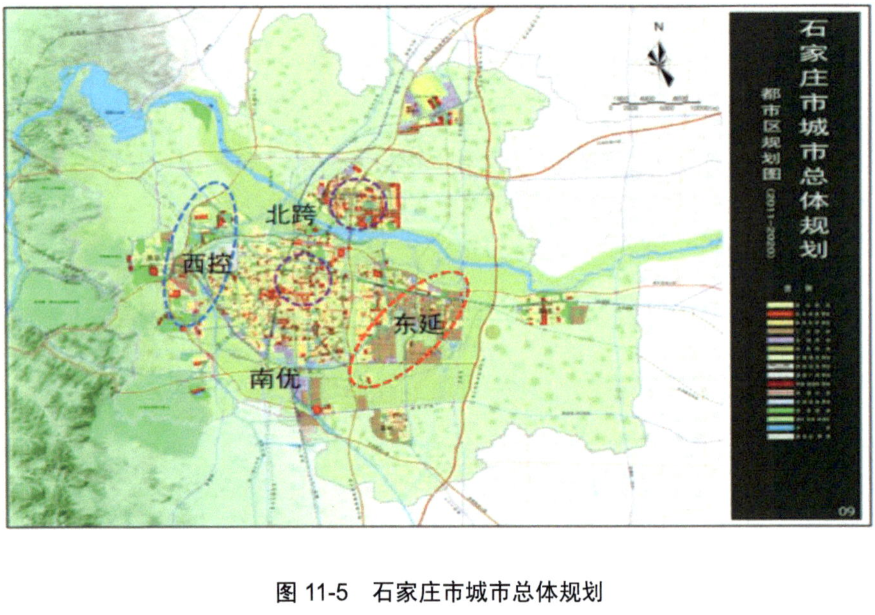


图 11-5　石家庄市城市总体规划

石家庄市“十三五”规划提出了“一核一带两轴三区”的市域空间结构。其中，“一带”是指沿滹沱河生态休闲景观带；“两轴”为依托京广集疏通道的南北向协同发展轴和依托石太集疏通道的东西向联动辐射轴；“三区”为中

部综合功能区，包括主城区、藁城区、鹿泉区、栾城区和正定县，东部产城拓展区，包括行唐县、新乐市、无极县、深泽县、晋州市、赵县、元氏县和高邑县，西部生态优化区，包括平山县、灵寿县、井陉县、井陉矿区和赞皇县（图 11-6）。

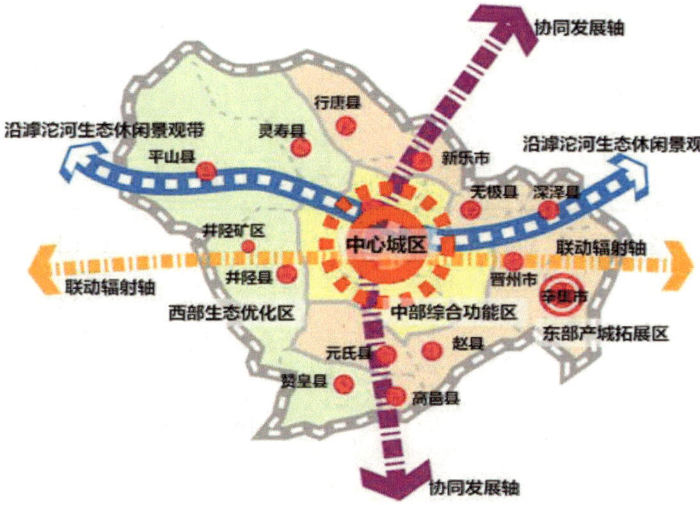


图 11-6　“一核一带两轴三区”市域空间结构

总体来看，石家庄市的城市空间将以“点核联动，轴带拓展”结构发展，中心城区与市域次中心相互呼应，是未来全市的主要增长极。从全市区域发展格局来看，主城区的趋势是向北发展，中心城区与正定新区形成“一河两岸”融合发展的格局，东部区域是石家庄市产业的延展区，而西部和南部的生态保护力度会比较大。

## 五、工业用地布局随经济转型逐步优化

长期以来，石家庄市处于工业化中后期和城镇化加速期，社会经济增长极大地依赖于对土地资源的占用，导致用地相对粗放、效率较低、结构偏重、布局不尽合理。总体来看，石家庄市是传统制造业大市，兼具工业化中后期特征。①从结构上来看，第二产业比重较大，2015 年以前，全市整体呈现“二、

三、一”的产业结构，且制造业内部结构仍然偏重。从石家庄市偏重的工业结构来看，M3 类工业中制造业占比较大（表 11-1），导致碳排放强度较大的 M3 类工业用地，特别是资源性产业用地，规模相对较大（图 11-7、图 11-8）。②从空间分布来看，石家庄市工业布局较为分散，各县（市、区）工业结构“大而全、小而全”的现象比较明显，集聚程度不够，导致石家庄市土地利用方式相对粗放，空间分布零散，建设用地集约利用水平低，单位面积建设用地经济效益相对较低。

表 11-1　按用地类型划分工业部门各行业

| M1 类工业 | M2 类工业 | M3 类工业 |
|---|---|---|
| ● 电气机械及器材制造业；<br>● 工艺品及其他制造业；<br>● 通信设备、计算机及其他电子制造业；<br>● 仪器仪表及文化、办公用机械制造业 | ● 纺织服装、鞋、帽制造业；<br>● 纺织业；<br>● 废弃资源和废旧材料加工业；<br>● 家具制造业；<br>● 交通运输设备制造业；<br>● 金属制品业；<br>● 木材加工及竹、藤、棕、草制品业；<br>● 农副食品加工业；<br>● 食品制造业；<br>● 塑料制品业；<br>● 通用设备制造业；<br>● 文教体育用品制造业；<br>● 橡胶制品业；<br>● 烟草制造业；<br>● 医药制造业；<br>● 饮料制造业；<br>● 印刷业和记录媒介的复制；<br>● 专用设备制造业；<br>● 建筑业 | ● 非金属矿采选业；<br>● 黑色金属矿采选业；<br>● 煤炭开采和洗选；<br>● 石油和天然气开采业；<br>● 非金属矿物制品业；<br>● 黑色金属冶炼及压延加工业；<br>● 化学纤维制造业；<br>● 化学原料及化学制品制造业；<br>● 皮革、毛皮、羽毛（绒）及其制品业；<br>● 石油加工、炼焦及核燃料加工业；<br>● 有色金属冶炼及压延加工业；<br>● 造纸及纸制品业；<br>● 水的生产和供应业；<br>● 电力、热力的生产供应业；<br>● 燃气生产和供应业；<br>● 有色金属采选业；<br>● 其他采矿业 |

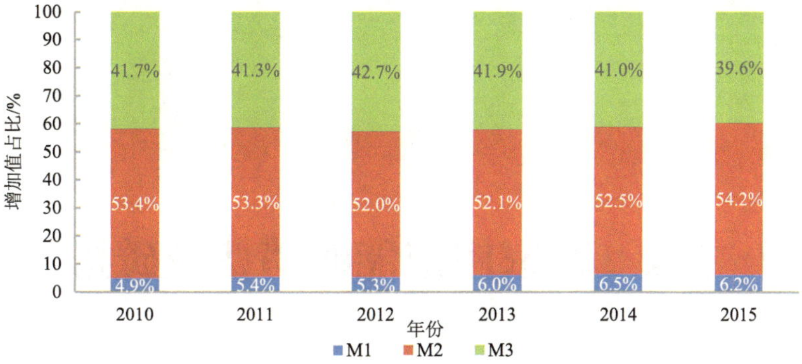


图 11-7　石家庄市三类工业增加值占比

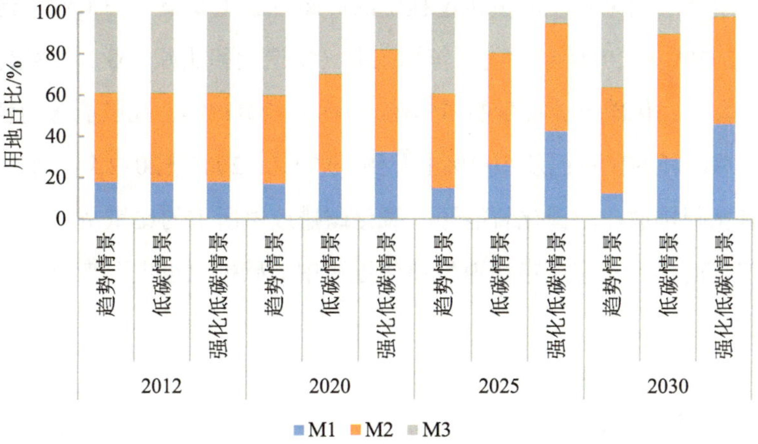


图 11-8　石家庄市三类工业用地占比

近年来，随着石家庄市经济转型升级步伐加快，用地结构和布局将加快调整优化。①从结构上看，全市重点实施了 246 个战略性新型产业项目，初步形成了以生物医药、电子信息为特色，促进高端装备制造、新材料快速发展，节能环保、新能源稳步增长的战略性新兴产业体系；同时，石家庄市有全市范围有序推进了炼铁、炼钢、水泥、造纸、制革、化工等工业企业淘汰落后产能，高耗能行业增加值比重将不断下降，M3 类工业用地将逐步减少。②从布局上看，石家庄市将按照“企业集中布局、资源集约利用、功能集合构建”的原则，基于人口和生态环境承载力，推进产业集聚发展，工业用地的空间布局将进一步集聚优化。

# 第十二章　石家庄市能源消费及碳排放现状

从全国层面来看，城镇化过程中的高碳排放主要集中在工业、建筑、交通部门。2005—2011 年，我国年均工业（制造业和能源工业）二氧化碳排放占全社会二氧化碳排放总量的 75.6%。1995—2011 年，我国能源消耗中建筑能耗占总能耗的比重已从 10.1%上升到 19.74%。2005—2012 年，交通运输行业二氧化碳排放在全国化石能源二氧化碳排放中所占的比重从 8.86%上升到 12.19%。同样，石家庄市快速城镇化过程中的碳排放也主要来自工业、建筑和交通部门。

## 一、总体情况

### （一）能源消费

随着社会的发展，石家庄市经济发展迅速，综合实力显著增强。从图 12-1 中可以看出，2000—2016 年石家庄市 GDP 持续不断增加，从 2000 年的 963 亿元增至 5 858 亿元。“十二五”期间，石家庄市围绕转型升级、跨越赶超两大任务，努力促进经济发展，全市经济社会发展取得了重大成就。2015 年，石家庄市生产总值为 5 441 亿元；2016 年，达到 5 857.8 亿元。GDP 的增长速度在十几年间大致经历了 3 个阶段：2000—2005 年持续上升；2006—2010 年稳中有降；2011—2016 年持续下降，尤其是“十二五”后期开始进入新常态之后，GDP 增长速度也大幅度下降，“十二五”期间年均增长率为 9.6%，2016 年增长率降到历史新低，为 6.8%。

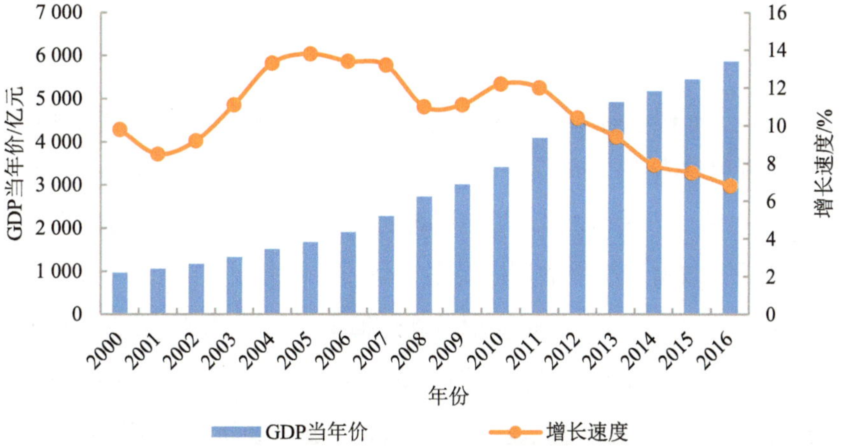


**图 12-1 石家庄市 GDP 变化趋势**

数据来源：2011—2016 年《石家庄市统计年鉴》，2016 年数据为快报数。

近年来，石家庄市能源消费总量没有较大波动。电力调入调出情况在 2012 年发生了较大变化：2012 年以前，因石家庄市电力生产供应不足，每年都需要调入电力；2012 年以后，每年都调出电力，但由于调入调出量都不大，2014 年全年调出量为 30 亿 kW·h，对石家庄市的能源消费格局影响不大。从总体来看，石家庄市能源消费总量最大的特点是近年来保持了近零增长态势。2014 年，石家庄市能源消费量为 4 724 万 tce，略低于 2012 年水平，和 2013 年持平，这主要是因为 2012 年我国政府发布了《大气污染防治行动计划》，严格控制京津冀地区的能源消费，尤其是煤炭消费。在这样的政策环境下，石家庄市的煤炭消费基本保持稳定并略有下降，这也有助于全市能源消费总量保持近零增长（表 12-1）。

**表 12-1 2010—2014 年石家庄市一次能源消费量** 单位：万 t

| 类别<br>年份 | 煤炭 | 石油 | 天然气 | 一次电力 | 电力调出 | 其他能源 | 加总 |
|---|---|---|---|---|---|---|---|
| 2010 | 3 699 | 483 | 52 | 13 | 3 | 13 | 4 263 |
| 2011 | 3 966 | 641 | 50 | 22 | 44 | 24 | 4 746 |
| 2012 | 4 147 | 621 | 71 | 10 | 25 | 26 | 4 900 |
| 2013 | 4 000 | 697 | 102 | 10 | −49 | 34 | 4 794 |
| 2014 | 3 907 | 696 | 139 | 23 | −94 | 53 | 4 724 |

注：电力调出一栏中正值表示电力由外地调入，负值表示电力调出本地。

### （二）碳排放

石家庄市能源活动产生的碳排放量近年来增长缓慢。2014 年，能源活动产生的碳排放量为 14 586 万 t，相比 2010 年增加了 2 300 万 t 左右，年均增加 4.4%，而同一时期石家庄市的 GDP 年均增加 13%左右。石家庄市能源活动产生的碳排放增速缓慢的原因是多方面的，一方面，《大气污染防治行动计划》实施后，京津冀地区煤炭消费增速得到了明显控制，石家庄市的煤炭消费甚至出现了负增长，这为控制碳排放起到了很好的助推作用；另一方面，驱动碳排放增长的关键因素是 GDP 增长，在新的经济形势下，石家庄市经济转型压力大、经济增速明显下降，这也在一定程度上减缓了碳排放增速（图 12-2）。

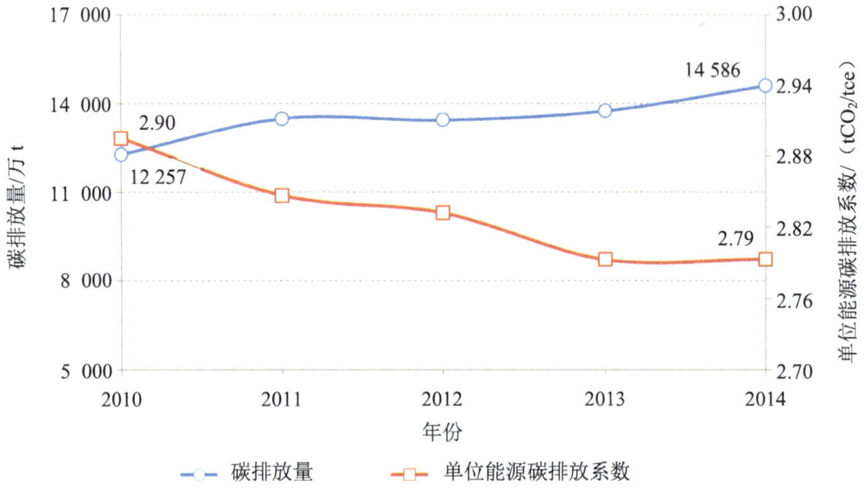


**图 12-2　石家庄市能源消费活动产生的碳排放**

据测算，石家庄市的城镇化水平与碳排放呈现高度的相关性。2005—2014 年，石家庄市城镇化水平每提高 1 个百分点，碳排放增长约 4 个百分点（图 12-3）。

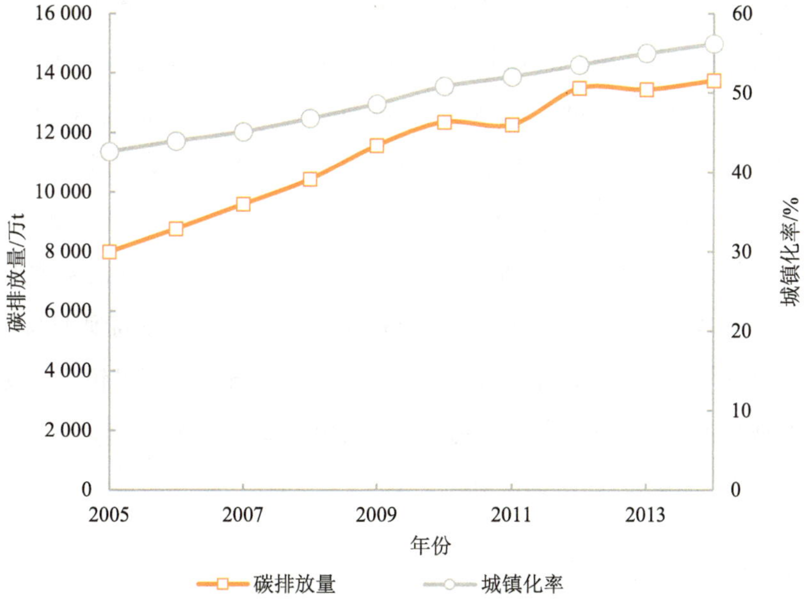


图 12-3 石家庄市城镇化水平与碳排放的关系

## 二、工业部门

### （一）发展现状

石家庄市的产业结构发展处于工业化中后期，第二产业的比重较大，第三产业稳步增长。从2000年以来石家庄市三产发展的情况来看，第二产业比重一直略高于第三产业，但从2011年前后增速开始有所放缓，而第三产业则保持了稳步的增长态势，到2015年第三产业的增加值超过了第二产业。未来石家庄市的第二产业在经济发展中仍然会占据重要地位，但是发展速度预期会低于第三产业（图12-4）。

石家庄市以工业立市，是伴随着工业的兴盛而迅速成长起来的省会城市，历经数十年发展已形成装备制造、石油化工、纺织服装、食品、医药、钢铁、建材七大主导产业，涵盖国民经济行业分类中的38个行业大类，形成了门类齐全、产业发展相对均衡的综合性工业体系，是我国工业体系较为完善的城市之一。据统计数据显示（图 12-5），2000—2016 年，石家庄市工业总量持续扩大，2016 年全市规模以上工业企业达到 2 285 家，完成增加值 2 190.3 亿元，占 GDP 的比重达到 37.4%。其中，2000—2004 年，石家庄市规模以上工业增加值增速突飞猛进，从 11.2%提高到 25.0%；2005—2009 年，增速总体呈波动式下降趋势，2007—2009 年出现了继续下降，之后出现反弹；2010—2016 年，增速呈逐年下降趋势，由 16.5%降至 4.6%。石家庄市规模以上工业增加值占 GDP 的比重整体呈上升态势，2000—2006 年，占比从 26%提高到 41%，之后略有小幅下降，2011 年达到历史最高峰 43%。近几年，由于城镇化的发展，其他行业也不断兴起，工业占比总体呈平稳中下降的趋势。

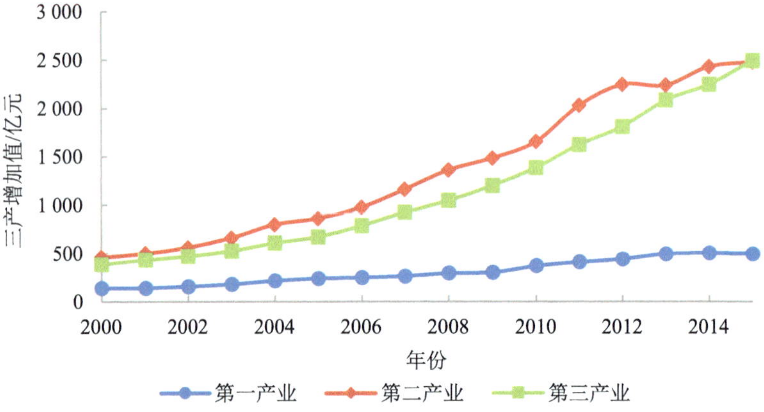


图 12-4　石家庄市三产增加值变化趋势

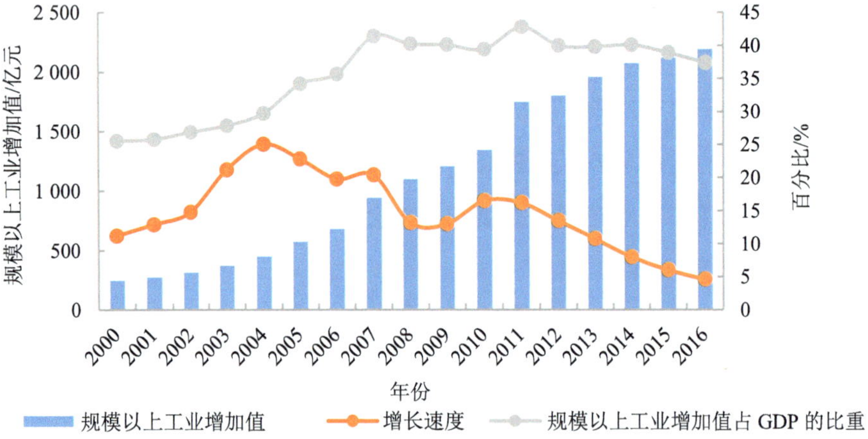


图 12-5　石家庄市工业增加值（规模以上）变化趋势以及占 GDP 的比重

从石家庄市工业部门内部结构来看，总体还偏重工业。以主营业务收入作为指标，电气机械及器材制造业，纺织业，金属制品业，农副食品加工业，通用设备制造业，医药制造业，非金属矿物制品业，黑色金属冶炼及压延加工业，化学原料及化学制品制品业，皮革、毛皮、羽毛（绒）及其制品业，石油加工、炼焦及核燃料加工业等行业占据较大的比重。

由图 12-6 可知，2003—2008 年，工业部门中主营业务收入增长较快的行业主要包括电气机械及器材制造业，工艺品及其他制造业，仪器仪表及文化、办公用机械制造业，金属制品业，橡胶制品业，非金属矿物制品业，黑色金属冶炼及压延加工业。2008—2013 年，各个行业主营业务收入的增速差别缩小，相对来说，电气机械及器材制造业，通信设备、计算机及其他电子设备制造业，纺织业，食品制造业，印刷业和记录媒介的复制，专用设备制造业等行业的增速较快。

## （二）能源消费

石家庄市能源消费结构呈现两大特征，即能源消费结构以煤为主和能源消费部门以第二产业为主。石家庄市能源消费一直是以煤为主，虽然煤炭消费占能源消费量的比重近年来一直呈下降趋势，但是其绝对比重仍然过高，一直维持在 80%以上，远高于全国平均水平。第二产业消耗了石家庄市 70%以上的能源，2010 年第二产业能源消费总量占能源消费总量的比重达到 78.4%，随后几年虽有所下降，但都保持在 70%以上（图 12-7）。石家庄市的高耗能行业众多（图 12-8），如黑色金属冶炼及压延加工业，非金属矿物制品业，化学原料及化学制品制造业，石油加工、炼焦及核燃料加工业等，这些行业直接推高了全市的工业行业能源消费总量，也同时推高了全市工业部门各行业对煤炭的消费需求，这也是石家庄市形成以煤为主的能源消费结构的主要原因。

在石家庄市的工业体系中，M3 类工业的能源消费比重最高，其次是 M2 类工业，最后才是 M1 类工业。近年来，M3 类工业的能源消费总量都超过 2 000 万 t，2014 年达到 2 728 万 t，占工业部门能源消费量的比重为 72%（图 12-9）。

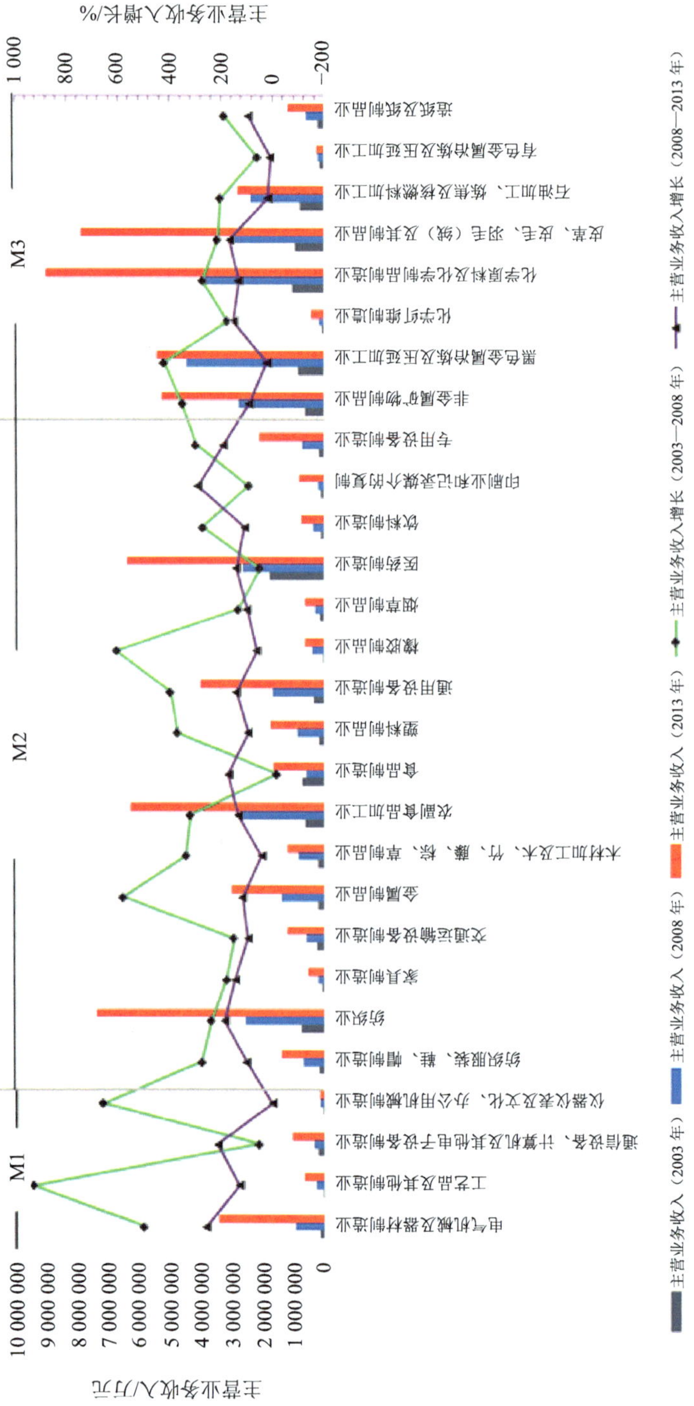


图 12-6 石家庄市工业部门各行业经济效益

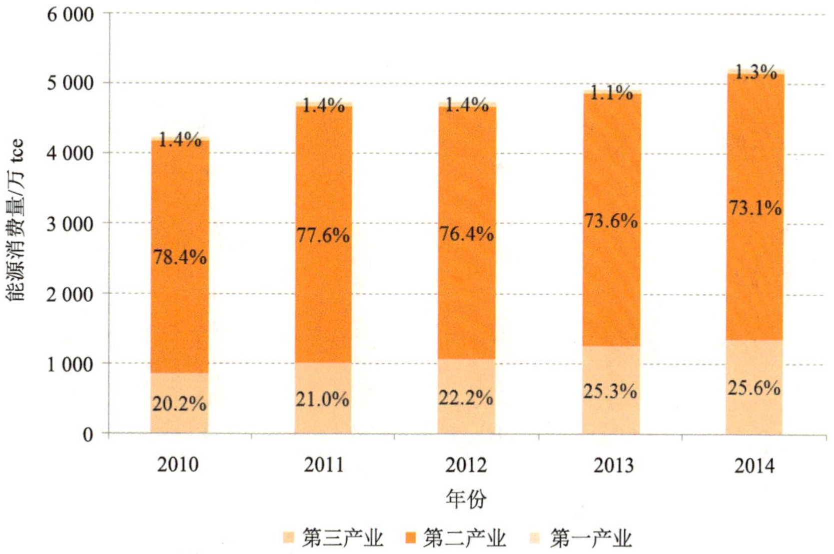


图 12-7　石家庄市一次能源消费总量及结构变化

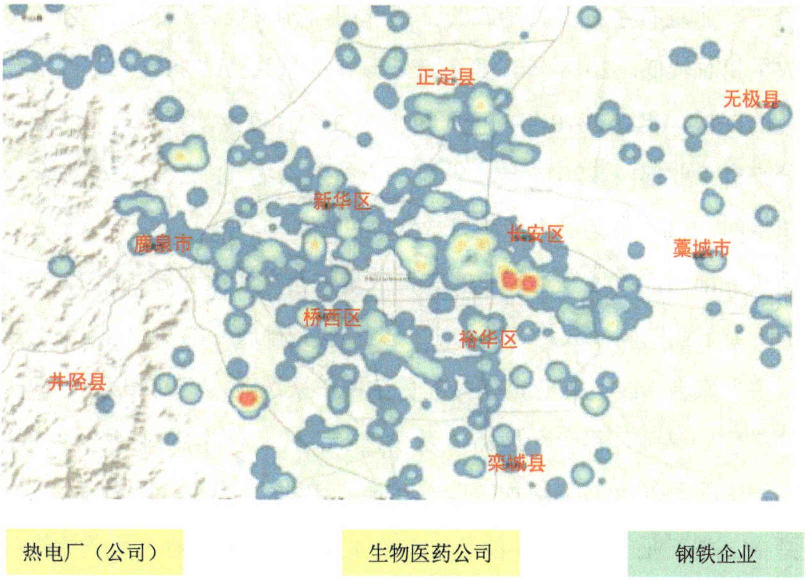


图 12-8　石家庄市主要高耗能行业分布

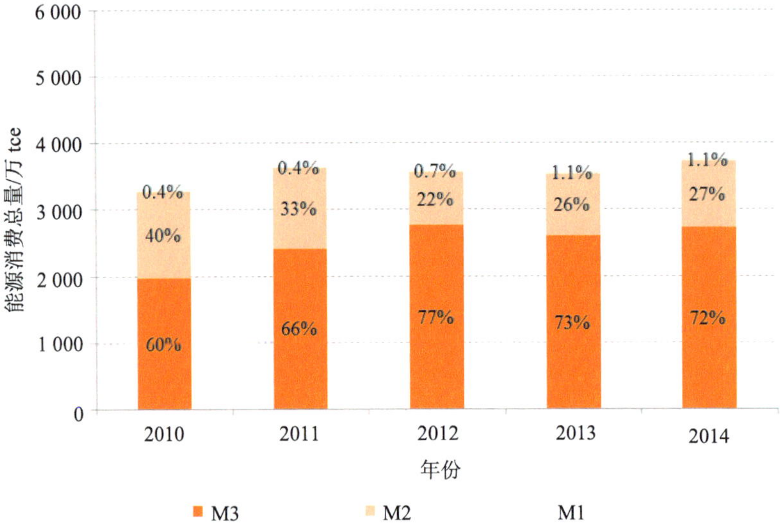


**图 12-9　石家庄市工业能源消费总量及结构变化**

## （三）碳排放

第二产业是石家庄市碳排放的主要部门，其次是第三产业，第一产业的碳排放量相对较低。2014 年，第二产业碳排放量为 11 238 万 t，占全社会总排放量的 77%，相比 2010 年的水平降低了 3 个百分点。第二产业的碳排放绝大部分来自工业部门，2014 年工业部门碳排放量为 11 122 万 t，占全社会碳排放总量的 76%，占第二产业碳排放量的 99%。

就工业部门而言，三类工业的碳排放量占比有较大差异（图 12-10），M2 类和 M3 类工业的碳排放量之和约占三类工业碳排放量的 90%以上。工业部门碳排放主要来自 M3 类工业，包括黑色金属矿采选业，石油和天然气开采业，非金属矿物制品业，黑色金属冶炼及压延加工业，化学原料及化学制品制造业，石油加工、炼焦及核燃料加工业等高耗能高排放行业，占比为 57%～75%；其次是 M2 类工业，占比最小的是 M1 类工业。近几年，在《大气污染防治行动计划》以及节能减排政策措施的共同推动下，工业结构不断优化调整，M3 类工业的碳排放量占比持续下降，M1 类和 M2 类工业的碳排放量占比缓慢提升，但由于石家庄市经济发展和工业结构的锁定效应，M3 类工业的碳排放量仍然占工业部门碳排放总量的 3/4 左右。

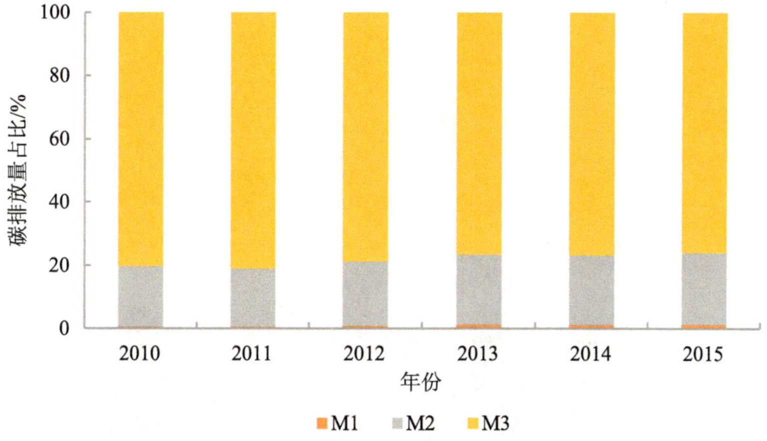


图 12-10　石家庄市三类工业碳排放量占比

从空间分布来看，石家庄市工业分布仍比较分散，在主城区以及各区县都有分布，工业的集聚度较低，特别是在主城区，仍有较大面积的工业用地，尤其是 M3 类工业用地仍占较大比重。与工业部门用地的分布相类似，工业部门碳排放的分布虽较为分散，但在城区及其附近地区相对集中（图 12-11、图 12-12）。

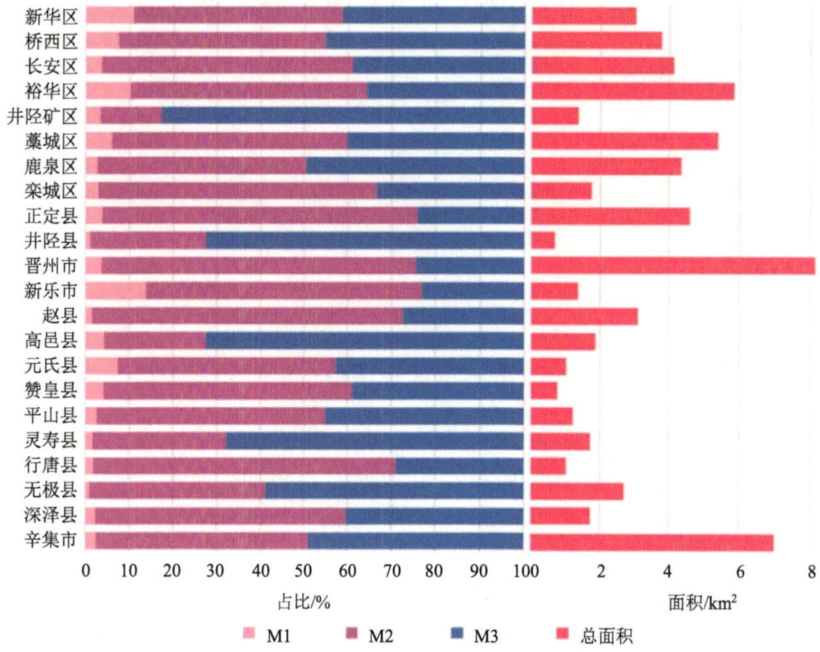


图 12-11　石家庄市不同区县三类工业碳排放量占比

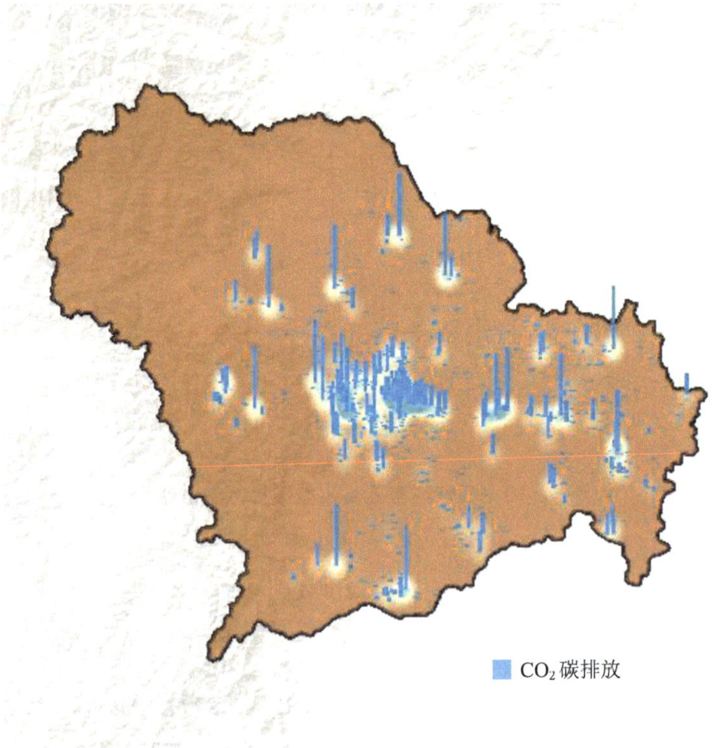


图 12-12 石家庄市三类工业碳排放量分布

## 三、建筑部门

### （一）发展现状

从历史趋势来看，石家庄市城市建设用地呈现阶段式发展趋势：2010—2013 年建筑用地面积呈缓慢增长态势，从 206 $km^2$ 增至 215 $km^2$；2014 年以后随着城镇化进程的加快，城市建设用地面积也快速增长，达到 263 $km^2$，随后进入平台期，逐步趋于平稳（图 12-13）。从建筑类型来看，公共建筑用地逐年增长，2014 年达到 95 $km^2$ 之后用地收紧，增速明显放缓；居住建筑用地从 2010 年的 59 $km^2$ 扩大到 2015 年的 96 $km^2$，增长了 64%（图 12-14）。2015 年，石家庄市城镇居住建筑面积为 148 $km^2$，农村居住建筑面积为

33 km²，公共建筑面积为 39 km²，城镇和农村人均居住建筑面积分别为 42 m² 和 53 m²（图 12-15）。

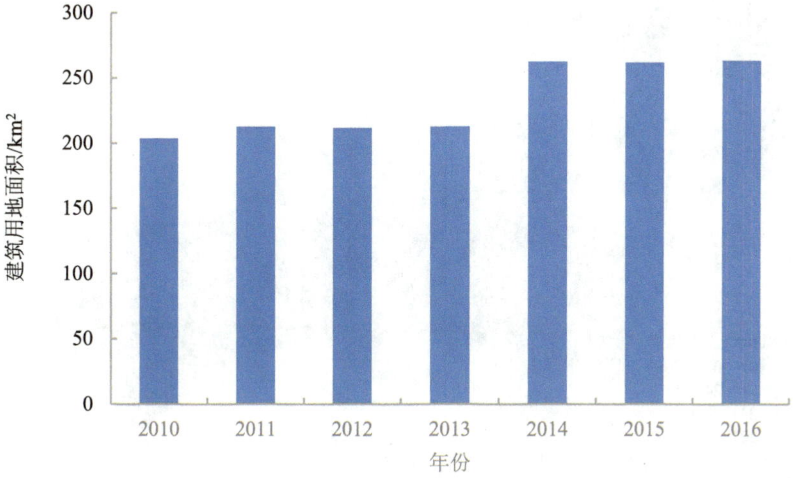


图 12-13　石家庄市建筑用地面积变化

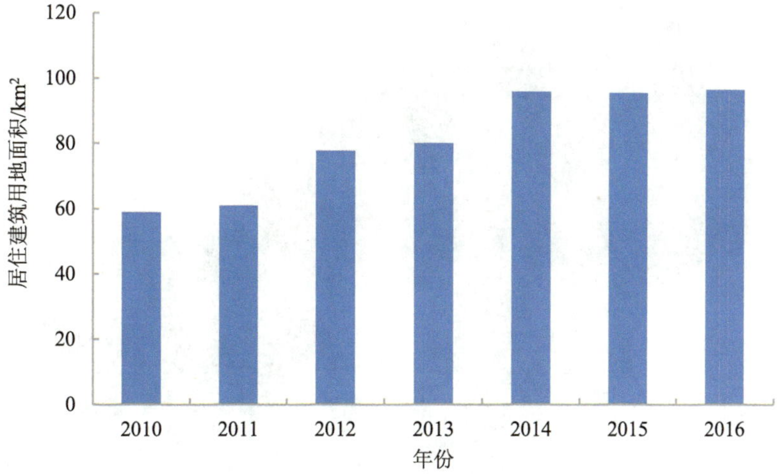


图 12-14　石家庄市居住建筑用地面积变化

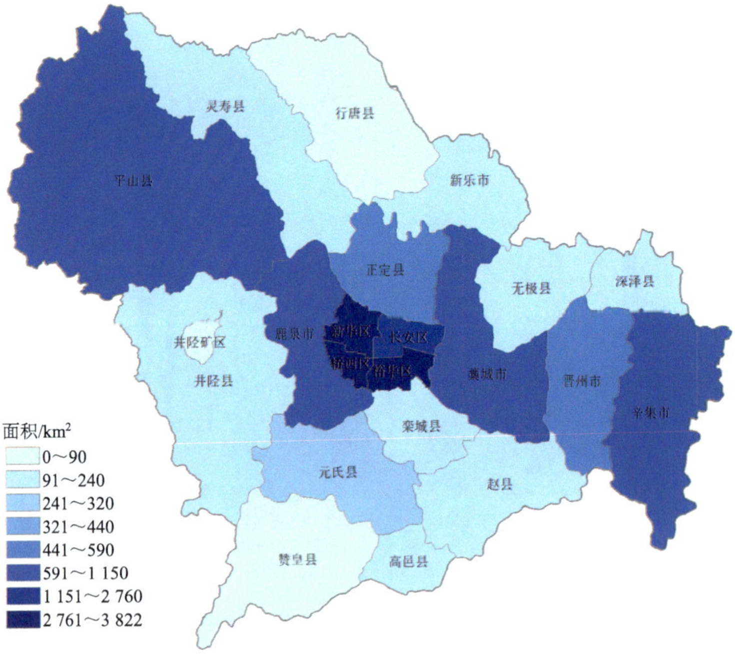


城镇居住建筑面积分布

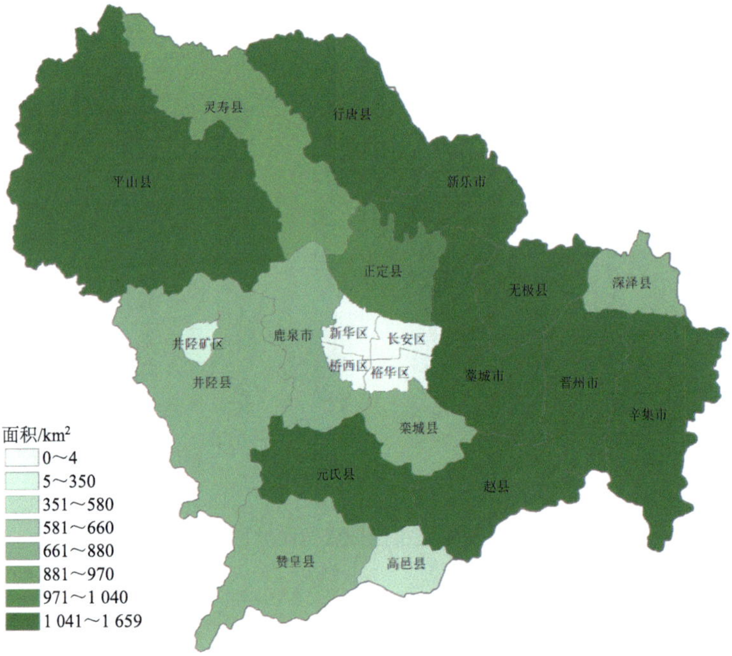


农村居住建筑面积分布

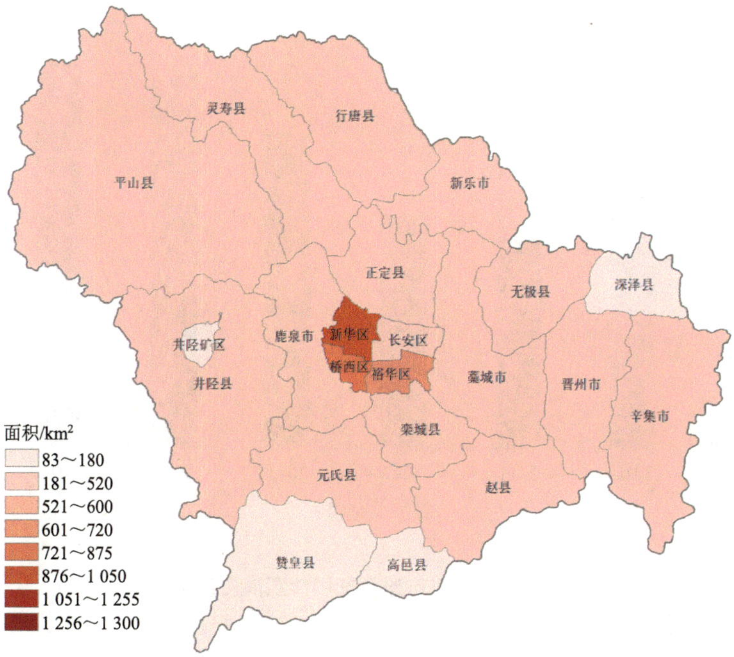


公共建筑面积分布

**图 12-15　2015 年石家庄市建筑面积分布**

## （二）能源消费

总体来看，石家庄市建筑部门能源消费呈现总量高、人均建筑面积低、潜在增长空间大等特点。石家庄市建筑面积的扩张推动了建筑行业能源消费总量的持续增长，2010 年达到 22 万 tce，随着建筑面积的增加，2015 年能源消费量增至 39 万 tce（图 12-16）。从整个建筑行业的能源消费来看，2015 年能源消费量为 1 073 万 tce，占全市能源消费总量的比重为 18%，其中，城镇居住建筑、公共建筑和农村居住建筑的能源消费量分别为 447 万 tce、403 万 tce 和 223 万 tce。

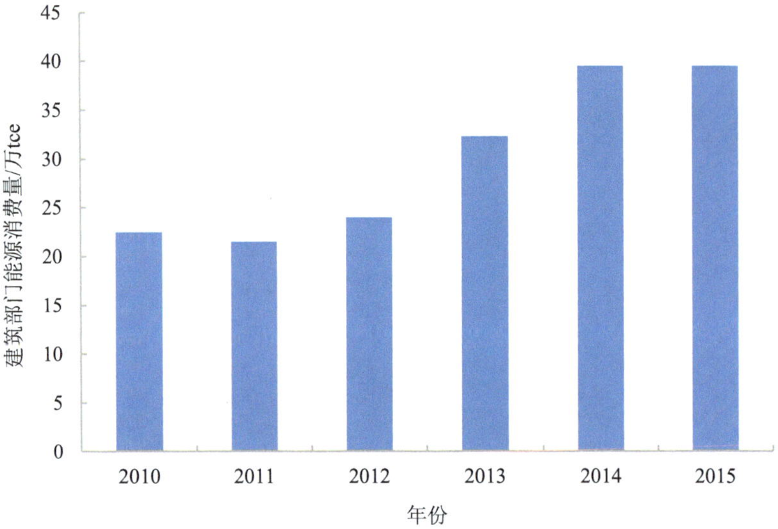


**图 12-16 石家庄市建筑部门能源消费量变化**

“十二五”时期是石家庄市加快转型升级、提高城市建设水平、完善城市功能、改善城市环境、建设幸福城市的关键时期。在推动建筑部门节能减排方面，石家庄市大力提高新建建筑节能标准，全面开展老旧小区和农村节能抗震综合改造，强化公共建筑节能运行管理，大力推动绿色建筑、装配式建筑以及可再生能源建筑一体化应用。为全面推广绿色建筑，石家庄市出台了《关于加强建筑节能工作的通知》《2017 年全市建筑节能与绿色建筑工作方案》《石家庄市建筑节能专项资金管理办法》等政策，并不断加强建筑能耗统计、能耗监测、能效测评和供热计量。“十二五”期间，石家庄市审核备案的居住建筑节能工程 2 691 项，面积 4 740.91 万 $m^2$；办理节能专项验收备案 2 049 项，面积 3 383.89 万 $m^2$；有 171 个项目按照绿色建筑标准进行施工设计，39 个项目获得绿色建筑运行标识。

与此同时，石家庄市稳步推进既有建筑节能改造，出台了《关于推进既有建筑节能改造工作实施意见》《石家庄市既有建筑节能改造工作指南》等文件。在公共建筑节能改造方面，对部分办公楼进行了综合节能改造，并取得了良好的经济效益，为公共建筑节能改造积累了技术经验。在居住建筑节能改造方面，通过大力提升建筑物保温性能、升级改造供热锅炉和管网、实施家用电器能效标识制度等系列措施，“十二五”期间完成既有居住建筑供热计量及节能改造 839.46 万 m²，城镇居住建筑能耗强度呈现逐年下降趋势。在农村居住建筑方面，由于农村建筑工作启动和开展相对滞后，再加上城镇化推进过程中由于生活水平提升带来的农村居住条件的提升和传统生物质消费比例的下降，农村居住建筑的单位面积能耗和单位面积电耗均呈现出较快的上升趋势。

## （三）碳排放

2015 年，石家庄市建筑部门能源消费占比依次为煤炭（13%）、油品（23%）、热力（40%）和电力（24%）（图 12-17）。建筑部门总体碳排放为 3 191 万 t，其中城镇居住建筑、公共建筑和农村居住建筑碳排放量分别为 1 162 万 t、1 359 万 t 和 670 万 t，分别占比 36%、43%和 21%。从空间分布来看，主城区的建筑部门碳排放密度远远高于各郊区和各区县（图 12-18）。

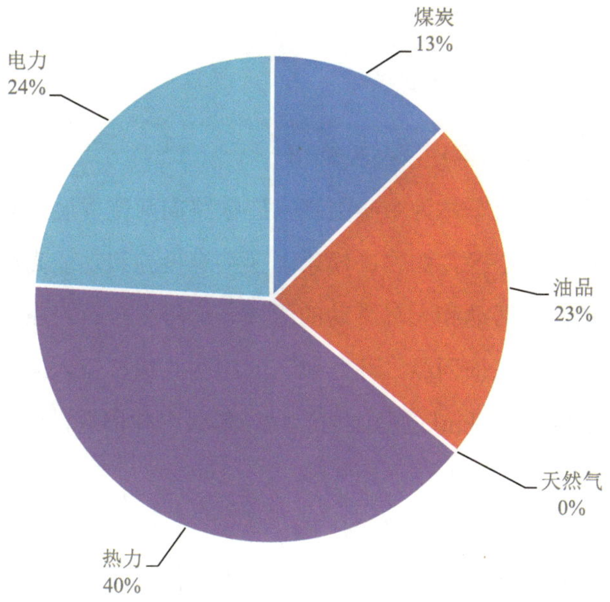


图 12-17　2015 年建筑部门终端能源消费结构

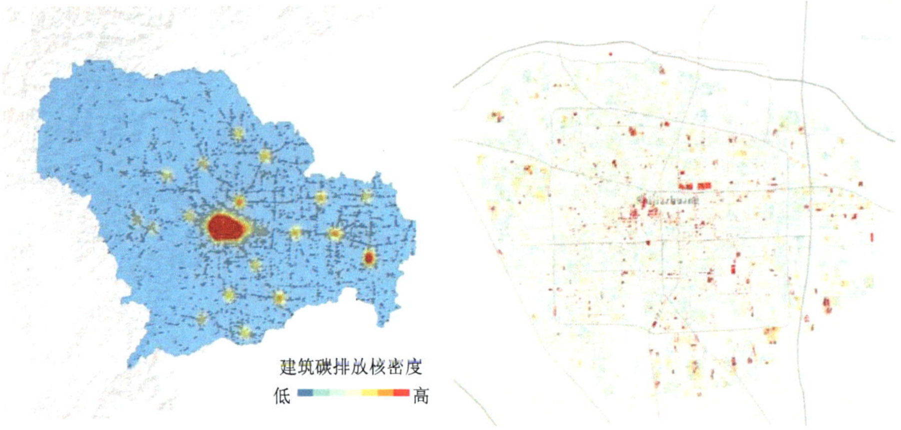


碳排放分布　　碳排放空间分布（单体建筑尺度）

**图 12-18　2015 年石家庄市建筑部门碳排放分布**

## 四、交通部门

### （一）发展现状

#### 1. 石家庄市中心区道路高度饱和

石家庄市是以火车站为中心围绕京广铁路向两侧发展起来的城市。在火车站周围的城市中心区，购物、娱乐、换乘等设施和功能高度集中，形成了城市最稠密的经济活动和人车流动的区域。近年来，石家庄市建成区不断扩展，基本形成了“三横四纵二环九射”的路网结构，但人流与交通仍主要集中于一环路以内约 17 $km^2$ 的范围内。城市等级分化薄弱，中心区道路高度饱和（图 12-19）。

#### 2. 交通运输需求量快速增加

随着京津冀一体化的发展以及石家庄市城市空间的不断扩大、人口的不断增长、机动化程度的提高，城市交通需求不断增长，机动车保有量增加迅速，公路里程逐年增长，从 2011 年的 15 769 km 提高到 2015 年的 18 862 km，增长了 3 093 km，提高了 20%（图 12-20）。石家庄市私家车在 2014 年以前增长迅速，2014 之后增长幅度逐渐变缓，但总量仍持续上升（图 12-21）。随着京津冀一体化的发展，石家庄市的经济地位逐步加强，交通需求持续增长，交通需求结构不断发展，私家车的保有量也必然会持续增加，而在居民绿色出行意识较低的现状下，导致小汽车的高强度使用和高密度聚集，必然会给石家庄市实现低碳交通带来严峻挑战。

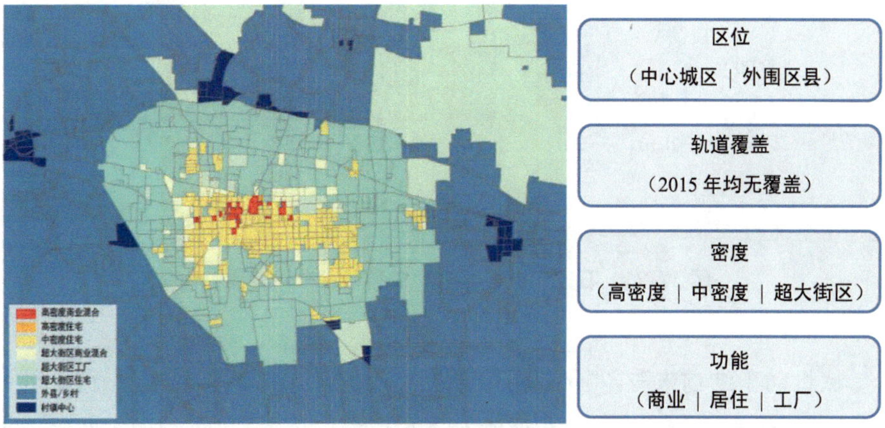


图 12-19　石家庄市路网结构及功能区空间布局

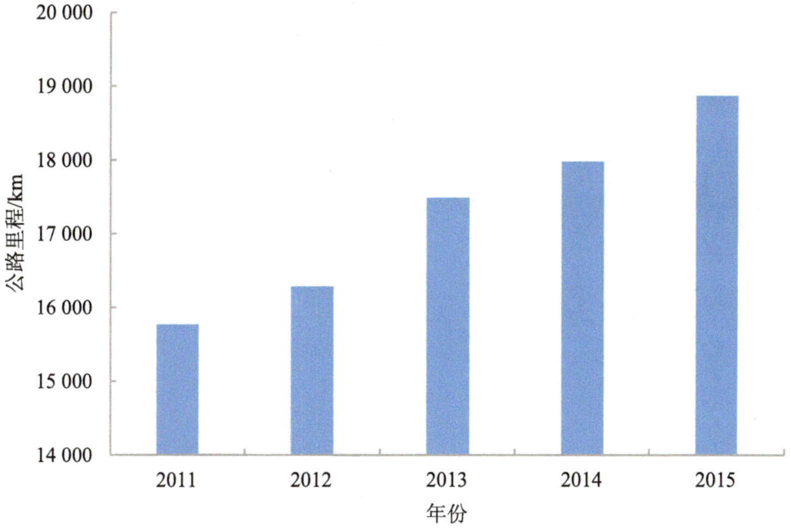


图 12-20　石家庄市公路里程变化

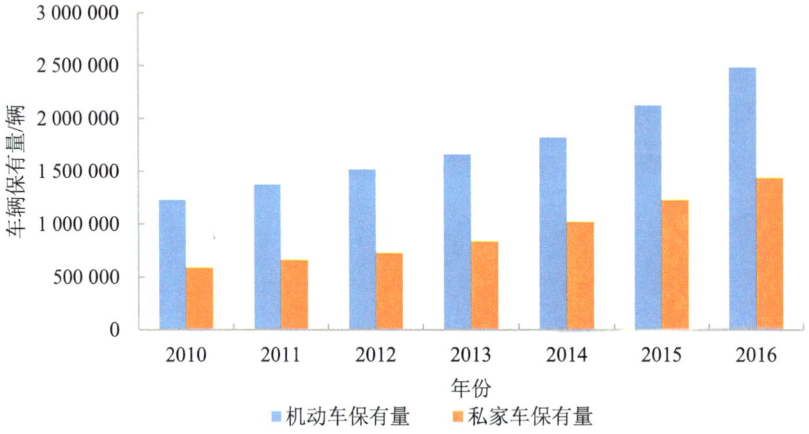


**图 12-21 石家庄市城区机动车和私家车保有量变化**

从机动车结构来看，“十二五”期间，石家庄市客运车辆数量逐年下降，从 2011 年的 3 400 辆下降到 2015 年的 3 018 辆，减少了 392 辆，下降了 11%（图 12-22）。货运车辆数量逐年上升，从 2011 年的 155 764 辆上升到 2015 年的 266 842 辆，增加了 111 087 辆，提高了 71%（图 12-23）。石家庄市公路客运量先增后降，从 2011 年的 12 436 万人提高到 2012 年的 13 793 万人，之后逐年下降，2015 年下降到 5 812 万人，是 2011 年的 53%（图 12-24）。公路货运量有所波动，但总体呈增长态势，2013 年最高货运量达到 34 490 万 t，2015 年与 2010 年相比提高了 22%（图 12-25）。随着京津冀一体化的发展，石家庄市货运周转量会持续增长（图 12-26、图 12-27）。

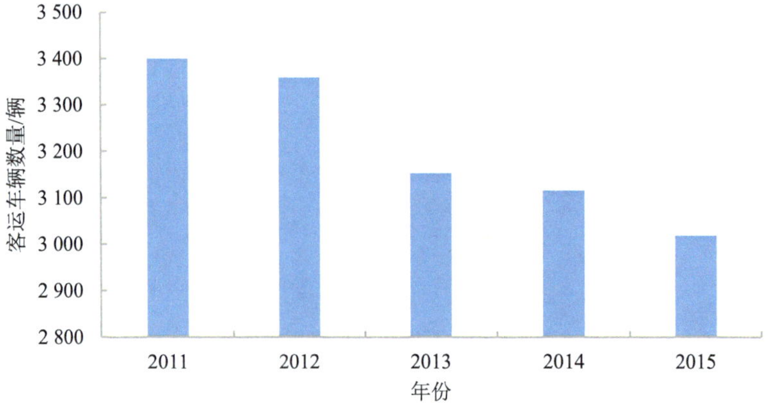


**图 12-22 石家庄市客运车辆数量变化**

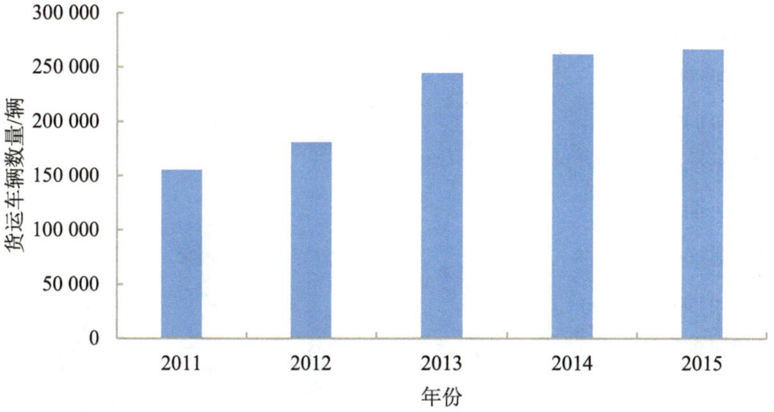


图 12-23　石家庄市货运车辆数量变化

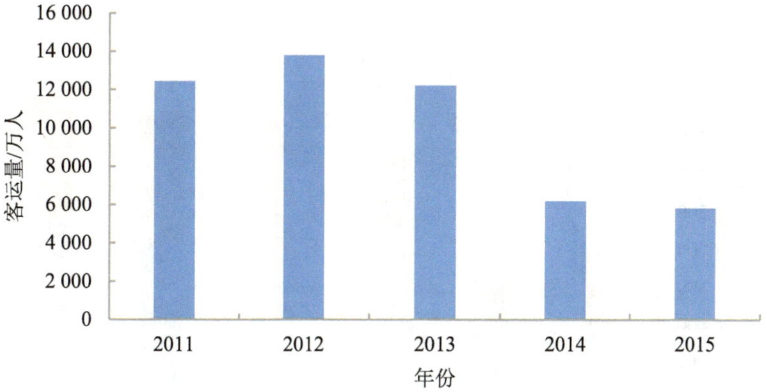


图 12-24　石家庄市公路客运量变化

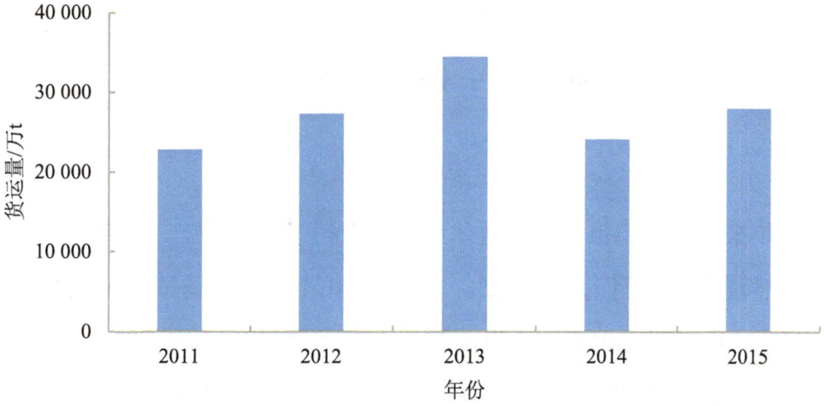


图 12-25　石家庄市公路货运量变化

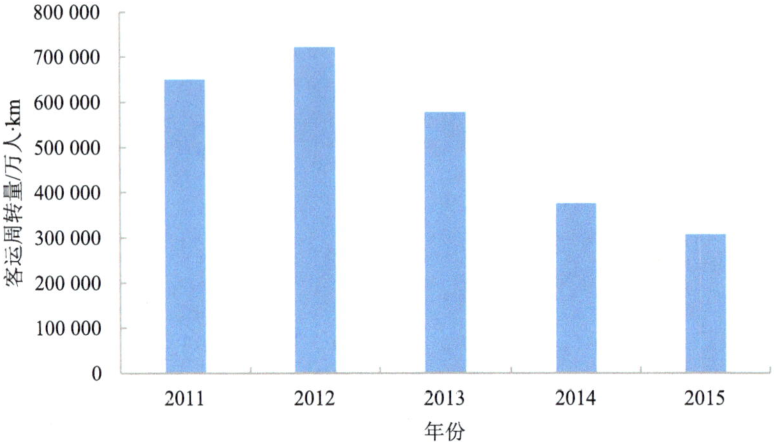


图 12-26　石家庄市公路客运周转量变化

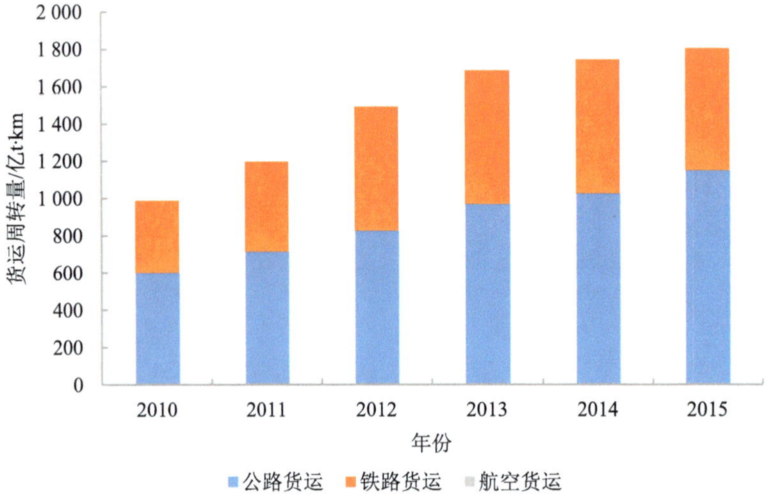


图 12-27　石家庄市货运周转量变化

### 3. 公交出行比重缓慢增长，出行方式逐步优化

近年来，石家庄市公共交通体系建设取得了很大成就，但其公交出行分担率仍然较低，近几年徘徊在 22%～29%，变化不大，并呈现先增后降的趋势，最高值为 2013 年和 2014 年的 29%，之后开始下降，2016 年为 22%（图 12-28）。预计随着轨道交通的开通，石家庄市公交分担率在未来几年内将会得到很大提高。

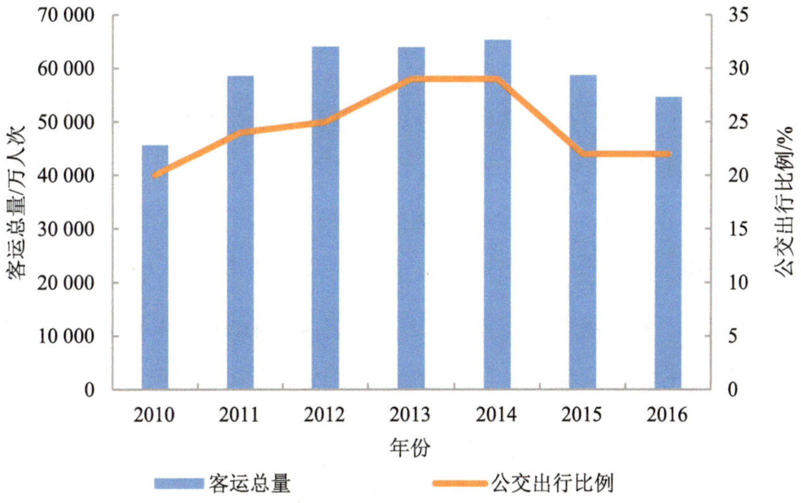


图 12-28　石家庄市公交出行占比的变化

2010—2016 年，石家庄市清洁能源公交车（包含天然气公交车和电动公交车）呈线性增长趋势，在公交车中的占比逐年增加（图 12-29）。2016 年，石家庄市公交车数量为 4 882 辆，其中清洁能源公交车数量为 4 683 辆，占全部公交车的 96%。在清洁能源公交车中，天然气公交车呈快速增长态势；电动公交车从 2013 年开始投入使用，截至 2016 年达到 1 072 辆，但仍不足天然气公交车的 1/3。2016 年，天然气公交车在所有公交车中的占比为 73.97%，电动公交车占比为 21.96%。随着城市低碳化进程的加快，预计新能源车会成为石家庄市配送领域的主力。

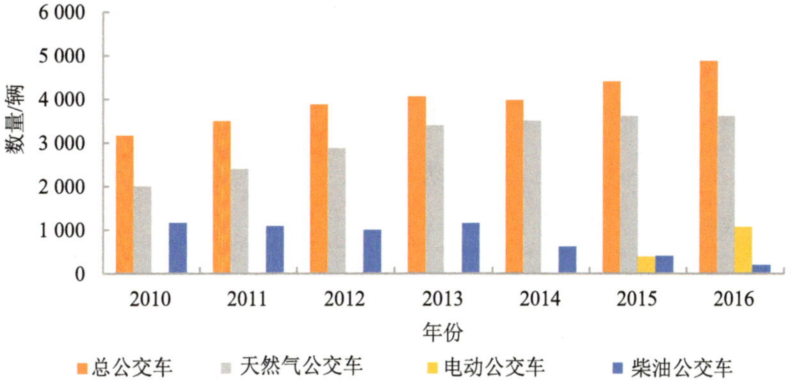


图 12-29　石家庄市公交车结构变化

## （二）能源消费

随着石家庄市交通运输基础设施的快速发展和运输服务量的不断提高，交通部门能源消费也呈现快速增长趋势。2015 年，石家庄市交通部门能源消费量达到 1 407 万 tce，约占全市终端能源消费总量的 25%。从能源消费结构来看，交通部门能源消费以柴油、汽油、燃料油等成品油为主，还有少部分天然气和电力。从运输模式来看，2015 年客运能耗为 954 万 tce，占交通总能耗的 68%。在货运能耗中，公路货运是主体，占货运能耗的比重超过 95%（图 12-30）。

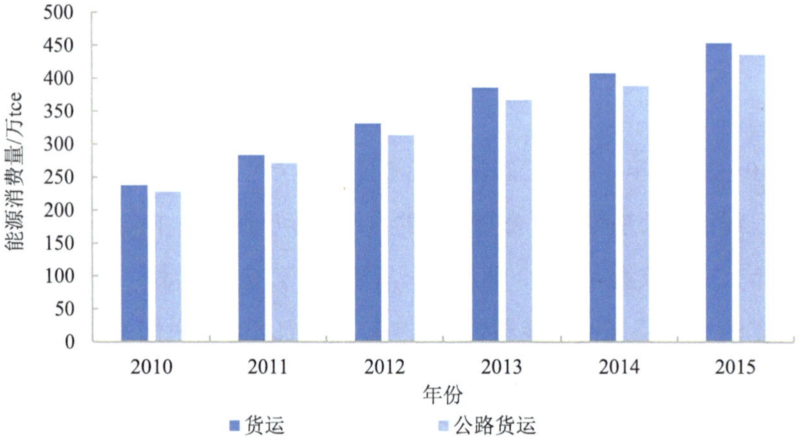


**图 12-30　交通部门货运能源消费量变化**

## （三）碳排放

伴随着机动车保有量、交通流量、出行距离以及出行频率等方面的增加，石家庄市交通部门碳排放也呈现不断上升的趋势。2015 年，石家庄市客运和货运碳排放总量达 3 097 万 t，其中客运为 2 067 万 t，货运为 930 万 t，分别占 70%和 30%。货运碳排放增长迅速，2015 年约为 2010 年的 2 倍，主要是因为公路货运碳排放近年持续增加，在交通碳排放中的占比一直保持在 97%以上（图12-31）。石家庄市交通路网高度集中于中心城区，相对应地，交通碳排放的空间布局在主城区也远高于周边地区（图 12-32）。

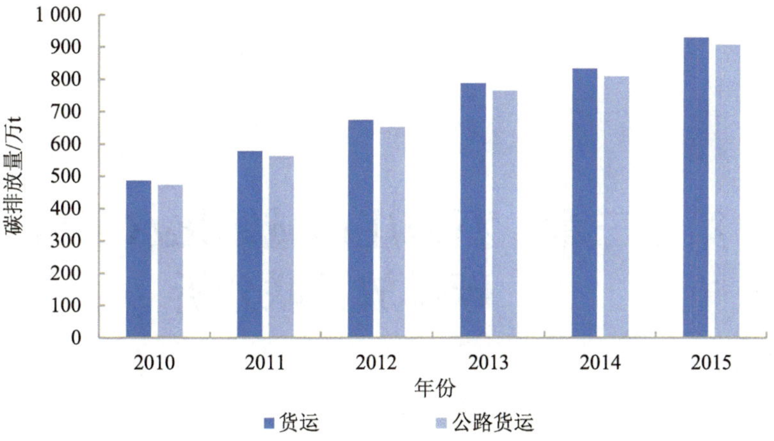


图 12-31 交通部门货运碳排放量变化

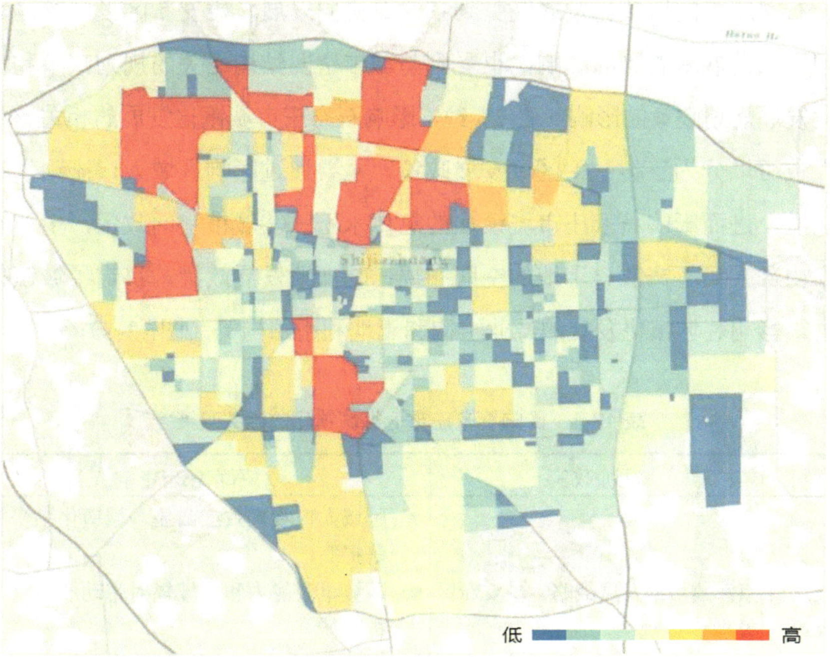


图 12-32 2015 年石家庄市交通部门碳排放空间分布

# 第十三章　石家庄市城镇化水平与碳排放关联分析

## 一、影响石家庄市城镇化发展的政策因素

石家庄市的城镇化发展既受到京津冀协同发展、雄安新区设立等区域政策和区域发展新态势的影响，也受到与城市空间结构相关的规划政策和城市产业发展规划政策的影响（表 13-1）。影响石家庄市城镇化发展的相关核心政策大致可以分为三类：①区域发展政策，主要通过影响区域人口流动、集聚和扩散，进而影响石家庄市城镇化的总体水平；②城市空间政策，主要影响城市内部人口、产业、用地的空间布局；③产业发展政策，决定了城镇化的动力，影响着城镇化发展的产业结构和土地利用结构等（图 13-1）。

**表 13-1　影响石家庄市低碳城镇化的相关政策**

| 类别 | 规划/政策 | 对石家庄市影响 |
|---|---|---|
| 区域发展政策 | 京津冀协同发展战略、雄安新区设立 | ● 区域人口集聚效应凸显，城镇化水平将显著提高；<br>● 区域集聚能力和区域辐射带动能力将显著提高；<br>● 通过承接京津产业转移，全市产业结构将加快优化转型 |
| 城市空间政策 | 《石家庄市国民经济和社会发展第十三个五年规划纲要》《石家庄市新型城镇化和城乡统筹发展规划（2016—2020 年）》等 | ● 形成“一核一带两轴三区”的市域空间结构和“中部引领、东部突破、西部优化”的区域发展格局；<br>● 中心城区和市域次中心的人口、产业、用地的集聚能力将会进一步凸显 |

| 类别 | 规划/政策 | 对石家庄市影响 |
|---|---|---|
| 产业发展政策 | 《石家庄市国民经济和社会发展第十三个五年规划纲要》《石家庄市工业转型升级与布局优化“十三五”规划》《石家庄市重点工业行业结构调整提升规划（2017—2019年）》等 | ● 产业结构进一步优化，着力打造六大战略新兴产业，促进五大传统优势产业转型升级；<br>● 钢铁、焦化、水泥、建筑陶瓷-平板玻璃-碳素、钙镁、石材加工、铸造、煤化工八大行业的“三高”企业加快退出；<br>● 按照“企业集中布局、资源集约利用、功能集合构建”的原则，基于人口和生态环境承载力，推进产业集聚发展；<br>● “三高”产业对应的工业用地将逐步减少，用地结构和分布加快调整优化 |

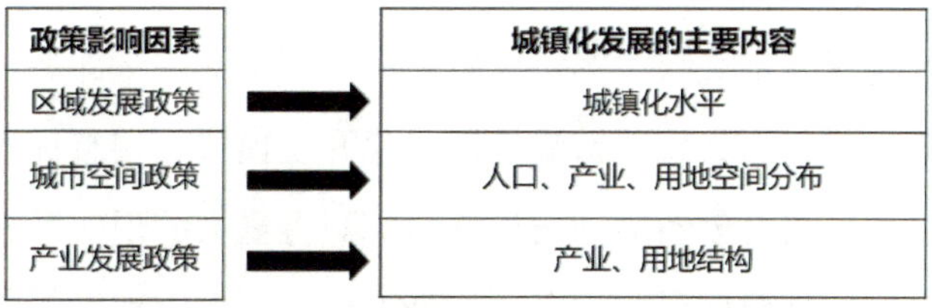


图 13-1 城镇化政策影响因素

## （一）区域发展政策

### 1. 京津冀协同发展战略

目前，京津冀协同发展进入了加快推进期，这有利于石家庄市进一步发挥区位优势，加强与周边地区的联动发展，促进城市功能提升和产业升级转型。同时，京津冀区域交通一体化也会进一步促进人口和产业向石家庄市集聚。

（1）区域集聚能力将显著提高

在《京津冀协同发展规划纲要》中，河北省的定位为“三区一基地”，即全国现代商贸物流重要基地、产业转型升级试验区、新型城镇化与城乡统筹示范区、京津冀生态环境支撑区。其中，石家庄市是京津冀协同发展中的重要节点、区域性中心城市，其城市综合承载能力和服务能力将显著提高，从而有序推动产业和人口聚集。

（2）通过承接京津产业转移使产业结构加快优化转型

《石家庄市国民经济和社会发展第十三个五年规划纲要》中提出，到2020年将努力建成京津冀城市群第三极，全方位融入京津冀协同发展，精准承接北京非首都功能疏解和产业转移，在更高层次上参与区域产业分工协作，实现在新一代信息技术、生物医药、高端装备制造、新材料、节能环保等产业上的突破，同时依托各产业园区和开发区，积极承接生物医药、轻工食品、集成电路和信息设备制造等产业转移，带动先进制造业集聚发展。此外，石家庄市还将通过加强与京津大专院校、科研院所、龙头企业、行业协会和产业联盟等单位的合作共建，培育打造一批有特色、有支撑的本地创新产业。

### 2. 雄安新区的规划与建设

雄安新区是深入推进京津冀协同发展的一项重大决策部署，对于集中疏解北京非首都功能、探索人口密集地区优化开发模式、调整优化京津冀城市布局和空间结构、培育创新驱动发展新引擎具有重大的现实意义和深远的历史影响。雄安新区将建成绿色生态宜居新城区、创新驱动引领区、协调发展示范区和开放发展先行区，对包括石家庄市在内的河北其他城市也具有深远影响。一方面，雄安新区作为北京非首都功能疏解集中承载地，对于河北省的其他市县具有强大的示范和引领作用，有利于石家庄市和河北省的其他城市加快改革和转型步伐，构建有利于承载北京非首都功能疏解的环境和条件。另一方面，雄安新区作为新的区域增长极，也能带动河北省的其他城市加快发展，增强生产要素集聚能力，激发市场活力，从而解决京津冀区域内部长期发展不均衡的问题。

## （二）城市空间政策

根据《石家庄市国民经济和社会发展第十三个五年规划纲要》和《石家庄市新型城镇化和城乡统筹发展规划（2016—2020 年）》，石家庄市的城镇化水平将进一步提高，2020 年全市城镇化率有望超过 63%，城市集聚产业、人口和生产要素能力明显增强，中心城区和市域次中心城市将是未来石家庄市经济社会发展和产业升级转型的重点区域。

首先，从市域总体来看，石家庄市将基本形成“一核一带两轴三区”的市域空间结构（图11-6）和“中部引领、东部突破、西部优化”的区域发展格局（表 13-2）。按照规划，石家庄市将根据各区域发展条件实施分区发展战略，全面协调城镇化、工业化与生态建设的关系，统筹产业、城镇和人口布局。其中，中部综合功能区和东部产城拓展区将是未来城镇化建设、产业发展和生产要素集聚的重点区域，而西部生态优化区将坚持生态优先，增强重点镇集聚能力，发展绿色经济。

**表 13-2　石家庄市分区发展战略**

| 区域 | 县（区）市 | 发展重点 |
|---|---|---|
| 中部综合功能区 | 市内 7 区（新华区、桥西区、长安区、裕华区、藁城区、鹿泉区、栾城区）、高新区和正定县 | ● 全市发展的中心区域、工业化和城镇化建设的重点推进区域 |
| 东部产城拓展区 | 晋州市、无极县、新乐市、赵县、深泽县、行唐县、元氏县、高邑县 | ● 集中力量改造、建设县城和重点建制镇，实现东部城市功能显著提升；<br>● 发展一批主营业务收入过百亿的大园区 |
| 西部生态优化区 | 平山县、井陉县、井陉矿区、赞皇县、灵寿县 | ● 按照生态城市（镇）建设要求，加快县城及重点建制镇的改造和建设，增强城镇人口吸纳能力和承载力，在确保生态安全的基础上，加速富民强县进程；<br>● 重点发展绿色工业、农副产品加工业、生态农业、休闲旅游业，形成西部山区人口和产业集聚中心 |

其次，石家庄市中心城区和市域次中心的集聚能力将会进一步凸显。中部综合功能区将突出省会城市功能，大力发展城市经济，着力构建“一河两岸三组团”的都市区，在推进城市北跨滹沱河发展战略和主城区与正定古城及正定新区、藁城区、鹿泉区、栾城区一体化建设的框架下，形成以主城区、正定古城和正定新区为核心，以藁城、鹿泉、栾城规划建设区为组团，以滹沱河、环城水系为生态廊道的组团式生态型空间布局结构（图 13-2）。石家庄市将着力打造 5 个经济基础好、发展潜力大、功能地位突出、产业集聚能力强的市域次中心，包括平山县、晋州市、新乐市、井陉县及井陉矿区、赵县，增强对全市以及京津冀城市群南部的辐射带动作用。按照规划，石家庄市中

心城区及区域次中心的人口和产业发展占全市的比重将会进一步提升。

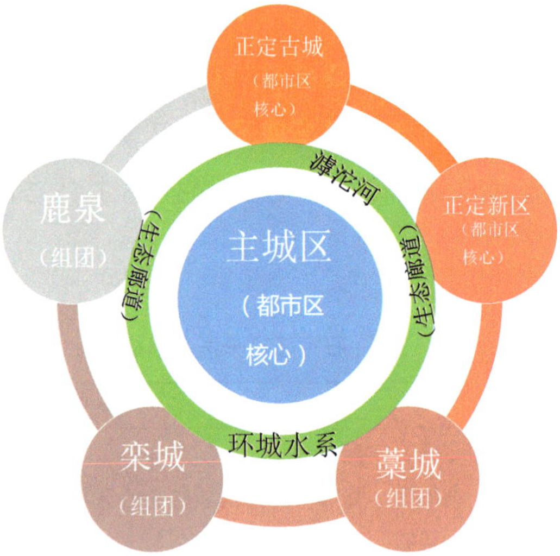


图 13-2 “一河两岸三组团”的都市区

## （三）产业发展政策

通过分析《石家庄市国民经济和社会发展第十三个五年规划纲要》《石家庄市工业转型升级与布局优化“十三五”规划》《石家庄市重点工业行业结构调整提升规划（2017—2019 年）》等规划和相关产业政策，石家庄市未来的产业结构和布局将呈现以下几个发展趋势。

从产业结构来看，石家庄市工业转型步伐将进一步加快。“十三五”期间，石家庄市将建成全国先进制造业强市、国家生物医药产业基地、河北省产业转型升级试验区，重点发展六大战略新兴产业和五大传统优势产业（表 13-3）。①着力打造六大战略新兴产业集群，包括生物医药产业、新一代信息技术产业、先进装备制造产业、新材料产业、节能环保产业、新能源汽车产业；②做优做强食品加工、服装纺织和石油化工等传统优势产业，通过工艺、技术和装备升级转型为绿色循环低碳发展模式；③通过兼并重组、改造转产等方式，加快产业结构调整步伐，推动高能耗、高排放、高污染的企业加速退出，包括钢铁、焦化、水泥、建筑陶瓷-平板玻璃-碳素、钙镁、石材加工（含蛭石加工、云母加工）、铸造、煤化工八大行业。

表 13-3　石家庄市新型工业体系

| 六大战略新兴产业 | 五大传统优势产业 |
| --- | --- |
| ● 生物医药<br>● 先进装备制造<br>● 新一代信息技术<br>● 新材料<br>● 新能源汽车<br>● 节能环保 | ● 石油化工<br>● 冶金<br>● 服装纺织<br>● 食品加工<br>● 建材 |

从产业布局来看，石家庄市将按照“企业集中布局、资源集约利用、功能集合构建”的原则，基于人口和生态环境承载力，推进产业集聚发展。①按照“中部创新高效、东部增产减污、西部突出生态”的区域发展总体思路，构建中部高端、东部先进、西部生态的产业发展体系。中部高端优势产业带以主城区为核心，主要布局现代服务业和都市型制造业；东部先进制造产业带加快转型升级步伐，加强产业集聚度，重点发展先进制造业，集约发展现代高效农业；西部绿色生态环保产业带以绿色、生态、节能、环保为导向，重点发展生态旅游、健康养老产业和特色农业。②打造重点拓展、核心增长、特色产业和生态转型四大工业板块，各板块、县（市、区）依托自身优势，明确产业发展重点和特色产业，促进产业向园区集聚（表 13-4、表 13-5）。

表 13-4　石家庄市四大工业板块

| 板块 | 包含县（市、区） | 重点发展产业 |
| --- | --- | --- |
| 重点拓展板块 | 正定县、新乐市、行唐县、灵寿县 | 承接京津产业转移，重点培育电子信息、新能源汽车、高端生物制造和环保科技四大高科技产业 |
| 核心增长板块 | 老城区（长安区、裕华区、新华区、桥西区）；<br>新城区（藁城区、栾城区、鹿泉区） | 生物医药、装备制造和电子信息产业，工业经济总量占据全市一半以上 |
| 特色产业板块 | 无极县、深泽县、晋州市、赵县 | 生态皮革、装饰家居、纺织、生物医药产业 |
| 生态转型板块 | 平山县、井陉县、井陉矿区、元氏县、赞皇县、高邑县 | 新材料、能源、装备制造产业 |

表 13-5　石家庄市各县（市、区）产业发展重点

| 县（市、区） | 重点产业 | 县（市、区） | 重点产业 |
|---|---|---|---|
| 藁城区 | 生物医药、机械制造、光电通信等产业 | 井陉县及井陉矿区 | 钙镁、建材、物流、能源和旅游业 |
| 鹿泉区 | 电子信息、食品加工、文化创意以及休闲旅游等产业 | 平山县 | 文化旅游业、轻工业 |
| 栾城区 | 依托装备制造基地，重点提升通用航空、轨道交通、能源装备和中医药产业发展 | 晋州市 | 纺织业、装备制造业、精细化工和生物制药 |
| 老城区 | 金融、文化、商务、科技、信息等高端服务聚集区 | 新乐市 | 临空产业、食品加工、装备制造业和文化旅游业 |
| 正定县、正定新区 | 生物医药、电子信息、高端装备制造等战略性新兴产业和金融、商贸物流、电子商务、信息服务、会展服务、科技研发、服务外包、文化创意等现代服务业和文化旅游业 | 无极县 | 皮革业和装备制造业 |
| 赞皇县 | 农产品加工业、林果种植业和旅游业 | 深泽县 | 医药化工、装备制造、新材料、轻工纺织和特色农业 |
| 元氏县 | 循环化工、装备制造产业 | 赵县 | 食品加工、生物产业和文化旅游业 |
| 高邑县 | 纺织、建材产业 | 行唐县 | 装备制造业、节能环保和农产品加工 |
| 灵寿县 | 旅游业和农产品加工 | | |

## 二、石家庄市城镇化发展模式设定

基于对石家庄市城镇化的历史趋势及未来影响城镇化模式的关键政策分析，本报告设定了石家庄市未来的 3 种城镇化模式（表 13-6）。①延续城镇化模式，执行 2015 年[①]石家庄市既有发展政策、空间布局政策和产业发展政策，经济社会发展和城镇化延续历史趋势。②规划城镇化模式，以逐步实现经济结

① 本报告中石家庄城镇化发展政策设定及碳排放核算均以2015年为基准年。

构和城镇发展的提质转型为主要目标，按照《石家庄市国民经济和社会发展第十三个五年规划纲要》、《石家庄市新型城镇化和城乡统筹发展规划（2016—2020年）》及工业、建筑、交通等部门发展专项规划，推进经济社会增长和城市空间布局。③低碳城镇化模式，以实现城镇化低碳发展为目标，在城市规划和相关政策体系中充分考虑低碳发展的需求，加大产业结构、城市空间结构的调整优化力度，实现城镇化和低碳发展的较好融合。

**表 13-6　3 种城镇化模式下政策因素的影响**

| 城镇化模式 | 内涵 | 区域发展政策影响 | 城市空间政策影响 | 产业发展政策影响 |
|---|---|---|---|---|
| 延续城镇化模式 | 延续当前经济社会发展和城镇化发展态势 | 执行原有政策 | | |
| 规划城镇化模式 | 区域发展政策和新态势影响显著，城市空间政策和产业政策顺利推进 | 影响如预期：<br>● 逐步承接京津产业转移；<br>● 区域辐射带动能力有所提升；<br>● 人口、城镇化水平稳步提高 | 顺利实施，基本实现既定目标：<br>● 城市空间结构按照分区发展战略稳步调整，“一河两岸三组团”都市圈结构逐渐形成；<br>● 中心城区和市域次中心集聚程度有所上升 | 顺利实施，基本实现既定目标：<br>● 战略新兴产业培育和传统产业转型升级稳步加快推进；<br>● “三高”产业逐步退出；<br>● 四大工业板块逐步形成 |
| 低碳城镇化模式 | 在既有政策规划影响的基础上，加快产业结构调整、城市空间结构布局，实现突破性低碳绿色发展 | 影响远超出预期：<br>● 加快承接京津产业转移；<br>● 区域集聚和辐射带动能力显著提高；<br>● 人口、城镇化水平显著提高 | 影响远超预期：<br>● 城市分区发展战略实现突破，“一河两岸三组团”实现一体化发展；<br>● 中心城区和市域次中心人口产业集聚程度显著提高 | 影响远超预期：<br>● 六大战略新兴产业培育和五大传统优势产业转型实现突破；<br>● “三高”产业基本退出；<br>● 产业实现高水平集聚空间布局 |

## （一）延续城镇化模式

延续城镇化模式描述的是石家庄市促进结构调整的力量不能突破城市发展的传统路径，沿着“十二五”末期的城镇化路径继续发展的模式，即沿着“十二五”末期的经济态势以及工业、建筑和交通部门的既有模式持续发展（表 13-7）。

**表 13-7　延续城镇化模式主要指标设定**

| 指标 | | 2020 年 | 2025 年 | 2030 年 |
|---|---|---|---|---|
| GDP/亿元 | | 7 535.9 | 9 849.1 | 12 570.2 |
| 城镇化率/% | | 63.7 | 70.4 | 77.7 |
| 人口 | 城镇人口/万人 | 730.6 | 861.3 | 1 019.1 |
| | 农村人口/万人 | 416.3 | 362.1 | 292.4 |
| 产业结构 | 第一产业增加值/亿元 | 487.8 | 631.4 | 921.6 |
| | 第一产业占比/% | 6.5 | 6.4 | 7.3 |
| | 第二产业增加值/亿元 | 3 457.9 | 4 413.2 | 5 369.4 |
| | 第二产业占比/% | 45.9 | 44.8 | 42.7 |
| | 第三产业增加值/亿元 | 3 590.1 | 4 804.4 | 6 279.2 |
| | 第三产业占比/% | 47.6 | 48.8 | 50.0 |
| 城市空间结构 | | 依照“十二五”相关城市规划推进，“一河两岸三组团”的城市组团逐渐清晰，中心城区规模缓慢上升 | | |

### 1．城镇化水平

人口与城镇化水平的发展延续“十二五”末期态势，近期常住人口保持约每年 1%的增长率，远期考虑到自然增长率的下降，常住人口以每年 0.8%左右的速度增长，城镇化水平提高的幅度与当前态势基本相同，以平均每年 1.5 个百分点的速度提高。

### 2．城镇化驱动力

经济增长延续“十二五”末期态势，由中高速逐步转为中速增长，GDP 增长率延续当前的发展态势，2020 年以前以每年 6.5%的增长率增长，2021—2025 年以每年 5.5%的增长率增长，2026—2030 年以每年 5%的增长率增长。

### 3. 城市空间结构

城市空间发展上延续组团式发展态势，继续实施“北跨”、“西控”、“南优”和“东延”战略，依照“十二五”相关城市规划推进，“一河两岸三组团”的城市组团逐渐清晰，中心城区规模缓慢上升，但占比仍然不高（表 13-8）。

表 13-8　不同城镇化模式下石家庄市城市空间结构

| | 2015 年 | 2030 年<br>延续城镇化模式 | 2030 年<br>规划城镇化模式 | 2030 年<br>低碳城镇化模式 |
|---|---|---|---|---|
| 城市空间结构 |  |  |  | 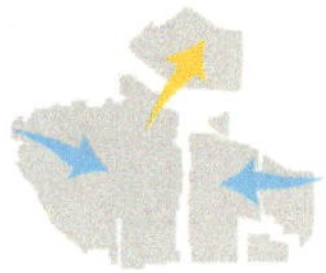 |
| 建设用地面积/$km^2$ | 227 | 336 | 314 | 296 |
| 土地消耗量/$km^2$ | | +59 | +37 | +19 |

### 4. 土地利用结构

由于产业结构转型和空间布局调整延续“十二五”末期态势，制造业土地利用延续当前特征，M3 类工业用地量占比依然较大，利用粗放、布局分散的问题将仍然存在。

## （二）规划城镇化模式

规划城镇化模式为一种低碳转型升级情景，即石家庄市未来的经济社会发展按照各类“十三五”规划政策取得较好成效，积极融入京津冀区域协调发展的大格局，逐步实现经济结构和城镇发展的提质转型。在《石家庄市国民经济和社会发展第十三个五年规划纲要》《石家庄市新型城镇化和城乡统筹发展规划（2016—2020 年）》等要求下，石家庄市未来的经济增长、人口增长、城镇化进程均保持中高速发展（表 13-9）。

表 13-9　规划城镇化模式主要指标设定

| 指标 | | 2020 年 | 2025 年 | 2030 年 |
|---|---|---|---|---|
| GDP/亿元 | | 7 535.9 | 9 848.0 | 12 872.3 |
| 城镇化率/% | | 63.7 | 70.4 | 77.7 |
| 人口 | 城镇人口/万人 | 730.6 | 861.3 | 1 019.1 |
| | 农村人口/万人 | 416.3 | 362.1 | 292.4 |
| 产业结构 | 第一产业增加值/亿元 | 484.4 | 506.4 | 896.3 |
| | 第一产业占比/% | 9.1 | 5.1 | 7.0 |
| | 第二产业增加值/亿元 | 3 393.7 | 4 331.3 | 5 269.7 |
| | 第二产业占比/% | 45.1 | 44.0 | 41.0 |
| | 第三产业增加值/亿元 | 3 657.7 | 5 011.4 | 6 706.4 |
| | 第三产业占比/% | 45.8 | 50.9 | 52.0 |
| 城市空间结构 | | 城市空间结构调整的步伐较快，通过实施“中部引领、东部突破、西部优化”的分区发展战略，逐步形成“一核一带两轴三区”的市域空间结构和“一河两岸三组团”的都市区发展框架，中心城区和市域次中心的人口和产业集聚程度有较大的提高 | | |

### 1. 城镇化水平

常住人口增长率保持中高速，为 1.3%～1.4%；远期虽然人口自然增长率会有所下降，但是能够吸引人口迁入，使人口机械增长率提高。城镇化水平持续提升，以每年 1.8～2 个百分点的速度提高，中心城区的城镇化率提升至 85%以上。

### 2. 城镇化驱动力

石家庄市经济增长保持中高速，加快建设京津冀协同发展中的重要节点和区域性中心城市；产业结构调整取得一定成效，重点发展六大战略新兴产业和五大传统优势产业，高端制造业、现代服务业比重加速提升，加快建设全国先进制造业强市、国家生物医药产业基地和河北省产业转型升级试验区；GDP 增长率保持中高速发展态势，2020 年以前保持年均 6.5%的增长率，2021—2030 年的经济增长率保持在 5.5%左右。

### 3. 城市空间结构

石家庄市分区发展战略稳步推进，按照“中部引领、东部突破、西部优化”的分区发展战略，初步构建市域“一核一带两轴三区”和都市区“一河两岸三组团”的空间结构，中心城区和市域次中心的人口和产业集聚程度有较大提高（表 13-8）。

4. 土地利用结构

工业用地结构按照产业结构的变化加快调整，土地利用效率逐步提高，M3 类工业用地面积和比重逐步降低。

## （三）低碳城镇化模式

低碳城镇化模式为一种低碳转型突破情景，即各类促进石家庄市转型发展的政策规划成效远超出预期，京津冀协同发展、创新驱动发展、新型城镇化、供给侧结构性改革等能够形成合力，共同促进石家庄市经济和城镇化的突破性低碳发展（表 13-10）。

**表 13-10　低碳城镇化模式主要指标设定**

| 指标 | | 2020 年 | 2025 年 | 2030 年 |
|---|---|---|---|---|
| GDP/亿元 | | 7 535.9 | 9 895.7 | 12 933.3 |
| 城镇化率/% | | 63.7 | 70.4 | 77.7 |
| 人口 | 城镇人口/万人 | 730.6 | 861.3 | 1 019.1 |
| | 农村人口/万人 | 416.3 | 362.1 | 292.4 |
| 产业结构 | 第一产业增加值/亿元 | 536.4 | 881.7 | 881.7 |
| | 第一产业占比/% | 5.4 | 6.8 | 6.8 |
| | 第二产业增加值/亿元 | 4 229.2 | 5 022.9 | 7 028.7 |
| | 第二产业占比/% | 42.7 | 38.8 | 38.3 |
| | 第三产业增加值/亿元 | 5 130.1 | 7 028.7 | 7 028.7 |
| | 第三产业占比/% | 51.9 | 54.4 | 54.4 |
| 城市空间结构 | | 城市空间结构调整成效显著，分区发展战略实现突破，“一河两岸三组团”实现一体化发展，基本形成了迈向国际大都市的区域结构框架，中心城区和市域次中心集聚程度显著提升 | | |

1. 城镇化水平

常住人口高于当前水平，未来年均人口增长率保持中高速，为 1.3%～1.4%；

远期虽然自然增长率会有所下降，但是能够通过吸引人口迁入保持常住人口的中高速增长提高。城镇化水平提升速度较快，以年均 2～2.5 个百分点提升，中心城区基本实现了全域城镇化。

2. 城镇化驱动力

经济发展的势头保持中高速，经济增长模式发生明显的改变；产业结构升级转型实现重大突破，高端制造业和现代服务业成为主导产业，“三高”产业基本退出，新型工业体系全面构建，基本建成全国先进制造业强市、国家生物医药产业基地、河北省产业转型升级试验区。GDP 增长率保持中高速发展态势，2020 年以前保持每年 6.5%的增长率，2021—2025 年保持每年 6%的增长率，2026—2030 年保持每年 5.5%的增长率。

3. 城市空间结构

分区发展战略实现突破，“中部引领、东部突破、西部优化”的区域发展格局全面实现，形成了迈向国际大都市的区域结构框架，“一河两岸三组团”实现一体化发展，中心城区和市域次中心集聚程度显著提升（表 13-8）。

4. 土地利用结构

土地利用效率显著提高，M3 类工业用地面积和比重显著下降。

## 三、不同城镇化模式下分部门碳排放情景设定

本报告分别对应延续城镇化模式、规划城镇化模式和低碳城镇化模式设定了石家庄市工业、建筑和交通部门碳排放的三种情景，分别是延续城镇化情景、规划城镇化情景和低碳城镇化情景。

### （一）工业部门情景设定

1. 延续城镇化情景

在该情景下，工业部门的产业结构、用地结构、能源利用率和能源结构没有突破目前的发展模式，继续沿着“十二五”期间既定政策延续发展（表 13-11、图 13-3、图 13-4）。

**表 13-11　不同情景下工业部门主要指标**

| 情景 | 指标 | 2020 年 | 2025 年 | 2030 年 |
|---|---|---|---|---|
| 延续城镇化情景 | 工业增加值年均增速/% | 6.8 | 6.2 | 5.5 |
| | 单位工业增加值能耗强度/（tce/万元） | 1.57 | 1.37 | 1.22 |
| | 煤炭消费占比/% | 71 | 69 | 67 |
| | 电力在工业部门占比/% | 27 | 28 | 29 |
| | M3 类工业用地占比/% | 35.9 | 33.1 | 28.3 |
| 规划城镇化情景 | 工业增加值年均增速/% | 7.6 | 5.7 | 5.4 |
| | 单位工业增加值能耗强度/（tce/万元） | 1.40 | 1.13 | 0.93 |
| | 煤炭消费占比/% | 69 | 66 | 62 |
| | 电力消费占比/% | 29 | 32 | 33 |
| | M3 类工业用地占比/% | 32.7 | 27.3 | 26.2 |
| 低碳城镇化情景 | 工业增加值年均增速/% | 8.4 | 5.4 | 4.7 |
| | 单位工业增加值能耗强度/（tce/万元） | 1.27 | 1.03 | 0.80 |
| | 煤炭消费占比/% | 67 | 63 | 58 |
| | 电力在工业部门占比/% | 30 | 33 | 36 |
| | M3 类工业用地占比/% | 28.3 | 22.7 | 25.5 |

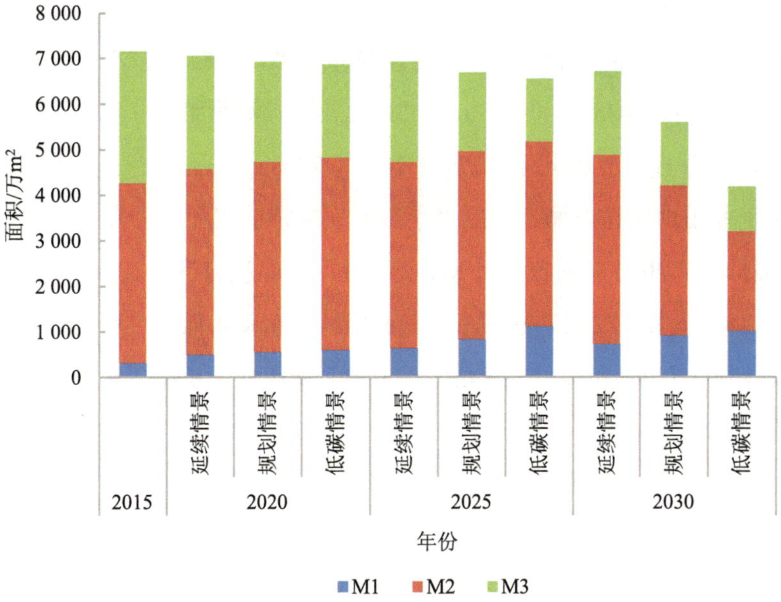


**图 13-3　不同情景下石家庄市三类工业用地面积**

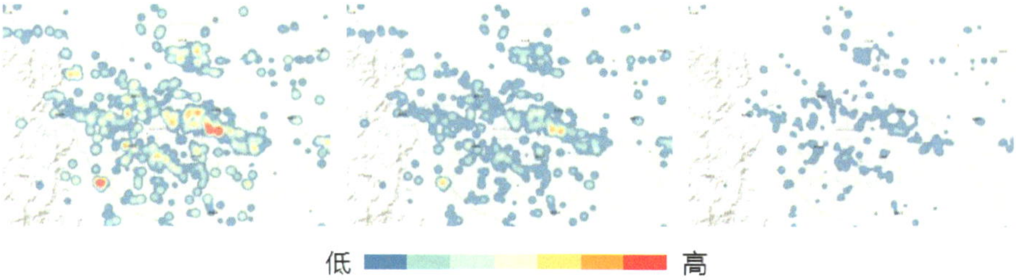


（a）延续城镇化情景　（b）规划城镇化情景　（c）低碳城镇化情景

图 13-4　2030 年高耗能企业技术升级

在产业结构方面，转型升级延续“十二五”末期趋势，第三产业的比重稳步上升，第二产业尤其是工业部门实现结构优化，低端和污染行业逐步向高端制造业转型升级。

在工业增加值方面，总量增加但增速下降。2015—2020 年、2020—2025 年、2025—2030 年的年均增速分别为 6.8%、6.2%、5.5%。

在能源利用效率方面，通过技术升级、节能减排等工作，2020 年、2025 年和 2030 年的工业增加值能耗强度相比 2015 年的水平分别下降 20%、30% 和 35%。

在能源结构方面，控煤、压煤行动持续开展，“煤改气”“煤改电”有序推进，2020 年、2025 年和 2030 年工业行业煤炭消费比重分别为 71%、69% 和 67%，电力消费比重分别为 27%、28%和 29%。

在工业用地结构方面，依照“十二五”末期的工业部门发展模式，2020 年、2025 年和 2030 年石家庄市 M1 类工业用地面积将逐步减少，分别为 551 万 $m^2$、634 万 $m^2$ 和 725 万 $m^2$；M2 类工业用地面积基本保持平稳，分别是 4 085 万 $m^2$、4 092 万 $m^2$ 和 4 155 万 $m^2$；M3 类工业用地面积将逐步减少，但减少的速度较慢，分别是 2 473 万 $m^2$、2 189 万 $m^2$ 和 1 827 万 $m^2$。

### 2. 规划城镇化情景

在该情景下，依照京津冀协同发展战略，充分考虑石家庄市“十三五”既定发展规划，工业部门承接京津产业转移成效明显，工业部门转型升级取得较大改观，工业集约化程度逐渐提升（表 13-11、图 13-3、图 13-4）。主要规划政策包括《石家庄市国民经济和社会发展第十三个五年规划纲要》《石家庄市工业转型升级与布局优化“十三五”规划》《石家庄市重点工业行业结构调整提升规划（2017—2019 年）》等。

在产业结构方面，供给侧结构性改革出实效，传统产业的退出和新型产业的培育同步推进，M3 类工业的比重显著降低，高端制造业比重提升，第三产业比重稳步提高，现代服务业竞争力显著增强。

在工业增加值方面，总量持续增长，但增速持续下降，2015—2020 年、2020—2025 年、2025—2030 年的年均增速分别为 7.6%、5.7%、5.4%。

在能源利用效率方面，因地制宜地采取技术升级、节能减排、去产能、淘汰落后产能等多种政策措施挖掘行业减排潜力，2020 年、2025 年和 2030 年工业增加值能耗强度相比 2015 年分别下降 28%、42%和 50%。

在能源结构方面，严格实施煤炭消费总量控制，积极推进“煤改气”“煤改电”等能源低碳化行动，2020 年、2025 年和 2030 年煤炭消费比重分别下降到 69%、66%和 62%，电力消费比重分别为 29%、32%和 33%。

在工业用地结构方面，“十三五”期间，依照石家庄市城市总体规划和工业发展规划，工业部门重化工业逐步退出，同时积极发展战略性新兴产业，2020 年、2025 年和 2030 年石家庄市 M1 类工业用地面积逐步增加，将分别达到 551 万 $m^2$、922 万 $m^2$ 和 725 万 $m^2$；M2 类工业用地面积小幅减少，分别是 4 180 万 $m^2$、4 131 万 $m^2$ 和 3 294 万 $m^2$；M3 类工业用地面积较延续城镇化情景明显下降，分别是 2 185 万 $m^2$、1 718 万 $m^2$ 和 1 378 万 $m^2$。

### 3. 低碳城镇化情景

在该情景下，石家庄市工业部门在行业结构、用地布局、能源结构以及经济效率等方面将实现突破性发展（表 13-11、图 13-3、图 13-4）。

在产业结构调整方面，产业转型取得突破，M3 类工业大幅度退出，部分低端和存在污染的 M2 类工业比例也逐步降低，第三产业发展迅速，现代服务业和高端制造业等战略性新兴产业成为城市的主导产业，科技创新能力大幅度增强。

在工业增加值方面，总量持续增长，但增速持续下降，2015—2020 年、2020—2025 年和 2025—2030 年的年均增速分别为 8.4%、5.4%和 4.7%。

在能源利用效率方面，相比规划情景，节能减排政策进一步强化，到 2020

年、2025 年和 2030 年单位工业增加值能耗强度相比 2015 年分别下降 35%、48%和 60%。

在能源结构方面，继续严格实施煤炭消费总量控制，电力在工业部门能源消费结构中的占比大幅提高，2020年、2025年和2030年占比分别达到30%、33%和 36%；煤炭消费占比继续下降，分别为 67%、63%和 58%。

在工业用地方面，将采取力度更大的产业结构调整措施，2020 年、2025 年和2030年石家庄市M1类工业用地面积较规划情景继续增加，分别是589 万 $m^2$、1 114 万 $m^2$ 和 1 020 万 $m^2$；M2 类工业用地面积在 2025 年之前基本保持平稳，但之后有较明显的下降，分别是 4 236 万 $m^2$、4 059 万 $m^2$ 和 2 186 万 $m^2$；M3 类工业用地面积进一步减少，分别是 2 039 万 $m^2$、1 374 万 $m^2$ 和 983 万 $m^2$。

## （二）交通部门情景设定

### 1. 延续城镇化情景

在该情景下，石家庄市依旧延续“十二五”末期传统的较为粗放的低密度城市扩张态势（表13-12、图13-5至图13-7）。

**表 13-12　不同情景下交通部门主要指标**

| 情景名称 | 交通指标 | 2020 年 | 2025 年 | 2030 年 |
|---|---|---|---|---|
| 延续城镇化模式 | 小汽车人均拥车数/辆 | 0.26 | 0.32 | 0.4 |
| | 轨道运营里程/km | 48 | 130 | 220 |
| | 轨道人口覆盖率/% | 15 | 20 | 25 |
| | 电动公共汽车比率/% | 15 | 23 | 30 |
| 规划城镇化模式 | 小汽车人均拥车数/辆 | 0.25 | 0.3 | 0.36 |
| | 轨道运营里程/km | 65 | 155 | 260 |
| | 轨道人口覆盖率/% | 18 | 25 | 35 |
| | 电动公共汽车比率/% | 30 | 60 | 85 |
| 低碳城镇化模式 | 小汽车人均拥车数/辆 | 0.25 | 0.28 | 0.3 |
| | 轨道运营里程/km | 80 | 185 | 300 |
| | 轨道人口覆盖率/% | 20 | 35 | 47 |
| | 电动公共汽车比率/% | 40 | 75 | 100 |

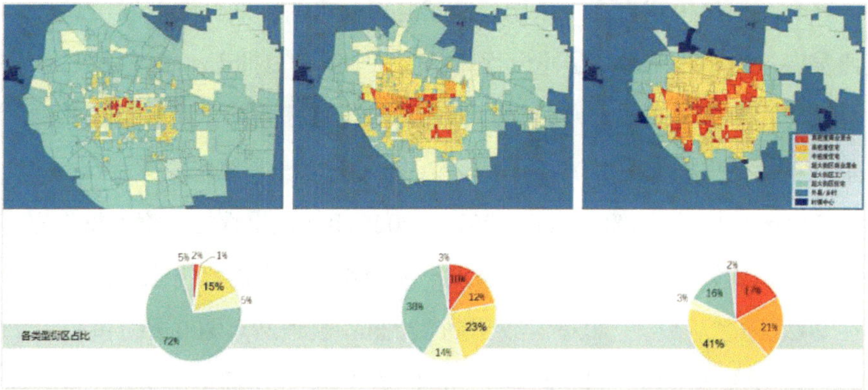


2030 年延续情景　　2030 年规划情景　　2030 年低碳情景

图 13-5　不同情景下 2030 年石家庄市城市空间结构及街区占比

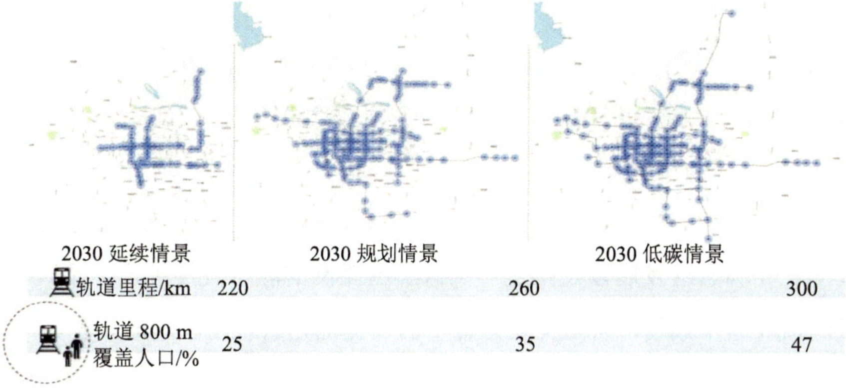


图 13-6　不同情景下 2030 年轨道交通发展情况

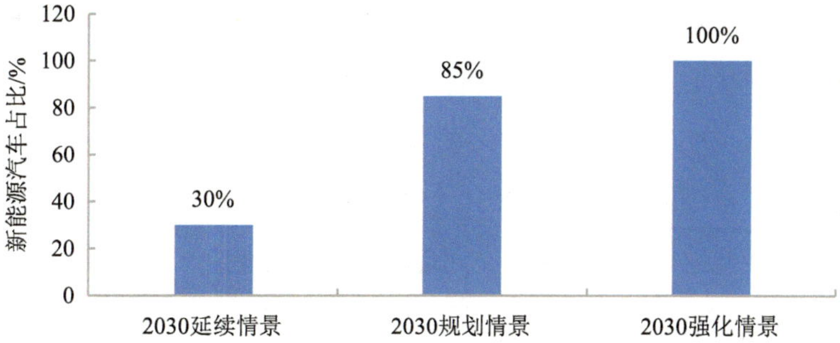


图 13-7　不同情景下 2030 年新能源汽车占比情况

在交通发展模式方面，依旧延续宽马路、大街区的交通开发模式，公共交通发展依然相对滞后，居民出行高度依赖小汽车，拥车率快速增长。

在交通服务量及结构方面，由于 2015 年石家庄市尚未有轨道线建成，所以基准年轨道里程使用 2017 年数据。2017 年石家庄市轨道里程 29 km，轨道站点 800 m 范围覆盖 8%的人口。2017—2025 年轨道里程增长率保持稳定，由于城市蔓延式发展，小汽车出行需求不断增长，公交出行需求下降，轨道建设在 2025 年之后减缓，2030 年仅达到 220 km，轨道站点 800 m 范围覆盖 25%的人口。2015 年人均拥车 0.22 辆，2015—2030 年人均拥车数快速增长，预计到 2030 年达到 0.4 辆。

在交通能源结构方面，综合交通运输体系逐渐建立，交通运输工具技术效率稳步提升，交通能源结构逐步优化，2015—2030 年客运交通单位公里碳强度年均下降 0.3%。

在交通技术及能效方面，稳步推动公共汽车电动化，2015—2030 年变化率保持稳定，预计到 2030 年，新能源公共汽车比例将达到 30%。

### 2. 规划城镇化情景

在该情景下，依照石家庄市总体规划以及交通部门“十三五”规划，遵循公交优先和紧凑发展以及推进小街区、密路网的城市发展理念，小汽车保有量的增长逐步减缓，轨道交通为骨干的公交优先系统初步建成（表13-12、图13-5至图13-7）。

在交通发展模式方面，保持较为粗放的城市形态开发态势，延续宽马路、大街区的模式。

在交通服务量及结构方面，2015—2030 年轨道建设保持较高的增长速度，2030 年轨道里程达到 260 km，轨道站点 800 m 范围覆盖人口比例达到 35%，城市格局让轨道交通能服务于更多的人口。2015—2030 年人均拥车数的增长率保持在可控范围内，预计到 2030 年达到 0.36 辆。

在交通能源结构方面，综合交通运输体系加快建立，智能交通管理逐渐普及，交通运输工具技术效率加快提高，交通能源结构优化力度加快，2015—2030 年客运交通单位公里碳强度年均下降 0.7%。

在交通技术及能效方面，大力推动公共汽车电动化，2015—2030 年变化率逐年增长，预计到2030年，新能源公共汽车比例达到85%。

#### 3. 低碳城镇化情景

在该情景下，建设以人为本的城市新区，持续推进小街区、密路网的城市发展模式，结合技术进步，交通能源消耗和碳排放量进一步降低（表13-12、图13-5至图13-7）。

在交通发展模式方面，通过城市再开发，优化中心区的城市空间结构，推行公交导向开发（TOD）的发展理念，加大轨道站点周边的开发强度，并优化职住空间结构。

在交通服务量及结构方面，轨道建设快速增长，运营里程在2030年达到300 km，轨道交通可服务于47%的人口。

在交通能源结构方面，综合交通运输体系加快建立，智能交通管理快速普及，实现交通部门能源消费革命，交通运输工具技术效率稳步提升，交通能源结构优化力度加快，2015—2030 年客运交通单位公里碳强度年均下降1.0%。

在交通技术及能效方面，大力推广新能源汽车，全面实现公共汽车电动化，2030年电动公共汽车比例达到100%。严格限制小汽车的增速，鼓励购买电动汽车和混合动力汽车，小汽车人均拥车数增长逐渐平缓，截至2030年，人均拥车数控制在0.3辆以内。

### （三）建筑部门情景设定

#### 1. 延续城镇化情景

在该情景下，建筑部门按照“十二五”建筑节能规划，继续延续“十二五”末期发展模式（表13-13、图13-8）。

在建筑类型及面积方面，延续“十二五”末期对公共建筑和居住建筑的需求，根据人口增长趋势，2020年、2025年和2030年人均城镇居住建筑面积分别达到305 $m^2$、292 $m^2$和279 $m^2$，农村人均居住建筑面积分别达到48 $m^2$、52.8 $m^2$ 和 58.08 $m^2$，人均公共建筑建筑面积分别为 76.65 $m^2$、84.31 $m^2$ 和92.74 $m^2$。

表 13-13　不同情景下建筑部门主要指标

| | | | | 2020 年 | 2025 年 | 2030 年 |
|---|---|---|---|---|---|---|
| 延续城镇化情景 | 人均建筑面积/m² | 民建 | 城镇 | 305 | 292 | 279 |
| | | | 农村 | 48 | 52.8 | 58.08 |
| | | 公建 | | 76.65 | 84.31 | 92.74 |
| | 节能标准/% | 民建 | 城镇 | 65 | 65 | 65 |
| | | | 农村 | 30 | 30 | 30 |
| | | 公建 | | 50 | 50 | 50 |
| | 能耗强度/（kgce/m²） | 民建 | 城镇 | 22.02 | 20.93 | 18.98 |
| | | | 农村 | 12.13 | 12.13 | 12.13 |
| | | 公建 | | 51.36 | 49.72 | 47.76 |
| | 既有建筑节能改造执行标准/% | | | 50 | 50 | 50 |
| 规划城镇化情景 | 人均建筑面积/m² | 民建 | 城镇 | 26.62 | 32.07 | 36.88 |
| | | | 农村 | 46.52 | 52.9 | 60.84 |
| | | 公建 | | 74.47 | 72.98 | 71.52 |
| | 节能标准/% | 民建 | 城镇 | 75 | 78 | 82 |
| | | | 农村 | 30 | 50 | 65 |
| | | 公建 | | 65 | 75 | 79 |
| | 能耗强度/（kgce/m²） | 民建 | 城镇 | 21.81 | 19.83 | 18.45 |
| | | | 农村 | 11.93 | 11.70 | 11.14 |
| | | 公建 | | 50.25 | 47.29 | 43.94 |
| | 既有建筑节能改造执行标准/% | | | 50 | 50 | 65 |
| 低碳城镇化情景 | 人均建筑面积/m² | 民建 | 城镇 | 26.67 | 26.21 | 25.35 |
| | | | 农村 | 44 | 42.24 | 38.86 |
| | | 公建 | | 71.49 | 68.63 | 63.09 |
| | 节能标准/% | 民建 | 城镇 | 75 | 78 | 82 |
| | | | 农村 | 50 | 65 | 75 |
| | | 公建 | | 65 | 75 | 79 |
| | 能耗强度/（kgce/m²） | 民建 | 城镇 | 20.78 | 19.40 | 18.09 |
| | | | 农村 | 50.06 | 47.27 | 43.78 |
| | | 公建 | | 11.65 | 11.14 | 10.56 |
| | 既有建筑节能改造执行标准/% | | | 50 | 65 | 65 |

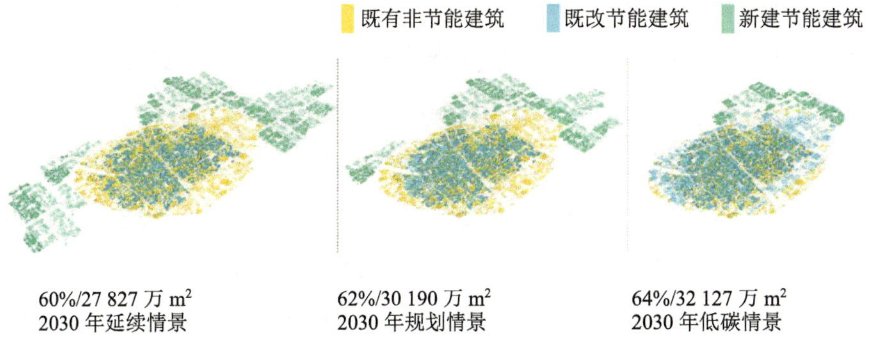


**图 13-8　不同情景下 2030 年石家庄市节能建筑占比**

在能耗强度方面，2020 年、2025 年和 2030 年石家庄市城镇居住建筑单位能耗强度分别为 22.02 kgce/$m^2$、20.93 kgce/$m^2$ 和 19.89 kgce/$m^2$；公建能耗强度分别为 51.36 kgce/$m^2$、49.72 kgce/$m^2$ 和 47.76 kgce/$m^2$；农村居住建筑能耗强度分别为 12.13 kgce/$m^2$、12.13 kgce/$m^2$ 和 12.13 kgce/$m^2$。

在能源结构方面，重点推广太阳能光热光电建筑一体化、浅层地能等可再生能源建筑应用技术，2015—2030 年建筑部门能耗碳强度年均下降 0.6%。

在节能标准方面，全市城镇新建居住建筑全面执行 65%的建筑节能标准，新建公共建筑执行 50%的建筑节能标准。2020 年、2025 年和 2030 年城镇建筑中节能建筑占比分别为 48%、53%和 60%，其中，居住建筑中节能建筑占比分别为 58%、63%和 68%，公共建筑中节能建筑占比分别为 30%、32%和 36%，农村新建建筑节能标准保持在 5%。2020 年、2025 年和 2030 年既有建筑节能改造执行标准保持在 50%。

### 2. 规划城镇化情景

在该情景下，人均居住建筑面积增速有所控制，建筑节能标准逐步提升，因地制宜建设超低能耗建筑及“零排放”建筑（表13-13、图13-8）。

在建筑类型及面积方面，2020 年、2025 年和 2030 年石家庄市人均城镇居住建筑面积分别达到 26.62 $m^2$、32.07 $m^2$ 和 36.88 $m^2$，农村人均居住建筑面积分别达到 46 $m^2$、52.9 $m^2$ 和 60.84 $m^2$，人均公共建筑建筑面积分别为 74.47 $m^2$、72.98 $m^2$ 和 71.52 $m^2$。

在能耗强度方面，2020 年、2025 年和 2030 年石家庄市城镇居住建筑单位能耗强度分别为 21.81 kgce/m$^2$、19.83 kgce/m$^2$ 和 18.45 kgce/m$^2$；公建能耗强度分别为 50.25 kgce/m$^2$、47.29 kgce/m$^2$ 和 43.94 kgce/m$^2$；农村居住建筑能耗强度分别为 11.93 kgce/m$^2$、11.70 kgce/m$^2$ 和 11.14 kgce/m$^2$。

在能源结构方面，深入推进建筑部门节能减排，因地制宜建设超低能耗建筑及"零排放"建筑，2015—2030 年建筑部门能耗碳强度年均下降 1.0%。

在节能标准方面，2020 年、2025 年和 2030 年全市城镇新建居住建筑分别执行 75%、78%和 82%的建筑节能标准，新建公共建筑分别执行 65%、75%和 79%的建筑节能标准，农村新建建筑分别执行 30%、50%和 65%的建筑节能标准。2020 年、2025 年和 2030 年城镇建筑中节能建筑占比分别为 50%、55%和 62%，其中，居住建筑中节能建筑占比分别为 60%、65%和 70%，公共建筑中节能建筑占比分别为 30%、35%和 43%。2020 年、2025 年和 2030 年既有建筑节能改造执行标准分别为 50%、50%和 65%。

### 3. 低碳城镇化情景

在该情景下，人均居住建筑面积增速得到更有效的控制，建筑节能标准进一步提高，可再生能源利用率提升，超低能耗建筑及近零碳建筑占比显著增加（表13-13、图13-8）。

在建筑类型及面积方面，2020 年、2025 年和 2030 年石家庄市人均城镇居住建筑面积分别达到 26.67 m$^2$、26.21 m$^2$ 和 25.35 m$^2$，农村人均居住建筑面积分别达到 44 m$^2$、42.24 m$^2$ 和 38.86 m$^2$，人均公共建筑建筑面积分别为 71.49 m$^2$、68.63 m$^2$ 和 63.09 m$^2$。

在能耗强度方面，2020 年、2025 年和 2030 年石家庄市城镇居住建筑单位能耗强度分别为 20.78 kgce/m$^2$、19.40 kgce/m$^2$ 和 18.09 kgce/m$^2$；公共建筑能耗强度分别为 50.06 kgce/m$^2$、47.27 kgce/m$^2$ 和 43.78 kgce/m$^2$；农村居住建筑能耗强度分别为 11.65 kgce/m$^2$、11.14 kgce/m$^2$ 和 10.56 kgce/m$^2$。

在能源结构方面，深入推进建筑部门节能减排，加强可再生能源资源化利用，因地制宜建设超低能耗建筑及"零排放"建筑，2015—2030 年建筑部门能耗碳强度年均下降 1.2%。

在节能标准方面，2020 年、2025 年和 2030 年全市城镇新建居住建筑分别执行 75%、78%和 82%的建筑节能标准，新建公共建筑分别执行 65%、75%

和 79%的建筑节能标准，农村新建建筑分别执行 50%、65%和 75%的建筑节能标准。2020 年、2025 年和 2030 年城镇建筑中节能建筑占比分别为 52%、57%和 64%，其中，居住建筑中节能建筑占比分别为 62%、67%和 72%，公共建筑中节能建筑占比分别为 32%、37%和 45%。2020 年、2025 年和 2030 年既有建筑节能改造执行标准分别为 50%、65%和 65%。

# 第十四章　石家庄市碳排放情景分析

## 一、工业部门

### （一）能源消费

在延续城镇化情景和规划城镇化情景下，石家庄市工业部门能源消费量均逐渐增加，延续城镇化情景的增加趋势快于规划城镇化情景（图 14-1）。在低碳城镇化情景下，通过采取强有力的调整结构、优化能源结构、提高工业技术水平、优化工业布局、提高工业用地的集聚水平等强有力的综合措施，石家庄市工业能源消费预计将在 2025 年达到峰值，之后工业部门能源消费量逐渐降低。

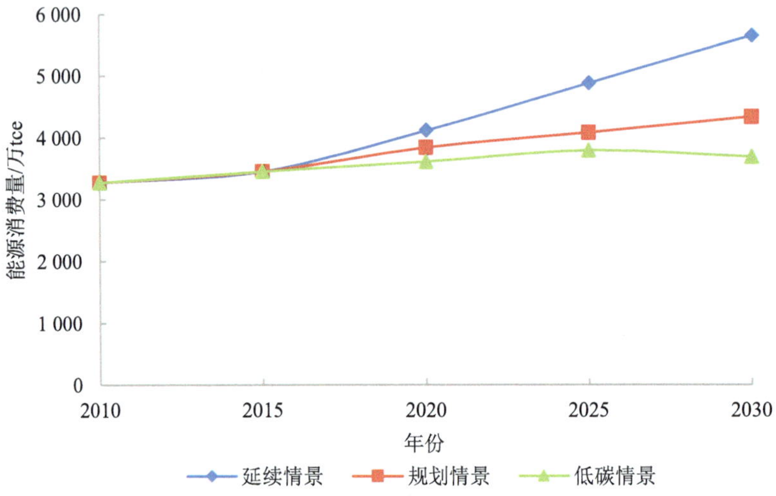


图 14-1　不同情景下工业部门能源消费总量

根据图 14-2 所示，延续城镇化情景下，石家庄市 2020 年、2025 年和 2030 年工业能源消费量将分别达到 4 119 万 tce、4 883 万 tce 和 5 650 万 tce，较 2015 年分别增加 19.11%、41.21%和 63.38%，M1 类、M2 类、M3 类工业能源消费量均显著增加。在规划城镇化情景下，石家庄市 2020 年、2025 年和 2030 年工业能源消费量分别达到 3 846 万 tce、4 086 万 tce 和 4 340 万 tce，较延续城镇化情景能源消费量增速明显降低。2020 年，只有 M3 类工业能耗较延续城镇化情景降低 335 万 tce，2025 年、2030 年，M2、M3 类工业能源消费量均较延续城镇化情景有所减少，且减少量在逐步增加。在低碳城镇化情景下，2020 年、2025 年和 2030 年工业部门能源消费量将分别达到 3 615 万 tce、3 798 万 tce 和 3 693 万 tce，相对规划城镇化情景能源消费量分别进一步减少 231 万 tce、293 万 tce 和 647 万 tce。

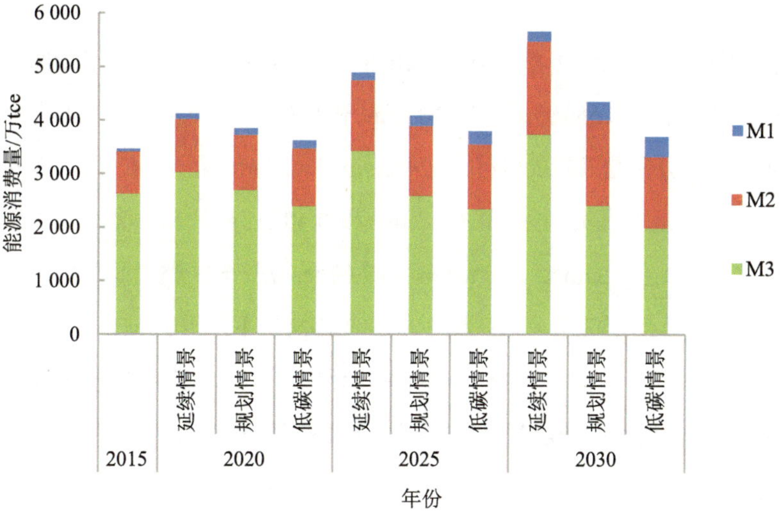


**图 14-2　不同情景下分类型工业部门能源消费量**

根据图 14-3 所示，在延续城镇化情景下，2020 年、2025 年和 2030 年石家庄市工业部门单位用地面积能耗分别是 0.58 tce/$m^2$、0.71 tce/$m^2$ 和 0.84 tce/$m^2$。其中，M1 类工业单位用地面积能耗分别是 0.2 tce/$m^2$、0.23 tce/$m^2$ 和 0.26 tce/$m^2$，M2 类工业单位用地面积能耗分别是 0.24 tce/$m^2$、0.32 tce/$m^2$ 和 0.42 tce/$m^2$，M3 类工业单位用地面积能耗分别是 1.22 tce/$m^2$、1.56 tce/$m^2$ 和 2.04 tce/$m^2$。M3 类工业单位用地面积碳排放远远高于 M2 类工业和 M1 类工业。

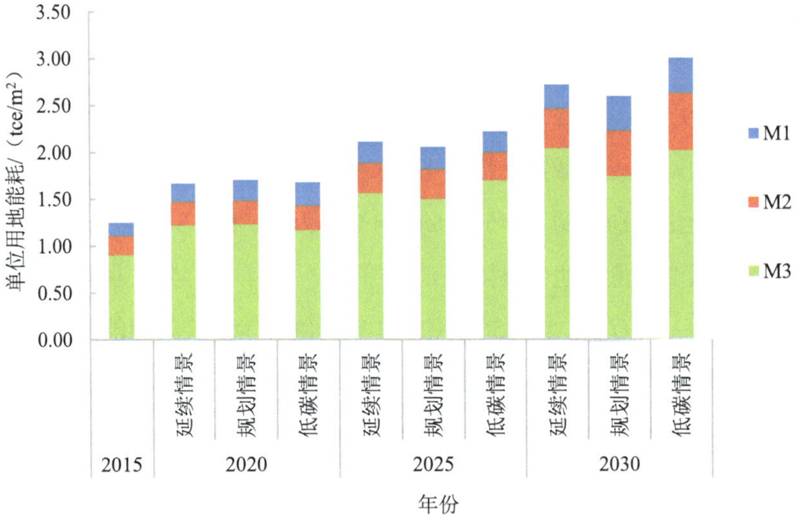


图 14-3　不同情景下分类型工业部门单位用地能耗强度

在规划城镇化情景下，2020 年、2025 年和 2030 年石家庄市工业部门单位用地面积能耗分别是 0.56 tce/$m^2$、0.61 tce/$m^2$ 和 0.78 tce/$m^2$。其中，M1 类工业单位用地面积能耗分别是 0.22 tce/$m^2$、0.24 tce/$m^2$ 和 0.37 tce/$m^2$，M2 类工业单位用地面积能耗分别是 0.25 tce/$m^2$、0.32 tce/$m^2$ 和 0.48 tce/$m^2$，M3 类工业单位用地面积能耗分别是 1.17 tce/$m^2$、1.70 tce/$m^2$ 和 2.02 tce/$m^2$。M3 类工业单位用地面积碳排放远远高于 M2 类工业和 M1 类工业。在该情景下，由于 M1 类、M2 类工业的集聚化水平有所提高，单位用地面积能耗均较延续城镇化情景略有增加，但 M3 类工业单位用地面积能耗强度较延续城镇化情景有所降低，原因在于“十三五”石家庄市工业规划中对高耗能行业限制发展的政策规定，部分 M3 类工业进一步收缩，其占地面积大幅减少。

在低碳城镇化情景下，2020 年、2025 年和 2030 年石家庄市工业部门单位用地面积能耗分别是 0.53 tce/$m^2$、0.58 tce/$m^2$ 和 0.88 tce/$m^2$。共中，M1 类工业单位用地面积能耗分别是 0.25 tce/$m^2$、0.22 tce/$m^2$ 和 0.37 tce/$m^2$，M2 类工业单位用地面积能耗分别是 0.25 tce/$m^2$、0.30 tce/$m^2$ 和 0.61 tce/$m^2$，M3 类工业单位用地面积能耗分别是 1.17 tce/$m^2$、1.70 tce/$m^2$ 和 2.02 tce/$m^2$。可以看出在该情景下，由于 2020 年、2025 年和 2030 年石家庄市工业部门的集聚化程度进一步提高，三类工业单位用地能耗强度均较延续城镇化情景有所增加。

## （二）碳排放

如图 14-4 所示，在延续城镇化情景、规划城镇化情景下石家庄市工业部门碳排放量都将持续增长，但增长程度有所不同，延续城镇化情景下工业部门碳排放量的增长程度显著慢于规划城镇化情景。延续城镇化情景下，2020 年、2025 年和 2030 年的碳排放量分别达到 1.6 亿 t、1.89 亿 t 和 2.14 亿 t，分别较 2015 年增加 14.30%、32.94%和 50.52%。规划政策情景下，2020 年、2025 年和 2030 年的碳排放量分别达到 1.54 亿 t、1.63 亿 t 和 1.71 亿 t，分别较 2015 年增加 8.44%、14.64%和 20.54%，分别较延续城镇化情景减少 5.12%、13.77%和 19.92%。低碳城镇化情景下，石家庄市工业部门碳排预计在 2025 年之前依然呈现缓慢增加态势，2020 年和 2025 年碳排放量将分别达到 1.45 亿 t 和 1.49 亿 t，与规划城镇化情景相比，减排潜力分别为 5.49%和 8.57%；2025 年之后碳排放量将达到峰值并持续减少，到 2030 年减少为 1.40 亿 t，与规划城镇化情景相比，2030 年的减排潜力为 17.99%。

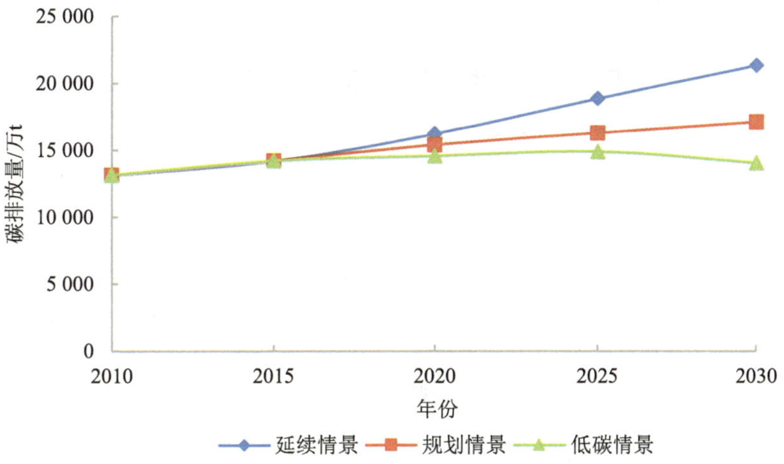


图 14-4　不同情景下工业部门碳排放量

在三种情景下，石家庄市 M3 类工业的碳排放量占比逐渐减少，而 M1 类和 M2 类工业的碳排放量占比有所增加。在延续城镇化情景下，M3 类工业到 2020 年、2025 年和 2030 年的碳排放量占比分别为 73%、69%和 65%；在规划政策情景下占比分别为 70%、63%和 56%；在低碳城镇化情景下占比分别为 66%、61%和 54%（图 14-5）。从石家庄市高碳排放行业的空间分布上也可以看出（图 14-6），2030 年高碳排放分布在三种情景下逐渐减少，这是因为三种情景均对 M3 类高耗能高排放行业采取了限制发展政策，但限制力度有所差异。在低碳城镇化情景下，石家庄市采取了力度较大的高耗能行业退出政策。

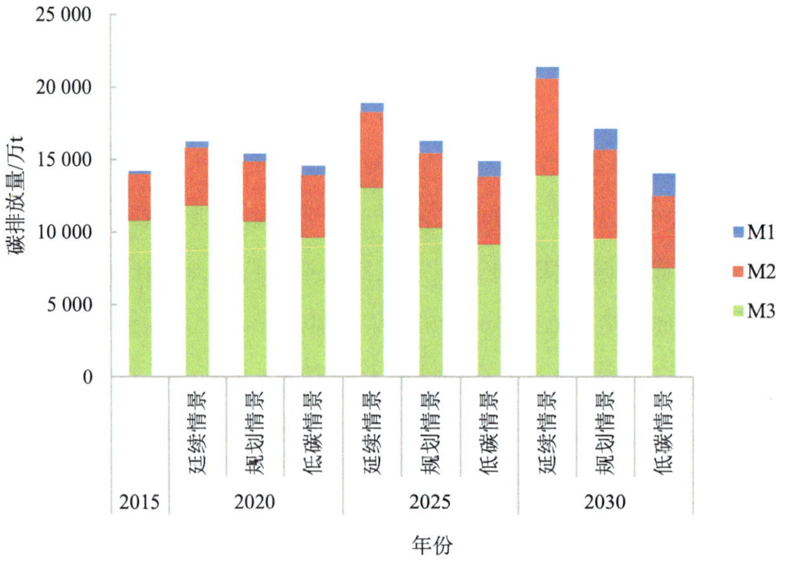


图 14-5　不同情景下分类型工业部门碳排放量

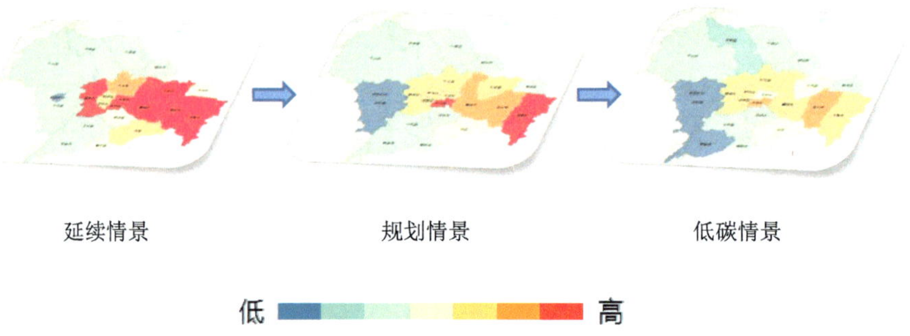


图 14-6　不同情景下 2030 年工业部门碳排放空间分布

工业用地的集约化水平直接影响了单位工业用地的碳排放强度。2020 年、2025 年和 2030 年，虽然规划城镇化情景和低碳城镇化情景的工业部门碳排放总量都在持续减少，但单位工业用地的碳排放强度却在增加（图 14-7），这是由于在这两种情景下，石家庄市工业布局在逐步优化，工业园区进一步发展，大部分工业企业将进入园区，工业用地的专业化和集聚化程度进一步加强，用地面积减少的程度高于碳排放下降的程度。

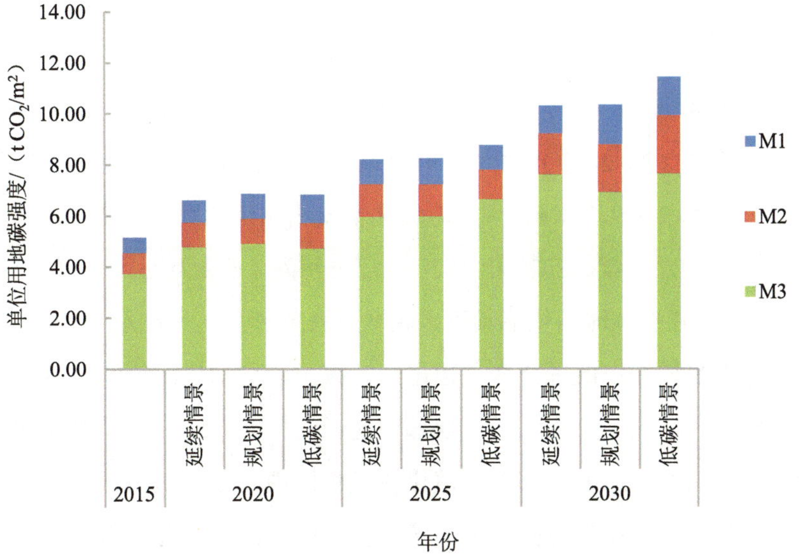


**图 14-7　不同情景下分类型工业部门单位用地碳排放强度**

总体来看，在不同的城镇化模式下，石家庄市工业部门的空间布局也呈现出明显差异。从延续城镇化模式、规划城镇化模式到低碳城镇化模式，随着石家庄市高污染和高排放行业的逐渐退出，工业布局进一步集约化发展，工业用地面积总体呈现逐渐减少的趋势，其中 M1 类工业用地在持续增加，M2 类工业用地呈现缓慢增加然后下降的趋势，M3 类工业用地持续减少。随着城镇化进程带来的工业结构和空间布局的变化，工业部门的能源消费以及碳排放总量随之逐渐变化。在延续城镇化情景和规划城镇化情景下，石家庄市工业部门能源消费和碳排放仍将继续增长。相比延续城镇化情景，规划城镇化情景的能源消费和碳排放量的增长速度显著放缓。在低碳城镇化情景下，2025 年石家庄市工业部门能源消费和碳排放量都将达到峰值。

## 二、交通部门

### （一）能源消费

如图 14-8 所示，在延续城镇化情景下，石家庄市交通部门能源消费仍呈现快速增长的态势，2020 年、2025 年和 2030 年能源消费分别为 1 675 万 tce、2 052 万 tce 和 2 599 万 tce。规划城镇化情景相比延续城镇化情景，其能源消费略有减少，2020 年、2025 年和 2030 年分别为 1 622 万 tce、1 806 万 tce 和 2 055 万 tce。在低碳城镇化情景下，通过采取高密度、小街区的设计，提高地铁覆盖范围等措施来促进公共交通出行，减少非机动化出行的比例，同时还提高了电动汽车比例，优化了交通部门能源结构，因而能够显著减缓交通部门能源消费的增长速度，低碳城镇化情景相比规划情景的能耗进一步降低。在三种情景下，货运交通在能源消费总量中的占比都呈现不断增加的趋势，客运交通占比持续下降（图 14-9）。

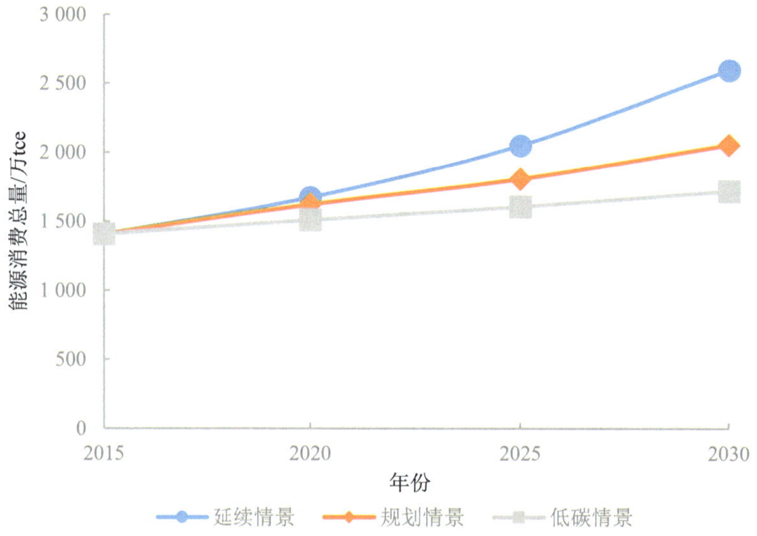


图 14-8　不同情景下交通部门能源消费总量

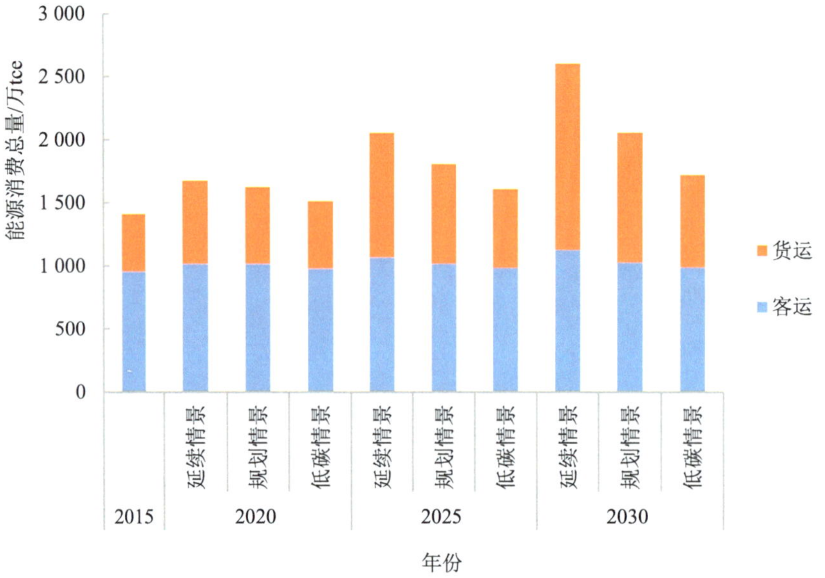


图 14-9　不同情景下客运、货运能源消费总量

## （二）碳排放

与交通部门能耗趋势相同，石家庄市交通部门的碳排放量在三种情景下也都呈现增长态势（图 14-10），在 2030 年前均不能实现碳排放达峰。在延续城镇化情景下，2020 年、2025 年和 2030 年的碳排放量分别为 3 568 万 t、4 443 万 t 和 5 575 万 t；在规划城镇化情景下，2020 年、2025 年和 2030 年的碳排放量分别为 1 622 万 t、1 806 万 t 和 2 055 万 t；在低碳城镇化情景下，2020 年、2025 年和 2030 年的碳排放量分别为 1 510 万 t、1 606 万 t 和 1 720 万 t。延续城镇化情景的碳排放量增长幅度显著大于规划城镇化情景和低碳城镇化情景。在三种情景下，货运交通在石家庄市交通部门碳排放总量中的占比也呈现不断增加的趋势，客运交通占比持续下降（图 14-11）。从空间分布来看，2030 年在低碳城镇化情景下，交通高碳排放区域的占比也在快速降低（图 14-12）。

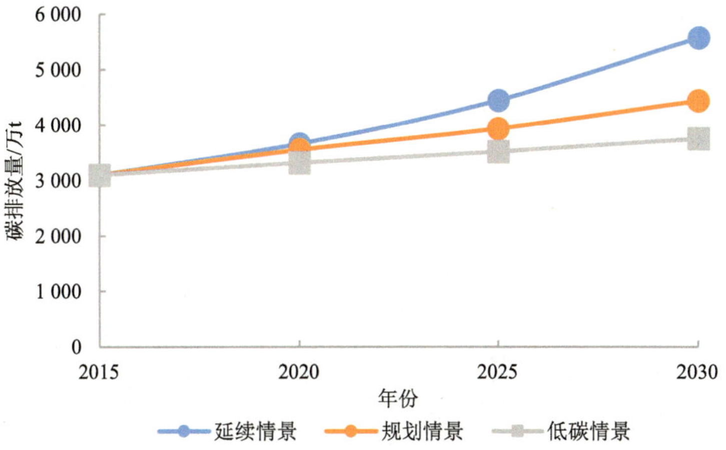


图 14-10　不同情景下交通部门碳排放量

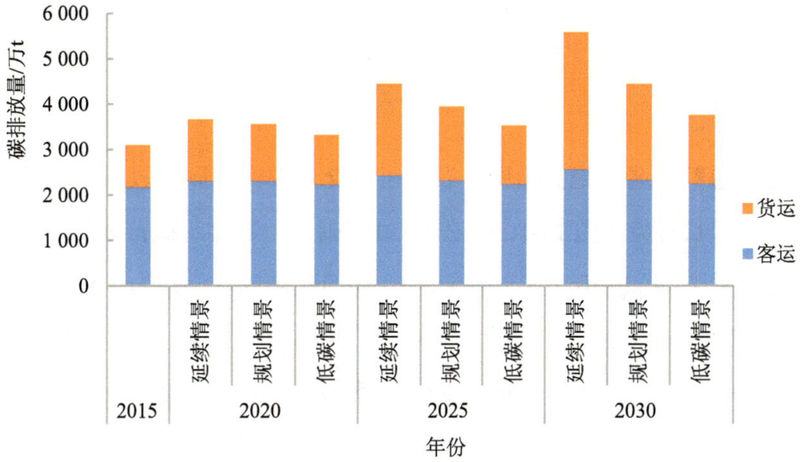


图 14-11　不同情景下客运和货运交通碳排放量

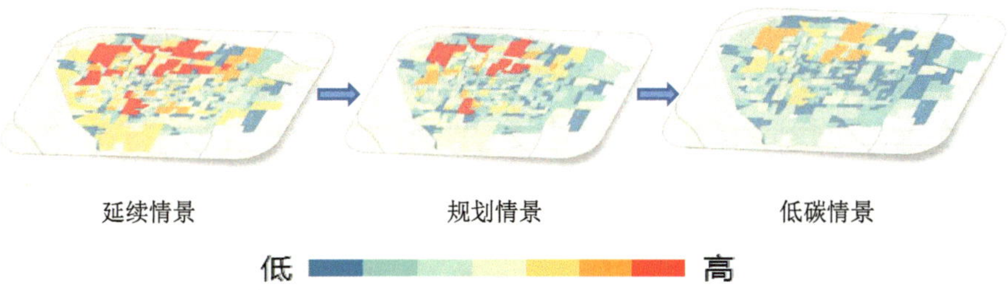


图 14-12　不同情景下 2030 年交通部门碳排放空间分布

总体来看，随着石家庄市城镇化水平的提高，城镇人口对交通基础设施的需求也在大幅增加。在延续城镇化模式下，石家庄市仍然延续粗放型的城市发展路径，交通部门的能源消费和碳排放呈现快速增长的态势。在规划城镇化模式以及低碳城镇化模式下，通过采取高密度、小街区的设计以及提高地铁覆盖范围等措施来促进公共交通出行，从而减少了非机动化出行的比例，提高了电动汽车比例，优化了交通部门能源结构，因而能够显著减缓交通部门碳排放量的增长速度。但是由于城镇化的快速发展对交通基础设施需求的快速增加，在 2030 年以前石家庄市交通部门的碳排放量会呈现持续增长的态势，不会达到峰值。

## 三、建筑部门

### （一）能源消费

如图 14-13 所示，在延续城镇化情景下，石家庄市建筑部门的能源消费量呈现快速增长的态势，2015 年、2020 年、2025 年和 2030 年石家庄市建筑部门能源消费总量分别是 1 073.46 万 tce、1 499.44 万 tce、1 875.63 万 tce 和 2 357.71 万 tce。在规划城镇化情景下，随着城镇化水平的进一步提高，城镇人口持续增加，城镇居住建筑的需求也在持续增加，但由于建筑部门采取了提高建筑节能标准并大力提倡适度消费、控制人均建筑面积等措施，石家庄市建筑部门的能源消费量增速较延续城镇化情景显著减缓，2020 年、2025 年和 2030 年的能源消费总量分别为 1 499 万 tce、1 586 万 tce、和 1 413 万 tce。在低碳城镇化情景下，虽然城镇人口继续增加，但能源消费量的增速相较于规划城镇化情景进一步趋缓，2020 年、2025 年和 2030 年的能源消费总量分别是 1 287 万 tce、1 413 万 tce 和 1 540 万 tce。

如图 14-14 所示，从城镇居住建筑、城镇公共建筑和农村居住建筑来看，随着石家庄市城镇化水平的提高，城镇人口不断增加，城镇居住建筑在建筑部门能源消费总量中一直占据较大比重，并持续增加。同时，随着城镇居民对生活质量要求的不断提高，城镇公共基础设施需求也不断增加，城镇公共

建筑的能源消费呈现快速增长的趋势。农村居住建筑的能源消费量相对平稳，未出现显著变化。

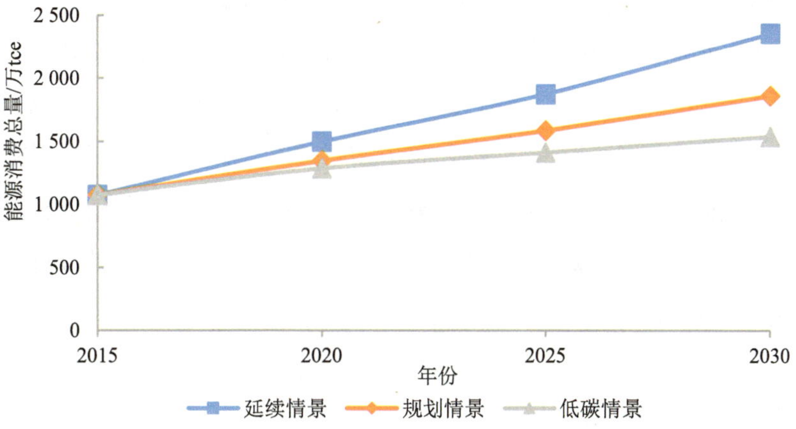


图 14-13　不同情景下建筑部门能源消费总量

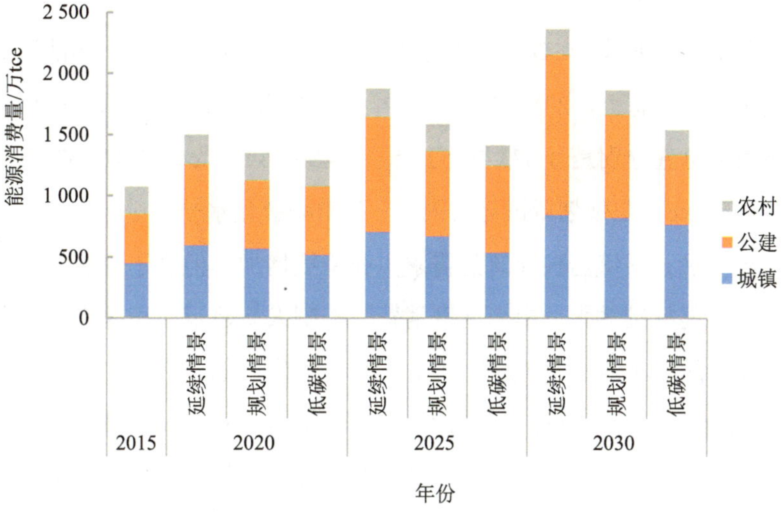


图 14-14　不同情景下不同类型建筑能源消费量

## （二）碳排放

如图 14-15 所示，在延续城镇化情景下，建筑部门碳排放总量快速上升，2020 年、2025 年和 2030 年的碳排放总量分别是 4 376 万 t、5 374 万 t 和 6 621 万 t。

在规划城镇化情景下，居住建筑和公建建筑能耗水平较延续城镇化情景有所下降，既有建筑节能改造比例以及新建建筑节能标准逐步提高，碳排放总量增长趋势较延续城镇化情景明显趋缓，2020 年、2025 年和 2030 年的碳排放总量分别是 3 828 万 t、4 296 万 t 和 4 794 万 t。在低碳城镇化情景下，随着建筑能耗水平的大幅下降以及既有建筑节能改造比例和新建建筑节能标准的大幅提高，2020 年、2025 年和 2030 年的碳排放总量持续降低，分别是 3 638 万 t、3 802 万 t 和 3 824 万 t，并在 2030 年前后达到峰值。从空间分布来看，2030 年低碳城镇化情景下石家庄市高碳排放建筑占比相较规划城镇化情景和延续情景也在逐渐降低（图 14-16）。

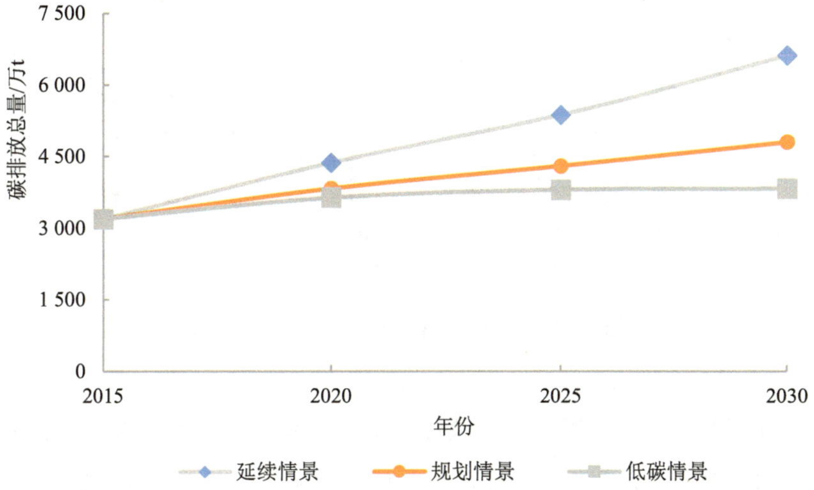


图 14-15　不同情景下建筑部门碳排放总量

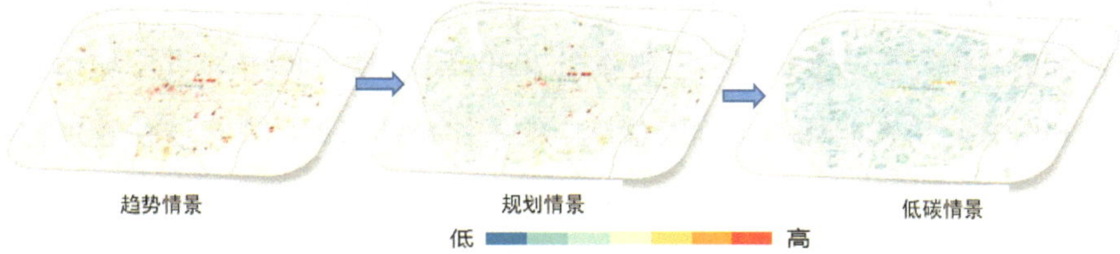


图 14-16　不同情景下 2030 年建筑部门碳排放空间分布

从建筑部门碳排放构成来看，在三种情景下，城镇居住建筑碳排放量一直是占比最高且增长最快的领域，其次是城镇公用建筑，而随着城镇化水平的提高，农村居住建筑的排放总量没有显著变化，在建筑部门排放总量中的占比呈现下降趋势（图 14-17）。

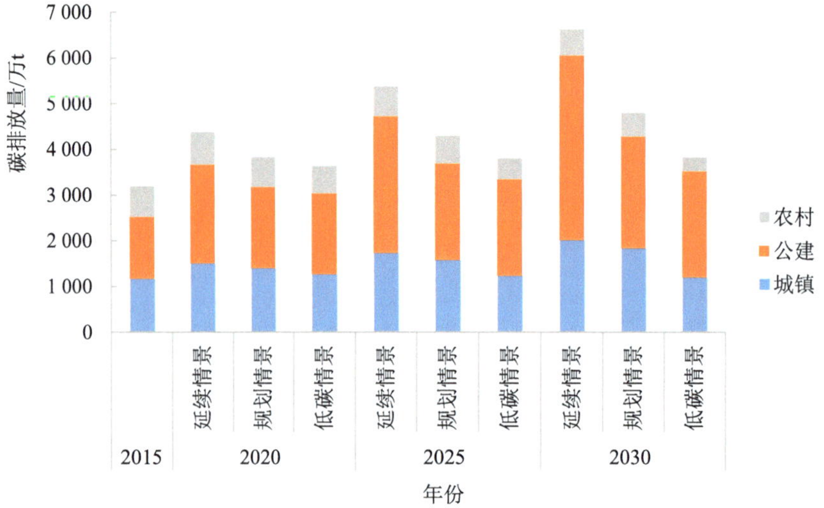


**图 14-17 不同情景下分类型建筑碳排放量**

总体来看，随着石家庄市城镇化水平的不断提升，城镇人口持续增加，居民对居住建筑和公共建筑的需求也在持续增加。在 3 种城镇化模式下，石家庄市建筑部门能源消费总量持续增加，在 2030 年尚不能达到峰值。碳排放的变化趋势与能耗总量有所差异，在低碳城镇化模式下，随着建筑用能结构的优化、单位建筑能耗水平的下降、既有建筑节能改造比例以及新建建筑节能标准的逐步提高，碳排放总量能够在 2030 年前后达到峰值。其中城镇居住建筑和公共建筑在能耗和碳排放总量中的占比持续增加，农村居住建筑占比持续降低。

# 四、能耗和碳排放总量①

## （一）延续城镇化情景

在延续城镇化情景下，石家庄市经济社会以及工业、建筑和交通部门仍然延续目前的各项政策及发展模式。城镇化以年均 1.5%的速度增长，但仍旧遵循传统的低密度城市扩张模式。工业部门的产业结构、用地结构、能源利用率和能源结构没有突破既有发展路径，M3 类工业仍然占据较大比重。交通部门仍延续宽马路、大街区的模式，公共交通发展相对滞后。建筑部门节能标准继续延续“十二五”末期标准，城镇化过程中居民生活水平的提高带来了建筑面积和建筑使用过程能耗的较快增长。

在延续城镇化情景下，石家庄市工业、建筑和交通部门的碳排放量均保持较快的增长趋势。2020 年、2025 年和 2030 年，石家庄全市能源消费总量分别达到 7 293.61 万 tce、8 810.73 万 tce 和 10 606.23 万 tce（图 14-18），碳排放总量分别达到 24 263.27 万 t、28 693.44 万 t 和 33 568.37 万 t（图 14-19），能源消费量和碳排放量仍呈现快速增长的态势。

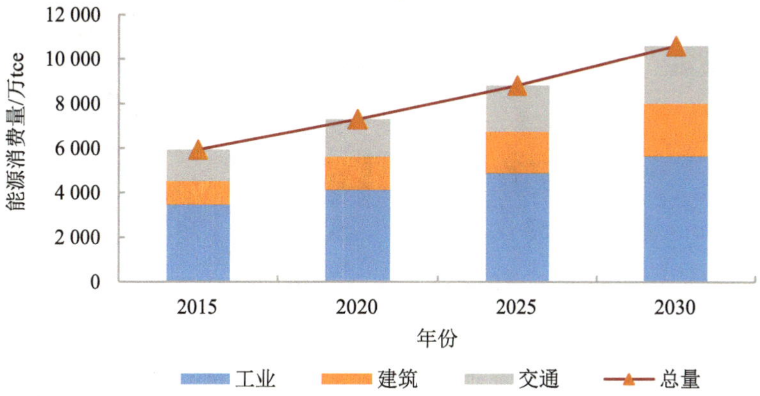


**图 14-18　延续城镇化情景下分部门能源消费量**

---

① 在本报告中，石家庄市的碳排放核算边界主要包括工业、建筑和交通部门能源消费产生的碳排放量，未包括第二产业中的建筑业以及第一产业的碳排放量。

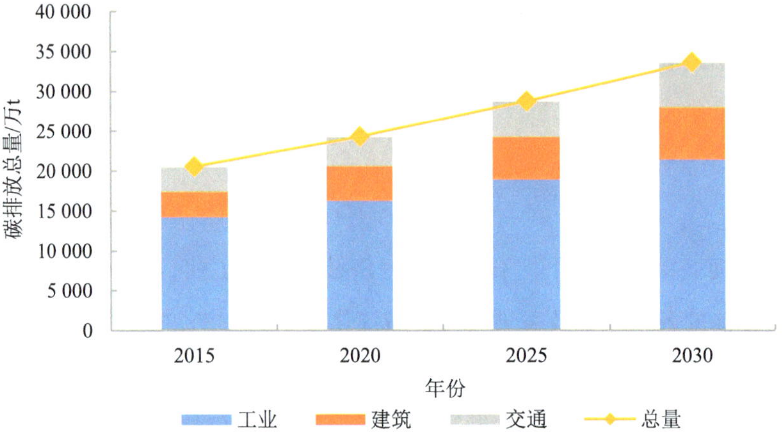


**图 14-19 延续城镇化情景下分部门碳排放总量**

与基准年 2015 年相比，2020 年、2025 年和 2030 年的能源消费量分别增加 23.9%、55.8%和 104.3%（图 14-20），碳排放总量分别增加 95.1%、139.5%和 204.4%（图 14-21）。

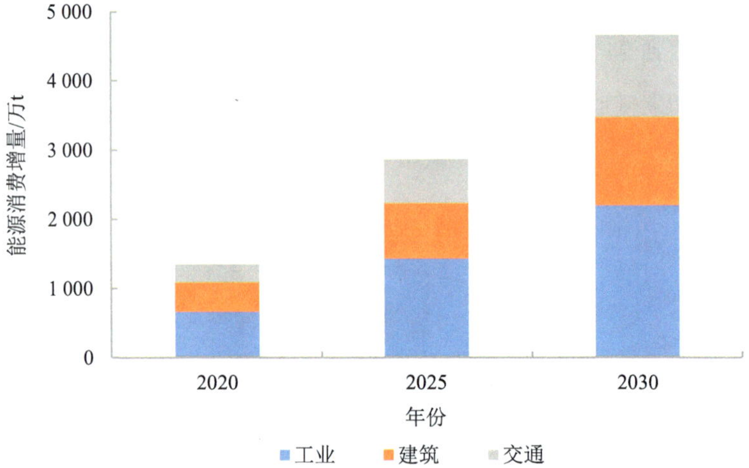


**图 14-20 延续城镇化情景下能源消费增量（相比 2015 年）**

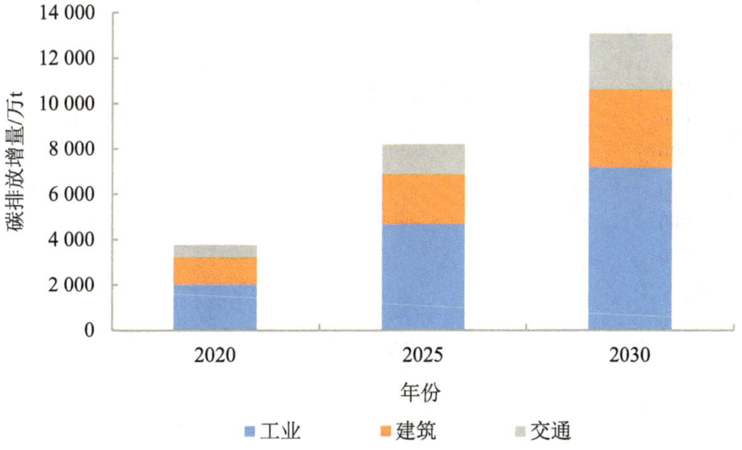


**图 14-21 延续城镇化情景下碳排放增量（相比 2015 年）**

## （二）规划城镇化情景

在规划城镇化情景下，按照《石家庄市国民经济和社会发展第十三个五年规划纲要》、《石家庄市新型城镇化和城乡统筹发展规划（2016—2020 年）》以及工业、建筑和交通等部门规划路径，石家庄市未来的经济增长、人口发展、城镇化以及工业化的进程均保持中高速发展。城镇化水平持续提升，以每年 1.8～2 个百分点的速度提高；通过技术升级、节能减排等工作，到 2020 年、2030 年工业单位增加值能耗强度相比 2015 年水平分别下降 20%和 35%；控煤、压煤行动持续开展，高耗能、高排放行业有计划退出，M3 类工业的占比明显下降；交通部门推进小街区、密路网的城市发展理念，小汽车保有量增速逐渐减缓；新建建筑的节能标准逐步提高，既有建筑节能改造步伐持续加快，建筑面积的增长趋势有所放缓。

在规划城镇化情景下，2020 年、2025 年和 2030 年，石家庄市能源消费总量分别为 7 275.356 万 tce、7 573.78 万 tce 和 7 963.71 万 tce（图 14-22），碳排放总量分别是 22 777.78 万 t、24 508.68 万 t 和 26 349.27 万 t（图 14-23）。相较于延续城镇化情景，石家庄市碳排放总量以及工业、建筑和交通部门的能源消费量和碳排放量增长趋势都明显放缓。

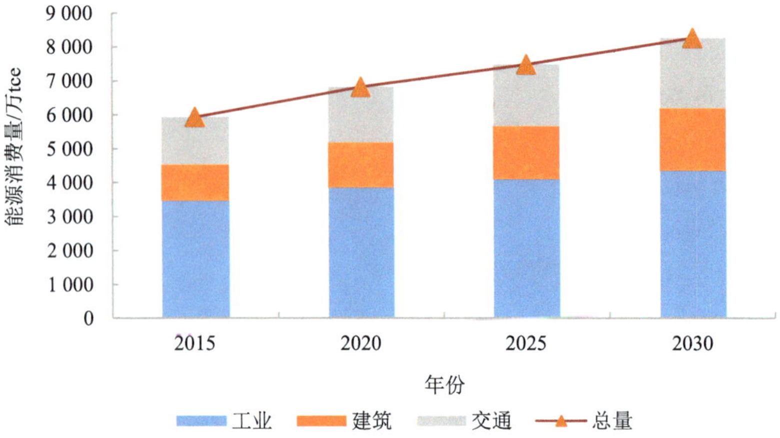


图 14-22 规划城镇化情景下分部门能源消费量

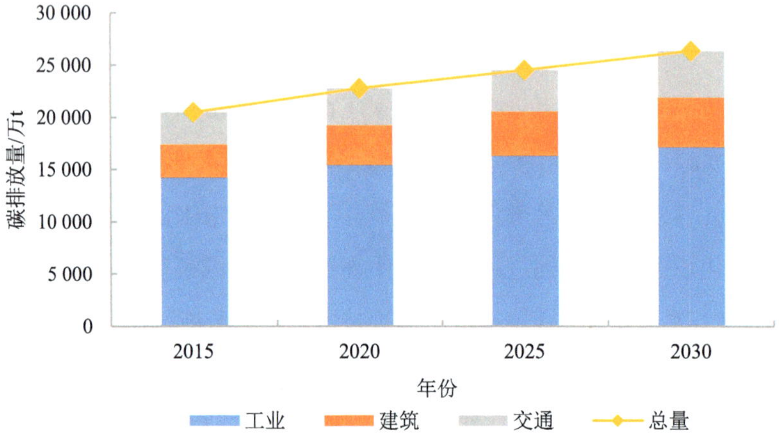


图 14-23 规划城镇化情景下分部门碳排放量

规划城镇化情景与延续城镇化情景相比，2020 年、2025 年和 2030 年的节能量分别为 477.08 万 tce、1 332.10 万 tce 和 2 349.61 万 tce（图 14-24），碳减排量分别为 1 485.49 万 t、4 184.77 万 t 和 7 219.1 万 t（图 14-25）。到 2030 年，工业、建筑和交通部门的节能量分别可达到 1 309.92 万 tce、788.73 万 tce 和 543.84 万 tce，碳减排量可分别达到 4 875.82 万 t、4 457.16 万 t 和 2 048.52 万 t。

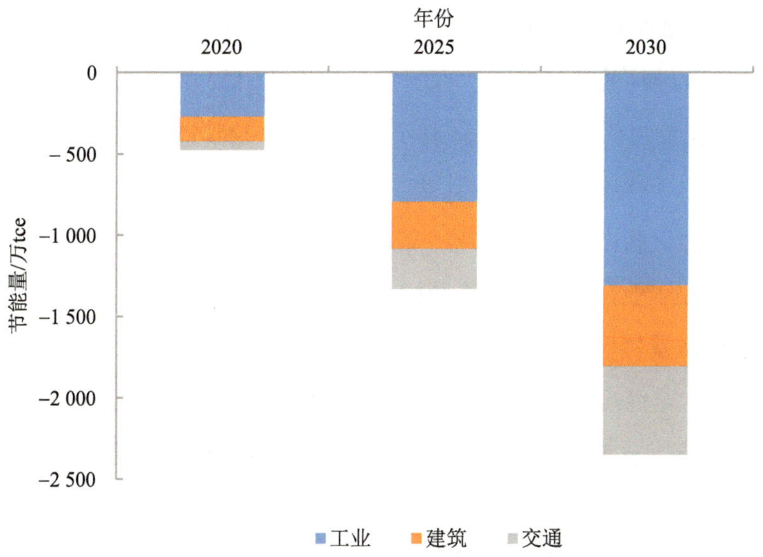


图 14-24　规划情景较延续情景的节能量

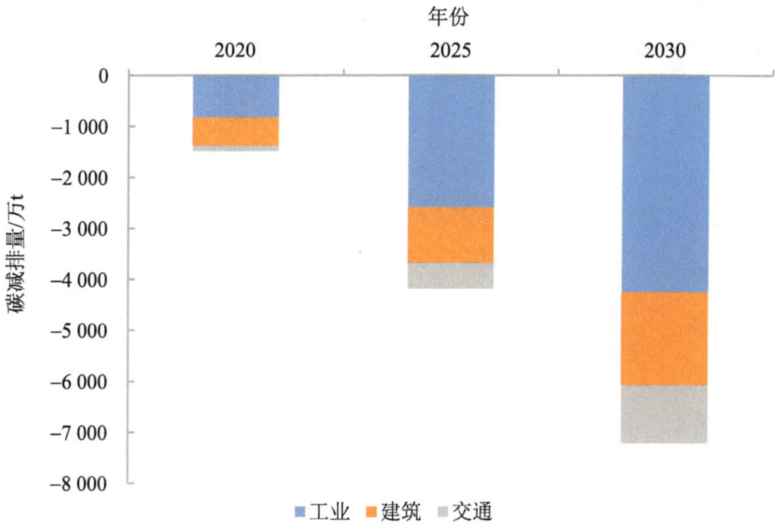


图 14-25　规划情景较延续情景的碳减排量

### （三）低碳城镇化情景

在低碳城镇化情景下，石家庄市的人口增长率、城镇化水平、GDP 增长率的发展速度均处于中高速，同时发展的质量更好。城镇化水平以更快的速度提升，中心城区基本实现了全域城镇化。工业部门在行业结构、用地布局、能源结构以及经济效率等方面均实现突破性发展，M3类工业大幅退出，部分低端M2类工业占比也逐步降低，现代服务业和高端制造业等战略性新兴产业成为城市的主导产业，到2020年战略性新兴产业和先进制造业增加值占全市规模以上增加值的比重超过 50%。采取更严格的措施控制煤炭消费总量，大幅提高电力在工业部门能源消费结构中的占比。交通部门强力推进小街区、密路网的城市发展模式，轨道建设加速，严格限制小汽车的增速，大力推进新能源汽车，全面实现公共汽车电动化，2030年电动公交车比例达到100%。建筑部门节能标准大幅提高，新建建筑中近零能耗建筑比例显著增加，低碳消费的理念在全社会进一步深入，人均建筑面积有所下降。

在低碳城镇化情景下，石家庄市能源消费总量和碳排放总量的上升趋势进一步放缓，能源消费和碳排放得到了有效控制，碳排放总量在2025年前后可达到峰值2.22亿t，到2030年下降为2.16亿t，相比延续城镇化情景和规划城镇化情景分别减少36%和17.9%，城镇化发展水平与碳排放实现了相对脱钩（图14-26、图14-27）。

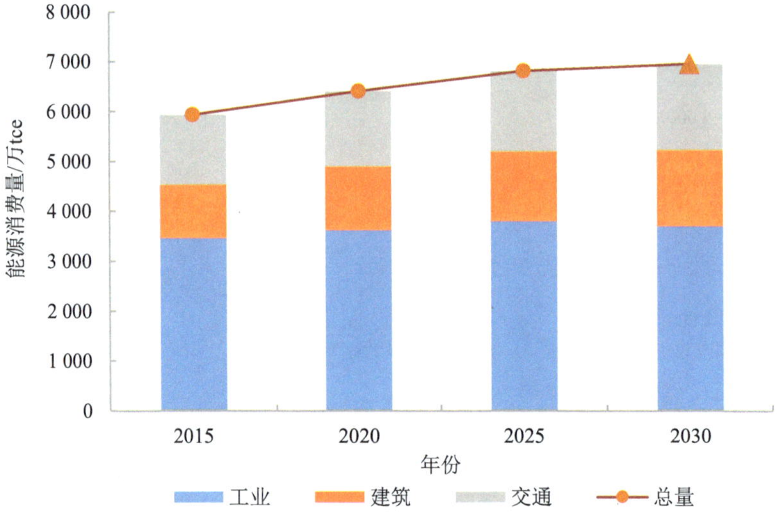


图 14-26　低碳城镇化情景下的能源消费量

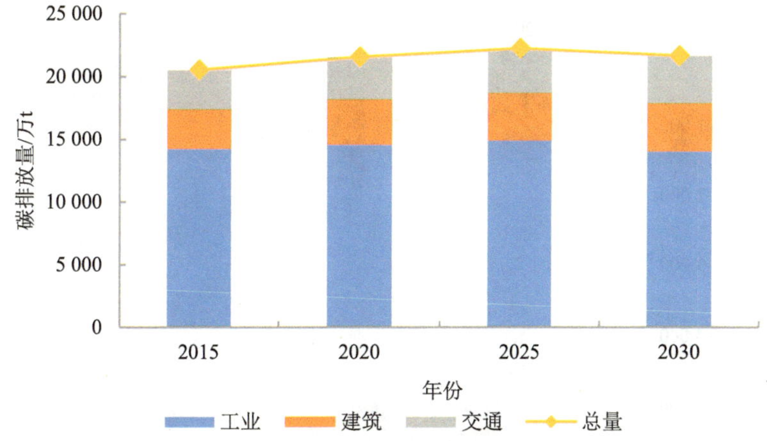


图 14-27 低碳城镇化情景下的碳排放量

与规划城镇化情景相比，在低碳城镇化情景下，2020 年、2025 年和 2030 年石家庄市的节能量分别为 403.8 万 tce、666.4 万 tce 和 1 304.3 万 tce，碳减排量分别为 1 271.46 万 t、2 304.78 万 t 和 4 734.33 万 t（图 14-28、图 14-29）。到 2030 年，工业、建筑和交通部门的节能潜力分别达到 674.01 万 tce、29.26 万 tce 和 335.2 万 tce，碳减排量分别达到 3 079.02 万 t、969.74 万 t 和 685.57 万 t。

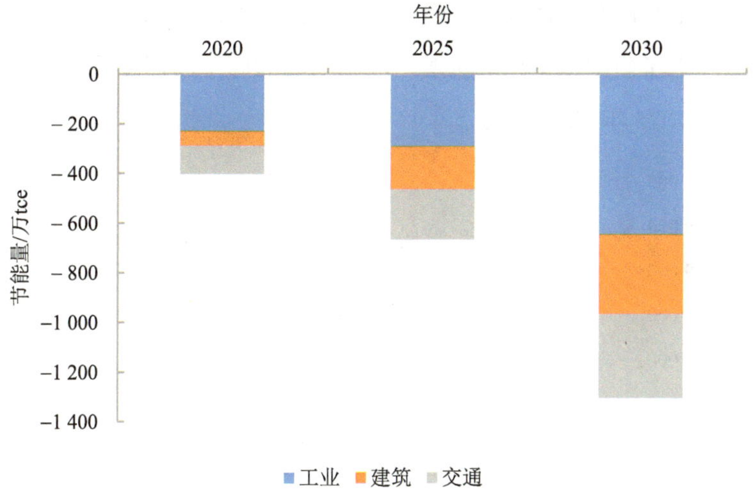


图 14-28 低碳情景相较规划情景的节能量

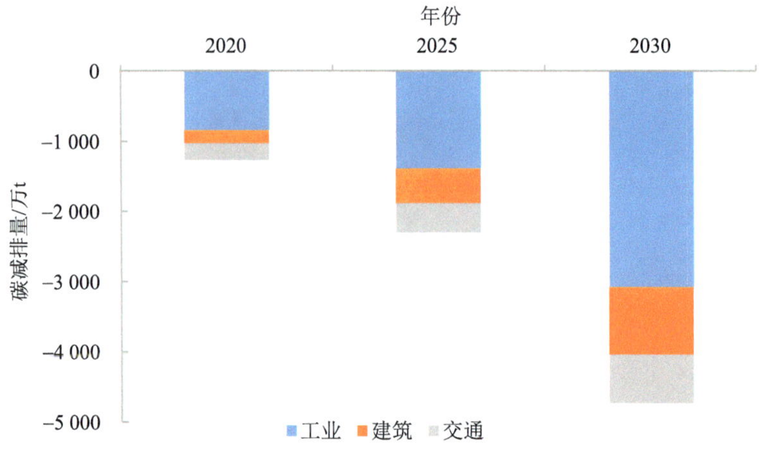


图 14-29　低碳情景相较规划情景的碳减排量

## （四）小结

总体来看，石家庄市在不同的城镇化模式下，能源消费总量和碳排放量呈现不同的变化趋势（图 14-30、图 14-31）。在延续城镇化模式下，石家庄市的能源消费和碳排放呈现快速增长的态势；在规划城镇化模式下，能源消费和碳排放的增长趋势整体放缓，但都尚未达到峰值；在低碳城镇化模式下，石家庄市步入了新型城镇化的轨道，能源消费和碳排放都能得到有效控制，并且能够在 2025 年实现达峰。

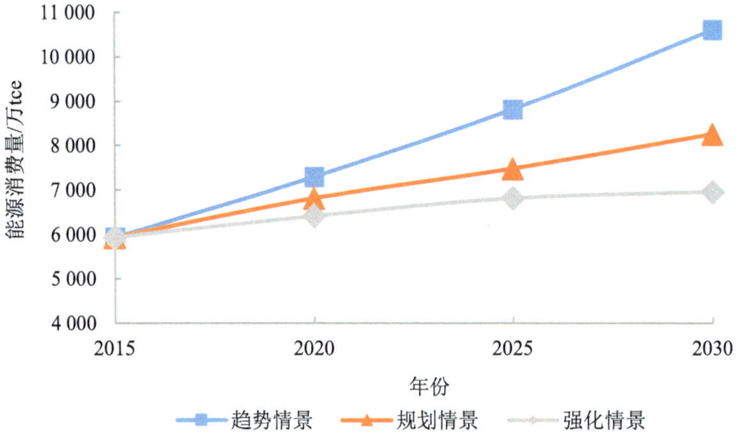


图 14-30　不同情景下的能源消费量

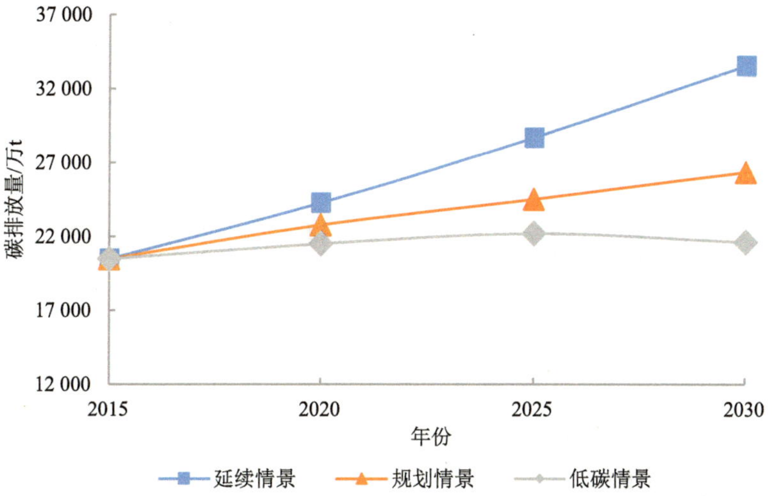


**图 14-31　不同情景下的碳排放量**

# 第十五章　主要结论和对策建议

## 一、主要结论

通过对石家庄市城镇化模式与碳排放的关联关系进行的定性与定量相结合的分析，得出以下结论：

### 1. 石家庄市的碳排放与其城镇化发展模式密切相关

随着城镇化发展模式由传统的低密度扩张向紧凑型的转变，以及工业、建筑和交通部门节能降碳力度的增强，石家庄市在经济水平和城镇化率不断提升的同时，碳排放量能得到有效控制。在延续城镇化模式和规划城镇化模式下，石家庄市的碳排放在 2030 年以前均呈增长态势，而在低碳城镇化模式下，到 2025 年前后可达到碳排放峰值。与延续城镇化模式相比，在低碳城镇化模式下，2015—2030 年，在城镇化率同样提升 18.7%的条件下，碳排放的年均增速由 4.3%降至 0.4%，碳减排效果非常显著。

### 2. 优化产业结构是推动石家庄市碳排放达峰的关键所在

作为一个产业结构偏重的城市，如果延续目前的城镇化和产业发展模式，石家庄市的工业碳排放仍将保持增长态势，但通过优化产业布局和进行科学的产业选择，可以大幅减少高耗能和高碳工业占比，同时提升工业用地集约化水平，在提高单位工业用地面积的经济产出的同时，大幅降低单位工业用地面积的碳强度，使工业碳排放在 2025 年达峰，并推动石家庄市的碳排放量在 2025 年前后达峰。

### 3. 合理的城镇化发展模式有助于控制交通和建筑部门碳排放增速

在传统的低密度扩张的城镇化模式下，石家庄市的交通和建筑部门碳排放均呈现快速增长的态势，但在低碳城镇化发展模式下，交通和建筑部门碳排放增速将得到有效控制。到 2030 年，与延续城镇化模式相比，在低碳城镇化模式下石家庄市交通部门碳排放量可减少 0.18 亿 t，减排率达到 33%；建筑部门碳排放量可减少 0.28 亿 t，减排率达到 42%。

### 4. 通过加大低碳转型力度能够推动石家庄市碳排放更早达峰

本报告主要从城镇化模式的角度分析了石家庄市的碳减排潜力和空间，但没有充分考虑大气污染防治、工艺技术革新、可再生能源大规模利用等措施所带来的碳减排效果。因此，对石家庄市来说还存在进一步的降碳潜力，如果能够在供给侧和需求侧采取多种措施，特别是那些具有较高经济性、社会环境效益的措施，还可以进一步提升各部门的低碳转型力度，推动石家庄市碳排放更早达峰。

## 二、石家庄市城镇化低碳发展的几点建议

今后石家庄市城镇化的发展必须逐渐从数量的扩张转移到质量的提升上来。本报告对石家庄市城镇化低碳发展提出以下几点建议：

### 1. 加快建立完善的低碳城市规划体系

目前，石家庄市的“十三五”规划对城镇化低碳发展的指导力度尚显不足，建议其在开展城市总规修编工作中以及制定“十四五”行业专项规划时，结合《石家庄市低碳发展促进条例》，对城市的土地、交通、建筑、工业园区等进行科学部署，在用地、工业区、道路交通、建筑行业发展等规划中引入碳排放控制指标，加快建立符合其城市特征的科学、合理的低碳城市规划体系。

### 2. 加强碳排放控制与大气污染防治的协同推进

石家庄市作为全国污染严重的城市之一，近年来不断强化大气污染防治力度，出台了《石家庄市打赢蓝天保卫战三年行动计划（2018—2020 年）》等一系列大气污染防治政策和文件，从优化能源结构、调整产业结构、发展绿

色交通等方面提出多项措施。未来应充分重视碳排放控制与大气污染防治的协同作用，更加重视源头治理，以更具经济性的方式推动产业、能源和消费体系的低碳转型，在实现碳排放更早达峰的同时，从根本上为提升空气质量奠定坚实基础。

### 3. 加强对工业布局的优化和行业结构的转型升级

建议石家庄市要严格控制工业用地规模，提高工业用地效率，加大高耗能和高碳排放传统产业的控制和升级转型力度，大力发展生物医药、装备制造、电子信息、循环制造业等低碳型产业，同时要不断加强产业集聚，通过政策推动、重点支持等方式使新兴产业在集聚中成长。

### 4. 构建紧凑、高效、公共交通主导的低碳城市交通体系

建议石家庄市坚持走高效的紧凑型城市发展道路，推动城市土地混合使用和密集开发，实现交通与土地利用整合发展。同时，在城市规划阶段重视利用公共交通引导城市土地利用，在政策上加强对发展公共交通系统的支持，尽快建立与公共交通一体化、无缝衔接的慢行交通系统，合理控制小汽车的增长和使用。

### 5. 全方位提升建筑部门的节能低碳水平

建议石家庄市应进一步完善低碳建筑的相关政策法规，建立从低碳建筑的设计到使用的各个环节的标准体系，在加强对既有建筑节能改造的同时，进一步提升新建建筑节能标准，并不断加大地热能、太阳能在建筑中的利用规模和水平。

## 三、推进我国城镇化低碳发展的对策建议

《国家新型城镇化规划（2014—2020 年）》指出，要着力推进绿色发展、循环发展、低碳发展，要节约集约利用水、土地、能源等资源，尽可能地降低对环境的损害。为此，我国应在推进快速城镇化的过程中，通过采取综合措施，实现城镇化水平增长与碳排放控制的协同。基于石家庄市案例研究，同时考虑到我国众多城市城镇化发展的现状，提出我国城镇化低碳发展的政策建议。

### 1. 积极推动城市碳排放尽早达峰

我国区域差异性较大，城市类型多样，对不同发展阶段和类型的城市来说，应充分认识到在城镇化进程中必须走低碳发展的道路，这样才能确保城市的可持续发展。各城市应综合考虑其在经济社会发展和环境质量改进等方面的需求，并结合城市在资源、产业、基础设施、技术水平等方面的条件，以推动碳排放尽早达峰为目标和导向，研究提出适合本城市特点的城镇化低碳发展路线图及时间表。

### 2. 将低碳发展充分融入城市规划当中

各城市在制定中长期经济社会发展规划和国土空间规划时，要把绿色低碳发展理念充分融入其中，并结合城市自身资源、区位、发展等状况进行合理规划和设计，大力提倡紧凑型城镇发展模式，避免摊大饼式的低密度扩张，应建立科学合理的功能分区，注重产业、商业、居住、生态、交通等不同功能间的互补与协调，全方位构建低碳产业、能源和消费体系。

### 3. 建立城镇化重点碳排放识别机制和体系

建议在城市层面建立碳核算和评估数据库，摸清城市碳排放总量、结构、空间分布等基本情况，识别重点碳排放源的空间分布，评估城市空间规划的碳排放影响，并结合情景分析和大数据分析等方法和技术手段，精准识别减排的重点区域、企业、建筑等，进而制定城市减排策略。

# 参考文献


[1] British Petroleum. BP energy outlook 2018 [EB/OL]. [2018-12-01]. https://www.bp.com/content/dam/bp/business-sites/en/global/corporate/pdfs/energy-economics/energy-outlook/bp-energy-outlook-2018.pdf.

[2] Chen W，Yin X，Zhang H. Towards low carbon development in China：a comparison of national and global models[J]. Climatic Change，2016，136（1）：95-108.

[3] Exxon Mobil. The outlook for energy：a view to 2040[EB/OL]. [2018-10-11]. https://corporate.exxonmobil.com/-/media/global/files/outlook-for-energy/2018-outlook-for-energy.pdf.

[4] Green F，Stern N. China's changing economy：implications for its carbon dioxide emissions [J]. Climate policy，2016，17：423-442.

[5] International Energy Agency. Energy access outlook 2017[EB/OL]. [2018-12-03]. https://www.iea.org/publications/freepublications/ publication/ WEO2017SpecialReport_EnergyAccessOutlook.pdf.

[6] Li J，Ma Z，Zhang Y，et al.. Analysis on energy demand and $CO_2$ emissions in China following the Energy Production and Consumption Revolution Strategy and China Dream target [J]. Advances in Climate Change Research，2018，9（1）：16-26.

[7] Statoil. Energy perspectives 2015[EB/OL]. [2018-07-04]. https://www. equinor.com/content/dam/statoil/documents/energy-perspectives/statoil-energy-perspectives-2015.pdf.

[8] United Nations. World Population Prospects[EB/OL]. [2015-07-30]. http:// esa.un.org/unpd/wpp/.

[9] IPCC. Fifth assessment report climate change：the Physical Science Basis[M]. London：Cambridge University Press，2013.

[10] IPCC. Fifth assessment report climate change：impacts，adaptation and vulnerability[M].

London：Cambridge University Press，2014.

[11] IPCC. Fifth assessment report climate change：mitigation of the climate change[M]. London：Cambridge University Press，2014.

[12] World Bank. World Bank Index[EB/OL]. [2018-07-30] http://data. worldbank.org/data-catalog/world-development-indicators/，2018-07-30.

[13] United Nations. World population prospects[EB/OL]. [2018-07-30]. http://esa.un.org/unpd/wpp/.

[14] Frankfurt School-UNEP Centre/BNEF. Global trends in renewable energy investment 2016[EB/OL]. [2016-05-30] https://fs-unep-centre.org/ publications/global-trends-renewable-energy-investment-2016.

[15] World bank. Global tracking framework 2014[EB/OL]. [2014-09-21] http://www.worldbank.org/en/topic/energy/publication/Global-Tracking-Framework-Report.

[16] International Energy Agency. $CO_2$ emission from fuel combustion 2017 [EB/OL]. [2019-01-08] https://webstore.iea.org/co2-emissions-from-fuel- combustion.

[17] UNEP. The Emissions Gap Report 2018[EB/OL]. [2019-2-25]. http://59.80.44.48/wedocs.unep.org/bitstream/handle/20.500.11822/26895/EGR2018_FullReport_EN.pdf？sequence = 1&isAllowed=y.

[18] China's Energy Long-term Development Strategy Research Group. China's long term（2030，2050） energy development strategy research[M]. Beijing：Science Press，2011.

[19] Chai Q，Xu H. Modeling an emissions peak in China around 2030：synergies or trade-offs between economy，energy and climate security[J]. Adv. Clim. Change Res，2014，5：169-180.

[20] Energy Research Institute. China's low carbon development path by 2050：scenario analysis of energy demand and carbon emissions[M]. Beijing：Science Press，2009.

[21] Li H.，Qi Y. Comparison of China's carbon emission scenarios in 2050[J]. Adv. Clim. Change Res，2011，2（4）：193-202.

[22] Liu Q，Chen Y，Tian C，et al.. Strategic deliberation on development of low-carbon energy system in China[J]. Adv. Clim. Change Res，2016，7：26-34.

[23] 2050 China Energy and Carbon Emissions Research Group. 2050 China energy and $CO_2$

emissions report[M]. Beijing：Science Press，2009.

[24] Wang T，Watso N J. 2010 China's energy transition-pathway for low carbon development [R]. Tyndall Center for Climate Change research，35-55.

[25] Wang Y，Zou L L. The economic impact of emission peaking control policies and China's sustainable development[J]. Adv. Clim. Change Res，2014，5：162-168.

[26] Yin X，Chen W. Comparison of carbon emission scenarios predicted by the China TIMES model[J]. Tsinghua Univ（Sci & Technol），2013，53（9）：1315-1321.

[27] European Environment Agency. Reporting on environmental measures：are we being effective？ [EB/OL]. [2019-01-08]. https://www.eea.europa.eu/ publications/rem.

[28] Kerr A. Serendipity is not a strategy：the impact of national climate programmes on greenhouse gas emissions[J]. Royal Geographical society，2007，39（4）：418-430.

[29] Mikael H，Andrew J，Tim R. Climate policy innovation：developing an evaluation perspective[J]. Environmental Politics，2014，23（5）：884-905.

[30] Liu J. Oversea energy system models research and their revelation[J]. Economic Research，2009，12：35-36.

[31] Hu Y，Jiang H，Wang Y，et al.. System dynamics modeling for economics and carbon emission analysis of industries：a case study of equipment manufacturing industry in Wuxi，China[J]. Ecological Economy，2014，30（8）：17-22.

[32] Han Y，Zhang X. Research on a Vensim simulation based prediction method of urban vehicle fuel consumption[J]. Shandong Science，2012，25（4）：69-73.

[33] Qi Y. Annual review of low- carbon development in China：2010[M]. Beijing：Science Press，2011.

[34] Han W K，Kang Y B，Liu Q. China's 2020 low-carbon targets：approaches and measures[M]. Beijing：China Development Press，2012.

[35] Fang X，Velders J M，Ravishankara A R，et al.. Hydrofluorocarbon（HFC） emissions in China：An Inventory for 2005–2013 and Projections to 2050[J]. Environmental Science and Technology，2016，50（4）：2027-2034.

[36] Zhou S，Teng F，Tong Q. Mitigating Sulfur Hexafluoride（$SF_6$） emission from electrical equipment in China[J]，Sustainability，2018，10（7）：2402.

[37] Zheng S, Sun Y. On carbon price formation in carbon trading pilots[EB/OL]. [2017-07-01]. https://www.pressreader.com/china/energy-of-hina/ 20170425/ 281960312631252.

[38] NewClimate, Ecofys. Climate Analytics. Climate actiontracker database[EB/OL]. [2018-05-06]. https://climateactiontracker.org/.

[39] den Elzen M, Fekete H, Hoehne N, et al.. Greenhouse gas emissions from current and enhanced policies of China until 2030: can emissions peak before 2030? [J]. Energy Policy 2016, 28: 224-236.

[40] US Environmental Protection Agency. Global antropogenic non-$CO_2$ greenhouse gas emissions: 1990-2030[R].Washington, DC. 2012.

[41] Martínez-Zarzoso I, Maruotti A. The impact of urbanization on $CO_2$ emissions: Evidence from developing countries[J]. Ecological Economics, 2011 (70): 1344-1353.

[42] Zha D, Zhou D, Zhou P. Driving forces of residential $CO_2$ emissions in urban and rural China: an index decomposition analysis [J]. Energy Policy, 2010 (7): 3378-3383.

[43] Dong Xiangyang, Yuan Guiqiu. China's Greenhouse Gas Emissions' Dynamic Effects in the Process of its Urbanization: A Perspective from Shocks Decomposition under Long-term Constraints[J]. Energy Procedia, 2011, 11 (5): 1660-1665.

[44] IEA. $CO_2$ emission from fuel combustion 2017 [EB/OL]. [2019-01-08] https://webstore.iea.org/co2-emissions-from-fuel-combustion.

[45] World steel association. World steel in figures 2017 [EB/OL]. [2019-01-08] https://www.worldsteel.org/en/dam/jcr : 0474d208-9108-4927-ace8-4ac 5445c5df8/World+Steel+in+Figures+2017.pdf.

[46] U.S. Geological Survey. Mineral Commodity Summaries 2018 [EB/OL]. [2019-01-08] https://www.statista.com/statistics/269321/ consumption-of- cement-in-china- since-2006/.

[47] UNEP. The Emissions Gap Report 2018[EB/OL]. [2019-2-25]. http://59.80.44.48/wedocs.unep.org/bitstream/handle/20.500.11822/26895/EGR2018_FullReport_EN.pdf? sequence = 1&isAllowed=y.

[48] UNDP. Global trends in renewable energy investment 2016.

[49] Fang, et al.. Hydrofluorocarbon (HFC) Emissions in China: An Inventory for 2005–2013 and Projections to 2050, Environ. Sci. Technol., 2016, 50 (4): 2027-2034,

（https://pubs.acs.org/doi/abs/10.1021/acs.est.5b04376？ src=recsys&journalCode=esthag）

[50] Zhou，et al.. Mitigating Sulfur Hexafluoride（$SF_6$） Emission from Electrical Equipment in China，Sustainability，2018，10（7），2402：（http://www.mdpi. com/2071-1050/10/7/2402）.

[51] 中华人民共和国国家统计局. 中国统计年鉴[M]. 北京：中国统计出版社，1990—2017.

[52] 国网能源研究院有限公司. 中国能源电力发展展望 2017[M]. 北京：中国电力出版社，2017.

[53] 中国石油经济技术研究院. 2050 世界与中国能源展望[R]. 北京，2016.

[54] 滕飞，何建坤，高云，等. 2℃温升目标下排放空间及路径的不确定性分析[J]. 气候变化研究进展，2013，9（6）：414-420.

[55] 2050 中国能源和碳排放研究课题组. 2050 中国能源和碳排放报告[M]. 北京：科学出版社，2009.

[56] 杜祥琬. 能源革命：为了可持续发展的未来[J]. 中国人口 • 资源与环境，2014，24（7）：1-5.

[57] 中国能源中长期发展战略研究项目组. 中国能源中长期（2030 年、2050 年）发展战略研究[M]. 北京：科学出版社，2011.

[58] 清华大学建筑节能研究中心. 中国建筑节能年度发展研究报告 2010[M]. 北京：中国建筑工业出版社，2010.

[59] 清华大学建筑节能研究中心. 中国建筑节能年度发展研究报告 2012[M]. 北京：中国建筑工业出版社，2012.

[60] 清华大学建筑节能研究中心. 中国建筑节能年度发展研究报告 2014[M]. 北京：中国建筑工业出版社，2014.

[61] 世界银行. "人人享有可持续能源" 全球跟踪框架，2014.

[62] 中国煤控项目散煤治理课题组. 中国散煤综合治理调研报告[R]. 2017.

[63] 郑爽，孙峥. 论碳交易试点的碳价形成机制[EB/OL]. 国家应对气候变化战略研究和国际合作中心，[2017-4]. https://www.pressreader.com/china/ energy-of-china/ 20170425/281960312631252.

[64] 中国煤控项目散煤治理课题组. 中国散煤综合治理调研报告[EB/OL]. [2018-12-15].

http://coalcap.nrdc.cn/pdfviewer/web/？1536203604405 867388. pdf.

[65] 崔选民，王军生. 能源蓝皮书：中国能源发展报告（2014）[M]. 北京：社会科学文献出版社，2014.

[66] 戴彦德，胡秀莲. 中国二氧化碳减排技术潜力和成本报告[M]. 北京：中国环境出版社，2013.

[67] 国务院. 国家新型城镇化规划（2014—2020 年）[EB/OL]. [2016-5-15]. http://www.gov.cn/gongbao/content/2014/content_2644805.htm.

[68] 仇保兴. 中国城镇化须采纳低碳发展战略[J]. 中华建设，2009，4（7）：25-25.

[69] 陈晓春，蒋道国. 新型低碳城镇化发展的内涵与实现路径[J]. 学术论坛，2013，36（4）：123-127.

[70] 潘家华，庄贵阳，郑艳，等. 低碳经济的概念辨识及核心要素分析[J]. 国际经济评论，2010（4）：88-101.

[71] 韩春虹，蒋长流. 城镇化低碳发展转型约束及路径选择：文献研究视角[J]. 当代经济管理，2018，40（1）：10-15.

[72] 庄贵阳，谢海生. 破解资源环境约束的城镇化转型路径研究[J]. 中国地质大学学报，2015，15（2）：1-11.

[73] 胡彩梅，韦福雷，李秀春，等. 中国城镇化发展水平测度与空间差异研究[J]. 资源开发与市场，2014，30（7）：806-811.

[74] 田晴. 新型城镇化的低碳发展路径研究[D]. 唐山：华北理工大学，2017：8-17.

[75] 林伯强，刘希颖. 中国城市化阶段的碳排放：影响因素和减排策略[J]. 经济研究，2010，55（8）：66-78.

[76] 胡建辉，蒋选. 城市群视角下城镇化对碳排放的影响效应研究[J].中国地质大学学报，2015，15（6）：11-21.

[77] 张瑶，葛晓华，苏旭东，等. 山西省低碳城镇化的发展路径[J].环境与可持续发展，2015，40（1）：160-162.

[78] 陈迅，吴兵. 经济增长、城镇化与碳排放关系实证研究——基于中国、美国的经验[J]. 经济问题探索，2014（7）：112-117.

[79] 张占斌. 经济中高速增长阶段的新型城镇化建设[J]. 国家行政学院学报，2014（1）：39-45.

[80] 关海玲，陈建成，曹文. 碳排放与城市化关系的实证[J]. 中国人口·资源与环境，2013，23（4）：111-116.

[81] 杨正东，李京文. 中国新型城镇化与城市低碳转型发展研究[J]. 学习与实践， 2014（12）：6-10.

[82] 易艳春，关卫军，胡宏昌. 低碳约束下的我国最优城镇规模研究[J]. 城市规划，城市发展研究， 2015（5）：31-37.

[83] 王桂新，武俊奎. 城市规模与空间结构对碳排放的影响[J]. 城市发展研究，2012（3）：89-95.

[84] 宋祺佼，吕斌. 城市低碳发展与新型城镇化耦合协调研究——以中国低碳试点城市为例[J] 北京理工大学学报（社会科学版），2017，19（2）：20-27.

[85] 武俊奎. 城市规模、结构与碳排放[D]. 上海：复旦大学，2012[2018-10-11]. http://kns.cnki.net/KCMS/detail/detail.aspx?dbcode=CDFD&dbname=CDFD1214&filename=1013102911.nh&v=MTEwMTJUM3FUcldNMUZyQ1VSTE9mWStadEZ5bmtVTDdJVkYyNkhiSzRITmpOcnBFYlBJUjhlWDFMdXhZUzdEaDE=.

[86] 孙昌龙，靳诺，张小雷，等. 城市化不同演化阶段对碳排放的影响差异[J]. 地理科学，2013，33（3）：266-271.

[87] 张腾飞，杨俊，盛鹏飞. 城镇化对中国碳排放的影响及作用渠道[J]. 中国人口·资源与环境，2016，26（2）：47-56.

[88] 刘希雅，王宇飞，宋祺佼，等. 城镇化过程中的碳排放来源[J]. 中国人口·资源与环境，2016，25（1）：61-66.

[89] 关雪凌. 城镇化与能源消费作用机制及协同发展研究[D]. 北京：中国矿业大学大学，博士论文.

[90] 蒋长流，杨志敏，张卫. 低碳城镇化的型构与演化路径研究[J]. 经济与管理，2016，30（2）：32-36.

[91] 庄贵阳，谢海生. 破解资源环境约束的城镇化转型路径研究[J]. 中国地质大学学报（社会科学版），2015，15（2）：12-10.

[92] 卢祖丹. 我国城镇化对碳排放的影响研究[J]. 中国科技论坛，2011，26（7）：134-142.

[93] 邓逸，张圣书，陈蓉. 湖北省低碳城镇化发展的思路和对策研究[J]. 安徽农业科学，2014，42（35）：12713-12718.

[94] 弋振立. 低碳城镇化——中国可持续发展必由之路[N]. 光明日报，2010-04-25.

[95] 姚维刚，于丽卫，于婧. 河北省低碳城镇化发展路径[J]. 河北大学学报，2015，40（6）：92-95.

[96] 孙菲，王艳秋，马立敏，等. 我国新型城镇化低碳发展的影响因素及作用路径分析[J]. 可持续发展，2016，6（3）：173-183.

[97] 王富平. 低碳城镇发展及其规划路径研究——以獐子岛为例[D]. 北京：清华大学，2010.

[98] 郝华勇. 论低碳城镇化的实现路径[J]. 农业经济，2013，30（7）：33-34.